인문 라이더를 위한 **상상력 사전**

인문라이더를 위한

상상력 사전

지식
탐닉자의
상상감수성
140

임병희 지음

생각
정원

{ 상상력 리모델링 시방서 }

생각의 벽에 문을 만들어라

집에서 지하철역까지 걸어서 20분. 방문을 열고 현관문을 열고 엘리베이터 문을 열고 아파트 문을 지난다. 지하철역에 도달했다고 문의 행렬이 끝난 것은 아니다. 게이트를 지나고 도착한 지하철의 문이 열리길 기다려야 한다. 문이 열려야 내리고 문이 열려야 들어간다. 그렇게 문을 지나야만 나는 내가 가고자 하는 곳으로 갈 수 있다.

우리 주위에 이렇게 많은 문이 있다는 것은 그만큼 많은 공간이 구획되어 있다는 이야기다. 구획은 또한 경계를 의미한다. 그리고 그 경계를 나누는 것을 나는 벽이라고 부른다. 벽에는 문이 있다. 문이 없다면 우리는 어디에도 가지 못하고 그저 벽을 맴돌 수밖에 없다.

생각에도 벽이 있다. 하나의 생각에서 다른 생각으로 가려면 생각의 문을 열어야 한다. 그런데 이게 집에서 지하철역으로 가는 것처럼 쉬운 일이 아니다. 벽에는 문이 있어야 하건만 도통 문이 보이지 않고, 어렵게 찾은 문도 굳게 잠겨 있기 일쑤다. 처음에는 문을 찾으려 노력하고 닫힌 문을 열기 위해 안간힘을 써보기도 한다. 때로는 문을 만들기 위해서 벽을 두드려도 본다. 하지만 문은 이제 벽처럼 굳어졌고, 벽은 요지부동 꿈쩍도 하지 않는다.

문은 사라지고 이제 벽만 남았다. 여기서 가장 쉬운 방법은 포기하고 계속 벽을 따라 걷는 것이다. 벽을 따라 난 길이 옳다고 믿으면 마음이 편해진다. 그러면 벽에 갇힌 것은 내가 아니라 세상이 된다. 벽이 높고 두터워질수록 생각은 경직되고 상상력은 빈곤해진다. 똑같은 생각에 사로잡혀서 하나만을 바라보고 하나만을 옳다고 생각하기 때문이다.

2008년 초여름이었다. 나는 술잔을 자주 채웠고 또 자주 비웠다. 그때 '늦은봄'이라 불리는 형이 붙었다.

"너는 이 술잔의 유용성이 어디에 있는 줄 아니?"

술을 마시면서 술잔의 유용성을 묻는 형이 이해되지 않았다. 당연히 술잔은 술을 마시라고 있는 것이니까. 나는 의아했다. 다음 말을 듣기 전까지.

"진흙을 이겨서 그릇을 만든다. 그 아무것도 없는 공간에 그릇의 유용성이 있다. 있는 것으로 이로움을 얻지만 실은 아무것도 없는 것에 유용성이 있다."

《도덕경》에 나오는 노자의 말이었다.

그때 나는 하나의 문을 열었던 것 같다. 나는 있는 것만을 바라보았지, 없는 것으로 있는 것이 유용하다는 생각을 하지 않았다. 벽이 만드는 빈 공간이 방이고, 방으로 말미암아 집이 의미를 획득함을 인지하지 못했다. 나는 공간이 아니라 벽을 집으로 생각했던 것이다. 그렇게 생각했던 이유는 나의 편견, 경계, 관습, 그리고 아집 때문이었다.

편견과 경계, 아집이라는 벽 안에서 나는 안전하고 편안했다. 다른 생각하지 않고 그냥 살면 그만이었다. 내가 만들어놓은 경계와 구획에서 간섭받지 않고 내 길을 간다고 생각했다. 그런데 그게 아니었다. 문을 열지 못하니 문을 열어도 별것 없을 거라고 생각했을 뿐이었다. 결국 나는 고립되고 단절된 채 듣고 싶은 것만을 듣고, 보고 싶은 것만을 보고, 믿고 싶은 것만을 진실이라고 생각했던 거였다.

문이 생기자 아무 상관 없어 보였던 것들이 다른 문으로 연결되어 있음을 어렴풋이 깨닫게 되었다. 새로운 것들의 조합은 또 다른 새로운 것들을 끊임없이 만들어냈다. 벽은 실처럼 풀렸고, 실과 실이 만나 무늬를 만들었고, 천을 만들었고, 천은 다시 실로 해체되었다…. 그렇게 신화, 문학, 사상, 역사 과학… 등 광범위한 인문 지식을 새롭게 만났다. 그사이 내가 미처 생각하지 못했던 발상들이 일어났고, 느끼지 못했던 감정들이 온몸에 번졌으며, 상상하지 못했던 세계들과 만났다.

요즘 나는 나무를 다듬어 가구를 만든다. 도면을 그리기 전에 먼저 해야 할 일은 어떤 가구를 만들지 상상하는 일이다. 그때는 모양만 상상하지 않는다. 스프러스, 오크, 애쉬, 체리, 단풍, 멀바우 등 나무의 종류와 굵기까지 함께 상상해야 한다. 어느 정도 상상이 끝나면 도면을 그리고 치수를 기입한다. 사실 내가 그리는 가구의 도면은 조악하기 그지없다. 건축처럼 복잡한 일이 아니다 보니 도면에 표현하지 못한 내용들은 머릿속에 담아둔다. 그런데 작업을 하다 보면 생각해놓은 것을 잊고 엉뚱하게 만드는 경우가 있다. 때로는 순서가 어긋나기도 하고 다른 결구법을 사용해 낭패를 보기도 한다. 그럴 때면 메모도 없이 주먹구구로 나무를 만지는 자신이 그렇게 미울 수가 없다. 그래서 이번에는 시방서를 하나 만들기로 결심했다.

'리모델링'이라고 쓴 이유는 우리 모두에게 이미 상상력이 잠재해 있기 때문이다. 단지 벽으로 가로막혀 있을 뿐이다. 필요한 것은 단절되고 고립되어 있는 상상력에 소통의 물고를 터주는 것이다. 때문에 리모델링이다.

주변을 둘러보자. 당신을 둘러싼 벽이 보이는가. 스스로 공간을 구획하여 경계를 만든 생각의 벽에 직접 문을 만들고 과감히 박차고 나가 문 너머로 펼쳐질 다른 생각, 다른 세상과 뜨겁게 만나라.

─────── 상상력 리모델링 시방서

1 | 일반사항

① 목적 : 생각의 벽에 문 만들기→벽이 길이 되어 자유롭게 생각 소통하기→상상력 키우기.

② 벽의 종류 : 편견, 아집, 제도, 관념, 구별, 경계, 분열….

③ 벽의 재질 : 철근 편견 콘크리트, 방탄 케볼라 아집 섬유, 경계 세라믹….

2 | 적용 범위 및 상관관계

① 고대과 현대의 소통 : 시간은 단절되어 있지 않다. 과거는 현재를 반영하고 현재는 미래의 과거다.

② 동양과 서양의 소통 : 동양과 서양의 사상은 다르다? 물론 다른 부분이 있지만 지금 우리의 삶은 그렇게 분절되어 있지 않다. 동양과 서양의 생각이 만날 때, 생각은 풍부해지고 전에 없었던 새로움이 보일 것이다.

③ 학문과 학문의 소통 : 신화학, 철학, 문학, 언어학, 인류학, 사회학, 생물학 등 모든 학문은 개별적으로 존재하지 않는다. 씨줄과 날줄이 어우러져 천을 만들듯 다양한 학문과 생각이 모여 우리 삶을 이루고 있다.

3 | 용어 정의

① 상상력 : 사전적 정의는 '실재로 경험하지 않은 사물에 대하여 마음속에 그려보는 힘'이다. 그러나 칸트는 '인식을 성립시키는 능력'을 상상력이라고 보았다. 여기서 상상력은 인식하고 생각하고 확장하여 세상과 자신을 보고 또 다른 생각을 만들어내는 힘을 의미한다.

② 신화 : 단언컨대 신화는 단지 고대인의 이야기가 아니다. 언어는 신화를 표현하는 방식 중 하나에 불과하다. 신화는 근본에 대한 재연이다. 춤, 연극, 제의, 사진 등도 신화가 될 수 있다. 중요한 것은 그것이 신화적 구조를 갖느냐다. 새로운 신화가 나타났다는 것은 기존의 논리를 무력화시키는 또 다른 담론의 출현이라고 할 수 있다.

③ 상상력과 인문학 : 인문학은 인간의 사상 및 문화를 대상으로 한다. 그것들을 생각하게 하는 것이 상상력이다. 세상에는 수많은 생각이 있다. 그중에 예로부터 지금까지 영향을 미치는 위대한 생각들이 있었다. 그런 생각들을 우리는 고전이라고 부른다. 특히 고전은 인문학 분야에 많이 포진되어 있다. 인문학은 정신현상과 관련된다. 처음부터 정밀하고 논리적이며 창의적으로 생각하기는 힘들다. 그럴 때는 위대한 사상을 따라가보는 방법이 있다. 그 생각을 따라가며 자신의 생각을 단단히 하는 것이다. 고전이나 인문학을 공부하는 것은 상상력을 높이는 훈련이라고 할 수 있다.

4 | 시공 방향

① 생각하는 힘 : 물은 그릇의 크기만큼 담긴다. 아무리 좋은 음식이라도 소화하지 못한다면 아무 소용이 없다. 마찬가지로 생각하는 힘이 없다면 책을 아무리 읽어도 자신의 것으로 소화하지 못한다. 생각하는 힘은 당장 자신에게 소용되는 점수와 다르다. 상상력은 보지 못하던 것을 보게 하고 생각하지 못하던 것을 생각하게 하여 더 넓고 깊은 사고와 통찰력을 가지게 한다. 자신도 모르는 사이 그릇이 커지고 몸 안의 장기를 단단하게 하여 몸 전체를 건강하게 하는 것이 상상력이다.

② 생각의 소통 : 세상에는 수많은 재료가 있다. 하나의 음식만 먹는다면 영양실조에 걸리고 말 것이다. 또한 다른 생각은 또 다른 생각으로 나가는 통로가 된다. 생각의 소통은 창의력을 높여준다.

5 | 시공 방법 및 순서

① 벽체 바라보기 : 당연하게 여겼던 것들에 대해 의문을 품는다. 벽 너머에 무엇이 있는지 생각한다.

② 흠집 내기 : 하나의 사건, 하나의 생각은 다양한 방법으로 연결될 수 있다. 그중에 하나를 잡는다. 무엇이든 상관없다. 그것과 함께 연상되는 것이 어떻게 연결될 수 있는지를 생각한다. 그러면 철옹성처럼 단단해 보였던 벽에 흠집이 생길 것이다.

③ 문 달기 : 생각의 문은 크기와 상관없다. 작은 바람구멍만 있어도

생각은 그곳을 빠져나와 다른 곳으로 갈 수 있다. 중요한 것은 그 문이 막히지 않도록 유연함을 유지하는 것이다. 처음에는 문을 달지만 나중에는 문이 없어도 상관없다. 통하면 된다.

④ 길 열기 : 모든 문은 연결되어 있어야 한다. 문과 문이 미로처럼 얽혀 저 멀리 있는 것 같아도 한 번에 도달할 수 있는 또 다른 문을 만들어야 한다. 즉 벽을 뛰어넘는 길이 있어야 한다. 나중에는 처음의 표제어가 중반으로 연결되기도 하고 또 마지막으로 연결되기도 할 것이다.

⑤ 넘나들기 : 모든 생각이 연결되면 자유로워진다. 사물의 일면이 아니라 사방을 통해 바라보고 그 속과 의미를 통찰하게 될 것이다. 그리고 자신의 눈이 생길 것이다.

6 | 도움말

① 시작은 어디라도 상관없다. 모든 것이 부분이자 전체다. 건너뛰어도 상관없다.

② 생각의 고리는 무엇과도 연결되다. 한 올의 실을 발견하는 것이 중요하다. 실은 끊임없이 늘어나 천이 되고 옷이 될 것이다.

③ 필자의 빈한한 상상력을 비웃어라. 필자의 생각은 그저 필자의 것일 뿐이다. 중요한 것은 스스로의 생각을 찾는 것이다.

④ 결국 이 책에 얽매일 필요는 없다. 내 생활, 내 삶, 내 생각의 실마리 한 올을 건질 수만 있다면 족하지 아니한가.

7 | 시공 노트

이 책의 표제어들은 필자의 범주에 불과하다. 다른 사람은 더 많은 문을 열 것이다. 그리고 이해하고 설명하는 방식도 다를 것이다. 필자는 나의 범주에 있는 것만을 보았고 내가 상상하는 것만큼 연결했다. 그것이 필자가 보고 생각하고 이해하는 한계다. 그런 알량한 상상력으로 책을 쓴다는 게 부끄럽지 않냐고 묻는다면, 부끄럽다. 그렇지만 필자를 비웃으며 읽는 재미도 쏠쏠하지 않겠는가?

차례

• 상상력 리모델링 시방서 •
생각의 벽에 문을 만들어라 _004

1장
만물의 근원,
말의 질서

시계공	_019
연금술	_025
오행	_029
본성의 물	_034
상선약수	_037
생명의 물	_039
오악	_041
나비효과	_045
3역	_049
하도낙서	_051
홍범구주	_053
불의 검	_057
토르	_061
헤파이스토스	_063
흙	_066
주술	_071
좀비	_074
메타포, 메토니미	_076
시니피앙과 시니피에	_080
랑그와 파롤	_082
세발솥	_085
레비스트로스	_087
언어질병설	_090

2장
이것도 저것도 아닌,
그러나 존재하는

반고	_095
카오스	_097

마고할미	_099	숙과 홀	_153
본풀이	_101	서괘전	_156
9층세계	_104	피드백	_161
오르페우스	_106	매개항	_163
우주란	_108	황야의 무법자	_165
프리마 마테리아	_110	통과의례	_167
미드가르드	_112	피타고라스 교단	_170
시구르드	_114	도생일	_172
바리공주	_116	코펜하겐의 해석	_174
천원지방	_120	오시리스	_176
참성단	_123	엔트로피	_178
샤먼 킹	_125	오름	_180
피티아	_129	에누마 엘리시	_182
엑스터시와 포제션	_131	연장	_184
사천왕	_133		
시왕	_134		
무간도	_137	**3장**	
루시퍼	_139	**차지하려는 자,**	
사자의 서	_141	**차별하는 마음**	
순장	_143	가이아	_189
바르도퇴돌	_144	유토피아	_193
푸르가토리움	_148	콘키스타도르	_195
규정	_151	콘셉시온호	_197

벌레	—199	4장	
우라노스 vs. 크로노스	—201	진실을 믿는가, 믿는 것이 진실인가	
여와보천	—204		
기름 부음 받은 자	—206	파리마치	—261
마키아벨리즘	—209	패러히스토리	—264
한비자	—213	은자 피에르	—268
사회계약설	—217	꾸란과 칼	—270
요순우탕	—220	파리스의 심판	—272
걸주	—223	봉신연의	—275
인문학적 질서	—226	아킬레스건	—278
코페르니쿠스적 전환	—228	오이디푸스	—280
가부장의 신화	—231	꿈	—283
효	—233	양주와 묵적	—286
공후백자남	—235	나르시시즘	—289
딸일	—239	판도라의 상자	—292
파문	—241	프로메테우스	—294
충서	—242	곤	—297
철인 통치	—246	대홍수	—299
독사	—249	바람계곡의 나우시카	—303
제논의 패러독스	—251	절언지법	—305
두개의 우주 체계에 관한 대화	—253	나렌쉬프	—307
의미의 물줄기	—255	프로쿠르테스의 침대	—309
		혈구지도	—311

매트릭스	−313	곰	−352
모르페우스	−316	옥응룡	−355
나비	−317	탈바꿈	−358
피휘	−320	김알지	−360
변신	−321	흉노	−362
과보추일영	−323	솟대	−365
아라크네	−324	장승	−368
화과산의 원숭이	−327	라비린토스	−370
애니미즘	−329	신궈설	−375
야누스	−330	파스칼의 내기	−377
페르소나	−332	사회적 다위니즘	−381
		헤라클레스의 기둥	−384
		무용과 대용	−387

5장
무엇을 기억하는가, 어떻게 생각하는가

집단적 기억과 구조적 망각	−335	• 참고문헌 •	−393
나폴레옹	−337		
디아스포라	−339		
여자 하느님	−341		
복희	−343		
미토콘드리아 이브	−347		
빌렌도르프의 비너스	−348		

금사자 −390

1장

만물의 근원,
말의 질서

이야기는 무엇이 있어야 시작될 수 있다. 인간과 동물과 식물과 땅과 바다와 하늘은 어떻게 생겨났을까? 수없이 많은 이야기가 있었고 논쟁은 끊이지 않는다. 우리의 이야기는 두 가지다. 어떻게 생겨났는가, 생겨난 것을 어떻게 바라볼까. 그것은 생겨남을 다르게 인식하고, 있음의 다름을 인식하는 것이다. 시작은 창조론과 진화론의 싸움이다.

시계공

최초의 있음에 대해 이야기할 때 먼저 시계공을 떠올린다. 왜 시계공일까? 바로 시계공이 진화론으로 기울어가던 최초의 있음에 대한 논쟁에 다시 불을 붙였기 때문이다.

시계바늘을 돌려 1925년 7월 21일 미국 테네시 주의 작은 마을 데이턴으로 가보자. 이날 데이턴에서는 역사적인 재판이 열린다. 피고는 이 마을의 고등학교 생물 교사인 존 스콥스다. 그는 왜 세기의 재판의 주인공이 되었을까? 그가 사이코 패스여서? 아니다. 워터게이트 사건에서처럼 대통령 당선을 위해 상대 당 본부에 도청 장치를 설치한 비밀 공작반이어서? 그것도 아니다.

존 스콥스는 버틀러법Butler law을 위반했다. 버틀러법에 바로 시계공이 등장하는 이유와 최초의 있음에 대한 논쟁이 있다. 버틀러법이란 버틀러라는 사람의 이름을 따서 만든 법이다. 버틀러는 누구인가? 그는 세계기독교근본주의협회의 테네시 주 회장이었다. 근본주의자들은 믿음이 철저하다. 그들은 상대성을 인정하지 않는다. 이슬람 근본주의자들은 이슬람의 경전인 꾸란을 진리로 받든다. 꾸란은 율법이다. 기독교 근본주의자들 역시 마찬가지다. 성경은 진리이자 사실이며 하나님의 역사다.

성경은 창세기로 시작된다. 창세기는 또 어떻게 시작되는가? '태초에 하나님이 천지를 창조하시니라.' 하나님은 천지를 창조하고 빛을 만들고 어둠을 나눈다. 그리고 마지막으로 사람을 창조한다. 성경에 따르면 최초의 존재들은 모두 하나님이 창조한 것이다. 이것이 기독교의 창조론이다. 여기서 다시 한 번 기억하자. 버틀러는 기독교 근본주의자다.

창조론의 반대편에 진화론이 있다. 버틀러에게 진화론은 명백한 '이단'이었다. 그런데 그 이단의 사상을 학교에서 가르친다면 어떨까? 버틀러는 참을 수 없었을 것이다. 그래서 그는 공립학교에서 진화론을 가르칠 수 없다는 버틀러법을 통과시킨다. 하지만 존 스콥스는 학교에서 진화론을 가르쳤다. 버틀러법을 위반한 것이다.

이 일이 일어난 때는 중세가 아니라 1925년이다. 언론·출판·집회·결사의 자유가 고대로부터 이어온 유구한 전통이라는 망상은 버리자. 우리가 아무렇지도 않게 자신의 의사를 표현할 수 있게 된 것은 몇십 년도 되지 않는다. 1980년대만 해도 마르크스의 《자본론》을 가지고 있다는 이유로 감옥에 갔다. 1950년 2월 미국 공화당 상원의원 조셉 매카시는 국무성 안에 250명의 공산주의자가 있다는 발언으로 수많은 사람들을 공포에 떨게 했다. 이렇듯 야만의 시대는 늘 우리 가까이에 있었다.

다시 재판으로 돌아가보자. 라디오를 중계된 재판의 변호사들은 당대 최고였다. 원고측은 민주당의 대통령 후보였던 윌리엄 제닝스 브라이언, 피고측은 미국시민자유연합의 클라렌스 대로우였다. 대로우는 창조론을 주장하는 브라이언을 매섭게 몰아붙였고, 브라이언은 창조론에 일부 문제가 있음을 시인하지 않을 수 없었다. 하지만 존 스콥스는 유죄 판결을 받았다.

재판은 다소 싱겁게 끝이 났지만 재판을 둘러싼 논쟁은 뜨거웠다. 창조론 지지자들은 진화론 지지자들에게 '너희들의 조상인 원숭이에게 돌아가라'며 피켓 시위를 벌였다. 그래서 이 재판은 '원숭이 재판'으로도 불린다.

왜 이 재판이 중요할까? 여기엔 존 스콥스라는 고등학교 생물 교사의 죄를 가리는 것보다 더 큰 문제가 도사리고 있다. 이 재판은 창조론과 진화론이라는 두 세계관의 충돌을 보여준다.

고대로부터 서양 사상은 그리스 철학에 바탕을 둔 헬레니즘과 구약에 근원한 헤브라이즘에 의해 형성되었다. 창조론은 단순한 이론이 아니라 서양 사상을 발전시켜온 한 축이었다. 그런데 구약의 창조를 정면으로 반박하는 진화론이 등장했고 많은 사람들의 지지를 받게 되었다. 창조론과의 충돌은 필연이었다. 그 충돌을 상징적으로 보여주는 사건 중 하나가 원숭이 재판이었다.

사실 다윈이 《종의 기원》을 발표하면서 창조론은 힘을 잃는 듯 보였다. 진화론은 논리적 근거와 증거를 들이댔고, 사람들은 창조론보다 진화론을 더 합리적이라고 여겼다. 성경의 구절이 세상을 지배하던 시대는 지나갔다. 위기에 휩싸인 창조론은 진화론과 같은 논리적 구조를 만들어야 했다. 그래서 등장한 것이 창조론의 새로운 버전인 '지적 설계론'이다. 19세기 초 윌리엄 페일리는 《자연 신학》에서 '시계공 논증'을 들이민다. 이 논증은 존재에 대한 질문으로 시작된다. 그는 돌멩이와 시계를 예로 들어 자신의 이야기를 시작한다.

길에 돌멩이가 떨어져 있다. 이 돌멩이는 어떻게 여기에 있게 되었을까? 이번에는 길에 시계가 떨어져 있다. 이 시계는 어떻게 여기에 있게 되었을까?

사람들이 돌멩이와 시계를 보는 시각은 다르다. 돌멩이를 보면서 누구의 것이고 누가 만들었는지를 생각하지 않는다. 그러나 시계는 분명 누군가 길에 떨어뜨렸을 것이라고 생각한다. 물론 시계의 주인이 누구인지는 알 수 없다. 그러나 시계가 돌멩이처럼 그냥 존재하지는 않았을 거라는 짐작은 해볼 수 있다. 공장에서 만들었든 시계공이 만들었든 시계는 누군가에 의해 만들어진 것이다. 시계에는 만들어진 시대가 있고 만든 이유가 있고, 사용법이 있고, 설계도가 있다. 이처럼 시계는 자연적으로 만들어진 것이 아니라 누군가가 의도한 것이다.

이러한 시각을 돌멩이에도 적용해보자. 돌멩이를 시계처럼 생각한다면 돌멩이도 누군가에 의해서 만들어진 것이어야 한다. 그런데 돌멩이는 시계처럼 간단하지 않다. 돌멩이라는 자연물은 상상을 초월할 정도로 복잡한 과정을 거쳐 만들어졌을 것이다. 그 과정은 인간의 사유를 뛰어넘는 것이다. 그래서 우리가 그것이 만들어졌다는 것을 인지하지 못할 뿐이다.

시계도 자연물도 누군가에 의해 만들어졌다고 한다면, 그것을 만든 존재는 누구일까? 시계보다 복잡한 돌멩이를 만든 창조자는 지적인 존재, 즉 인간이 상상할 수 없는 능력을 가진 존재여야만 한다. 과연 지적인 존재는 누구인가? 해답은 성경에 있다. 바로 하나님이다.

창조론과 진화론을 다른 말로 쉽게 바꾼다면 '만들어졌다'와 '생겨났다' 정도가 될 것이다. '만들어졌다'에서 핵심은 누가 만들었느냐다. 반대로 '생겨났다'에서 중요한 것은 '누가'가 아니라 '어떻게'다. 어떤 과정을 거쳐서 지금의 모습을 갖추게 되었는지가 생겨남의 핵심이다. '생겨났다'는 진화를 포괄한다. 세포의 분열에 의해서든 진화에 의해서든 어떠한 과정을 거쳐 그것이 생겨나게 된다. 돌멩이가 생겨난 것처럼 인간도 그렇게 생겨났다. 물이, 흙이, 바람이, 동물과 식물이, 그리고 인간이 생겨났다.

창조론과 진화론은 최초의 있음, 즉 세상의 기원을 이야기하는 두 가지 논리다. 창조에 대한 시각이 다르다고 해서 그것이 무슨 큰 의미일까? 창조론과 진화론이 우리에게 밥을 만들어주지는 않는다. 내게 지금 당장 필요한 점수를 높여주지도 않는다. 하지만 어느 것을 믿느냐에 따라 내 생각의 바탕, 내 생각의 논리 구조는 결정적으로 바뀐다.

생각과 논리는 상당히 많은 부분에서 나를 결정하는 역할을 한다. 신을 믿는 사람과 신을 믿지 않는 사람은 세계를 다르게 인식한다. 무엇을 믿느냐에 따라 세상은 달라졌다.

다른 믿음은 다른 세계를 만든다. 서양 사상은 창조론이라는 확고한 신념에 한쪽 발을 딛고 서 있었다. 창조론의 세계에서 세상과 사람을 포함한 세상의 모든 존재들은 신에 의해 만들어진 것들이다.
'만들어졌다'라는 것은 만들 수 있다는 가능성을 내포한다. 인류는 역시 무언가를 만들어왔다. 돌을 깨거나 갈아서 석기를 만들었고 흙을 이겨 토기를 만들었다. 집과 옷과 무기를 만들었고 농사를 지어 곡식을 생산했다. 그렇다고 인류가 만든 것이 물질만일까? 제도와 관습, 사상과 정치도 사람에 의해 만들어졌다. 그리고 그것들은 또 연결되어 있다. 하나는 하나로 끝나지 않는다. 그 연결고리는 끝이 없고 어디에서 튀어나올지 모른다. 인류의 역사는 만듦의 역사이기 때문이다.

연금술

인간은 욕망이 이끄는 방향으로 나아갔다. 사실 욕망을 비웃는다는 것은 웃기는 일이다. 욕망은 지금껏 우리를 살게 했고, 앞으로 우리를 버티게 할 힘이기 때문이다. 욕망은 비난의 대상이 아니라 구별하고 조절해야 하는 속성이다. 중요한 것은 무엇을 욕망하느냐이고, 욕망이 가져올 결과를 아는 것이다.

인간이 끊임없이 욕망해온 것 중에 황금이 있다. 황금은 귀하다. 황금을 갖고 싶은 욕망은 신화를 만들어냈고 연금술을 행하게 했으며 근대 화학을 낳았다. 그리스 신화에 프리지아의 왕 미다스가 나온다. 그의 손이 닿으면 모든 것이 황금으로 변했다.

실레노스는 술의 신인 디오니소스를 길러준 은인이자 술 친구였다. 술에 취한 실레노스가 길을 잃었을 때, 미다스가 그를 보살폈다. 디오니소스는 그에 대한 보답으로 미다스의 소원 하나를 들어주겠다고 했다. 미다스는 자신이 만지는 모든 것이 황금으로 변하게 해달라고 했다.

그래서 미다스는 행복했을까? 미다스는 자신의 욕망을 향해 나아갔지만 그 욕망이 초래할 결과를 예측하지 못했다. 미다스의 손이 닿는 것은 모두 황금으로 변했다. 사람도 음식도 말이다. 결국 미다스는 파크톨로스 강에서 목욕을 하는 것으로 자신의 소원을 철회할 수 있었다. 그 후 파크톨로스 강의 모래는 사금이 되었다고 한다.

미다스는 황금에 대한 욕망과 그 욕망이 초래한 결과를 보여주는 상징이지만 지금 이야기의 주인공은 아니다. 그런데 한 가지 주목해볼 대목이 있다. 미다스는 이미 있던 것을 황금으로 바꾸는 손을 가졌을 뿐 직접 황금을 만들어내지는 않았다는 사실이다.

인간은 자신의 능력을 믿었다. 오만하고 건방졌지만 쉽게 신의 영역을 넘보려 하지는 않았다. 신의 영역인 창조의 바깥에서 인간에게 허용된 욕망의 최대치는 변형이다. 유전자 변형과 연금술 같은.

연금술은 비금속卑金屬으로 황금을 만드는 기술이다. 비금속이란 공기 중에서 산화하는 금속으로, 아연이나 알루미늄이 이에 해당한다. 그렇다면 어떻게 비금속으로 황금을 만들 수 있을까? 왜 그렇게 오랜 시간 동안 수많은 사람들이 연금술에 매달렸을까? 대답은 간단하다. 그 가능성을 믿었기 때문이다.

사회의 변화는 믿음의 변화라고 할 수 있다. 한 시대를 지배하는 시대정신 역시 사상에 대한 믿음을 기반으로 한다. 그 사상이 그 시대를 지배할 수 있었던 것은 시대의 타당성을 확보했고 사람들이 그것을 옳다고 믿었기 때문이다. 연금술은 당시 사람들에게 논리적으로 타당하다고 여겨졌다. 연금술은 마법이 아니라 실현 가능하다는 이론적 근거를 마련하고 있었다.

연금술은 창조론과 연관된다. 연금술사들은 하나님이 세상을 창조했다고 믿었다. 세상은 하나님의 뜻이며, 세상의 모든 물질에는 그 뜻이 포함되어 있었다. 그렇다면 모든 물질에는 창조의 속성이 포함되어 있으며, 이미 만들어진 것은 또 다른 것으로 변형될 수 있다는 말이 된다. 여기에 그리스 철학은 연금술의 논리를 강화했다. 연금술은 황당한 논리가 아니라 엄청난 이론적 배경을 가지고 있었던 것이다.

우리는 근원적인 질문을 안고 산다. 나는 어디서 와서 어디로 가는가? 나의 운명이란 무엇인가? 물론 신을 믿으면 이런 질문은 쉽게 해결될 수 있다. 나는 신의 피조물이고 세상은 신의 뜻대로 움직인다고 믿으면 그만이기 때문이다.

고대 그리스 철학자들은 조금 다른 질문을 던졌다. 세상은 무엇으로 만들어졌는가? 세상을 만들어낸 근본 물질은 무엇인가? 처음에 고대 그리스 철학자들은 세상을 구성하는 근본 물질이 하나라고 생각했다. 그것은 하나님이 하나의 근본 물질로부터 세상을 창조했다는 생각과 비슷한 것이었다.

서양 철학의 아버지라 불리는 탈레스는 자연 현상에서 신화의 신비적 요소를 배제하려 했다. 대신 현상을 단순화하여 분석하고 원리를 발견하고자 했다. 그 결과 만물의 근원을 물이라고 주장했다. 또 다른 주장들이 흘러나왔다. 아낙시메네스는 공기를, 헤라클레이토스는 불을 만물의 근원으로 꼽았다. 그때까지만 해도 만물의 근원은 하나의 물질이라고 생각했다. 하지만 여기에 의문을 품은 사람이 있었다. 엠페도클레스는 물, 공기, 불, 흙이 흩어지고 모이는 배합에 의해 만물이 이루어진다는 4원소설을 내놓았다. 이는 네 가지 원소의 조합을 통해서 세상의 모든 것을 만들 수 있다는 이야기나 다름없었다.

엠페도클레스의 주장이 2,000여 년간 정설로 받아들여질 수 있었던 것은 아리스토텔레스가 4원소설을 받아들였기 때문이다. 한 명의 학자가 뭐 그리 대단하냐고 생각할지도 모르겠다. 그러나 그렇지 않다.

중세에 아리스토텔레스의 학설은 절대적이었다. 아리스토텔레스에 반박한다는 것은 불경이며 이단이었다. 심지어 《두 개의 우주 체계에 관한 대화》에서 지동설을 옹호했던 갈릴레이조차 아리스토텔레스의 이론을 반박하는 데 매우 조심스러운 태도를 보였다. 그것은 마치 조선시대 성리학자들이 주자의 해석을 따르지 않는 사람들을 사문난적斯文亂賊으로 몰아 역적으로 여긴 것과 비슷했다. 사문난적이란 성리학에서 교리를 어지럽히는 사람이라는 뜻이다. 조선시대에 주자가 절대적인 권위를 가졌던 것처럼 중세에 아리스토텔레스의 권위는 훼손 불가능한 것이었다.

4원소설은 아리스토텔레스에 의해 굳건한 정설이 되었다. 이는 황금을 만들 수 있다는 이론적 근거가 확신으로 바뀌는 계기였다. 연금술사들은 물질을 혼합하고 가열하고 추출함으로써 황금을 만들 수 있다고 믿었다. 그러나 황금을 만드는 데는 실패했다. 실패는 또 다른 계기이자 시작이 된다. 그것은 황금보다 더 대단한 화학의 탄생이었다.

연금술은 사고의 확장과 변화를 보여주는 단면과 같다. 연금술의 뿌리는 창조론으로 거슬러올라가 그리스 철학과 결합한다. 그리고 근대 화학을 낳는 또 다른 뿌리가 된다. 이처럼 전혀 어울릴 것 같지 않은 조합들이 계속해서 새로운 것을 만들어낸다.

서양 철학자들은 4원소설을 주장했다. 그렇다면 동양에는 무엇이 있을까? 금金, 수水, 목木, 화火, 토土, 바로 오행五行이 있다. 오행은 우주의 원리이며 생성과 소멸을 이야기하고 인간의 변화를 가늠케 하는 필수 요소다.

오행

세계사 속에서 가장 영향력있는 인물은 누구일까? 첫 번째는 이슬람교의 창시자 무함마드, 두 번째는 만유인력의 법칙을 발견한 뉴턴, 세 번째는 기독교의 예수, 그리고 그 뒤를 불교의 석가모니, 유교의 공자, 사도 바울, 종이를 발명한

채윤, 인쇄술을 발명한 구텐베르크, 아인슈타인, 마르크스, 파스퇴르, 갈릴레이, 아리스토텔레스, 레닌, 모세, 다윈이 잇는다. 지식탐닉자 마이클 하트가 《세계사를 바꾼 사람들 랭킹 100》에서 매긴 인물 순위다. 다윈에 이어 18위를 차지한 인물은 중국을 통일하고 황제라는 칭호를 처음으로 쓴 진시황이다.

진시황은 애증의 인물이며 딜레마다. 그는 폭군인 동시에 위대한 황제였다. 진시황은 중국을 통일하고 군현제를 실시했다. 뿐만 아니라 화폐와 도량형, 그리고 문자를 통일했다. 그것은 중국이라는 거대한 문화권을 하나로 묶는 획기적인 사건이었다. 하지만 진시황은 또 실제 생활에 필요한 책을 제외한 사상서를 불태우고 선비들을 생매장하는 분서갱유焚書坑儒를 자행한 인물이기도 하다.

오행을 이야기하면서 왜 진시황을 거론하는 것일까? 단서는 색깔과 숫자에 있다. 진시황은 검은색과 숫자 6을 좋아했다. 아니, 좋아하는 정도를 넘어 신봉했다고 해야 할 것이다. 진시황은 신하들에게 검은색 옷을 입게 했고 검은색 깃발을 들게 했으며, 문물과 제도를 정비함에 있어 숫자 6을 중요하게 생각했다.

검은색과 숫자 6에는 공통분모가 있다. 바로 물이다. 물은 오행의 수*다. 진시황이 오행의 수에 집착하게 된 수수께끼를 풀기 위해서는 먼저 오행이 무엇인지를 알아야 한다.

오행을 처음 언급한 문헌은 《상서尚書》다. 중국 상고 시대의 기록인 이 문헌은 사서오경四書五經 중 하나로 《서경書經》이라고도 한다. 내용 중에 상나라를 멸하고 주나라를 건국한 무왕이 상나라의 현인이던 기자箕子를 만나는 대목이 있다. 무왕은 기자에게 나라를 다스리는 도를 묻는다. 이때 기자가 오행을 말한다.

"내가 들으니 옛날 곤이 홍수를 막아 오행을 어지럽히자 상제가 진노하셨다. 이에 홍범구주洪範九疇를 내려주시지 않아 사람이 지켜야 할 도리가 무너지게 되었다. 곤이 귀양 가 죽고 우가 왕위에 오르자 우왕에게 홍범구주를 내려주셨고, 그로써 사람의 도리가 퍼지게 되었다."

곤은 중국 상고시대 요임금의 명을 받고 홍수를 막는 치수사업을 벌인 인물이다. 우는 곤의 아들로, 중국 최초의 국가로 알려진 하나라의 시조다. 그런데 기자는 곤의 치수사업이 오행을 어지럽혔고, 그 때문에 상제가 세상을 다스리는 법도인 홍범구주를 내려주지 않았다고 말한다. 곤의 죄는 오행을 어지럽힌 것이다. 뒤에서 설명하겠지만 곤은 자연의 이치를 역행하는 방법으로 홍수를 막으려 했다. 자연의 이치를 역행하는 것은 오행을 어지럽히는 것이나 다름없었다.

《상서》에 따르면 오행의 첫 번째는 수(물)이고, 두 번째는 화(불), 세 번째는 목(나무), 네 번째는 금(쇠), 다섯 번째는 토(흙)다. 각각은 모두 고유한 성질을 가지고 있다.

먼저 물의 성질은 무엇일까? 물에 옷이 닿으면 젖는다. 그리고 위에서 아래로 흐른다. 불은 어떨까? 불은 위로 타오르는 성질을 가지고 있다. 나무는 휘어지지만 또 곧다. 쇠는 불을 만나 변한다. 흙은 씨를 뿌려 농작물을 수확하는 성질을 가진다.

오행은 또한 각각의 방향과 색깔과 맛을 가지고 있다. 수는 흑색과 북쪽으로 짠맛이다. 화는 적색과 남쪽으로 쓴맛, 목은 청색과 동쪽으로 신맛, 금은 백색과 서쪽으로 매운맛, 토는 황색과 중앙을 상징하며 맛으로는 단맛이다.

다시 질문을 던져보자. 진시황과 오행은 어떤 관계가 있을까? 중국 전국시대의 사상가 추연鄒衍은 '오덕종시설五德終始說'을 주장하면서 각 왕조가 오행의 덕을 가지고 있다고 말했다. 진나라부터 거슬러올라가면 주나라, 상나라, 하나라가 있다. 추연은 여기에 전설의 황제를 추가했다. 그리고 다시 각 왕조에 오행의 덕을 부여했다. 이를 순서대로 배열하면 황제는 토, 하나라는 목, 상나라는 금, 주나라는 화의 덕을 가지고 있었다. 그리고 진나라의 덕은 수였다.

오덕종시설은 아무렇게나 배열된 것이 아니다. 여기에는 오행의 서로 돕는 상생相生과 서로 충돌하는 상극相剋의 원리가 숨어 있다. 물은 나무를 자라게 한다. 그래서 '수생목水生木'이다. 불이 다 타서 없어지면 흙으로 돌아가니 '화생토火生土', 나무가 타 불을 일으키니 '목생화木生火', 금속은 땅속에서 광천의 원천이 되니 '금생수金生水', 흙에서 금속이 나오니 '토생금土生金'이다. 반대로 물은 불을 끄니 '수극화水剋火', 불은 금속을 녹이니 '화극금火剋金', 나무는 흙의 양분을 빨아들이니 '목극토木剋土', 금속은 나무를 베니 '금극목金剋木', 흙이 쌓이면 물을 막으니 '토극수土剋水'다.

오덕종시설에 따르면 황제로부터 진나라는 상극으로 이어진다. 황제의 흙은 하나라의 나무에 양분을 빼앗긴다. 하나라의 나무는 다시 상나라의 쇠에 베어지고, 상나라는 다시 주나라의 불에 타게 된다. 하지만 주나라의 불도 진나라의 물에 의해 꺼지게 된다. 진시황은 진나라가 수의 덕을 가지고 있기 때문에 물을 상징하는 흑색과 숫자 6을 중요시했던 것이다.

오행은 또한 세상의 이치를 설명하는 방법이기도 했다. 뿐인가. 오행의 상생과 상극은 사람의 운명은 물론 사람 사이의 관계를 설명하는 데도 사용되었다. 점占은 사람의 생년월일시에 부여되어 있는 오행과 띠를 상징하는 십이간지 등을 통해 미래를 예측하는 것이다. 궁합을 보는 것 역시 십이지와 오행으로 풀이된다. 오행이 이렇듯 세상의 다양한 영역과 이치로 확대될 수 있었던 이유는 확장성 때문이다.

오행의 구성 요소는 인간에게 필수적이다. 우리는 태양계의 행성을 수성, 금성, 지구, 화성, 목성, 토성으로 부른다. 우주의 행성이 지구의 우리에게 영향을 미치고 있음을 암시하는 대목이다.

오행의 요소들은 각각 풍성한 이야기를 지닌다. 오행은 각각의 신화를 가지고 있는데, 그중 물은 동양 사상에서 단골 소재로 차용되었다. 고대의 사상가들은 물을 통해 인간을 보고 도를 이야기했다. 고전에서 물이 많이 거론되는 것은 물의 성질에서 자신의 사상을 설명할 근거를 발견했기 때문이다.

본성의 물

어떤 방향에서 어떻게 보느냐에 따라 의미는 달라진다. 물이라고 예외가 아니다. 《맹자》〈고자〉 편에 맹자와 고자告子의 물싸움이 전해진다. 두 사람은 물을 가지고 불꽃 튀는 설전을 벌였다.

맹자는 사람의 본성이 선하다는 성선설性善說을 주장했다. 반면에 순자는 성악설性惡說을 주장했다. 그래서 사람들은 맹자와 순자가 논쟁을 벌였다고 생각하지만 《맹자》에서 인간의 본성을 두고 논쟁을 벌인 이는 순자가 아니라 고자다.

고자는 해함이 없다는 뜻의 '불해不害'라는 이름을 가진 제나라의 사상가였다. 그는 사람의 본성에는 선함도 악함도 없다는 '성무선악性無善惡'의 인성론을 주장했다. 맹자와는 전혀 다른 생각이었다. 맹자와 고자는 다양한 사물과 이치를 들어 자신의 주장을 펼치다가 급기야 물을 가지고 논쟁을 벌인다. 고자가 말한다.

"사람의 본성은 소용돌이치는 물과 같다. 물길을 동쪽으로 트면 동쪽으로 흐르고, 서쪽으로 트면 서쪽으로 흐른다. 사람의 본성에 선善과 불선不善의 구분이 없음은 마치 물에 동서의 구분이 없는 것과 같다."

소용돌이치는 물이란 방향을 정하지 않고 한군데에 있는 물이다. 물길을 어디로 터주느냐에 따라 흐르는 방향이 달라진다. 고자는 사람의 인성도 물과 같다고 주장했다. 물이 길을 따라 흐르는 것처럼 사람의 본성에도 선악이 없다는 말이다. 그러자 맹자가 또 다른 물의 속성을 들어 반박한다.

"물에는 정말 동서의 구분이 없지만 상하에 대한 구분조차 없는가? 사람의 본성이 선한 것은 마치 물이 위에서 아래로 흐르는 것과 같으니 사람으로서 선하지 않은 자가 없고 물로서 아래로 내려가지 않는 것이 없다. 이제 물을 쳐서 튀어오르게 하면 이마를 넘어가게 할 수 있을 것이요, 아래를 막아 역류하게 하면 산에까지 미치겠지만, 어찌 이것이 물의 본성이겠는가? 외부의 힘에 의해 그렇게 되는 것이다. 사람이 선하지 않은 일을 할 수 있지만 그것 역시 외부의 힘에 의해 그렇게 되는 것이다."

맹자는 물에 방향의 구분은 없을지 모르지만 상하의 구분은 분명히 있다고 말한다. 물이 위에서 아래로 흐르는 것이 이치다. 사람이 선한 것도 이치다. 외부의 힘에 의해 잠시 역류할 수도 있지만 그것은 본성이 아니다. 때문에 맹자는 사람이 본래 선하다는 성선설을 주장한다.

맹자는 그 예로 우물에 빠질 위기에 처한 아이의 일화를 이야기한다. 아이가 우물에 빠지려는 찰나, 그 광경을 본 사람들은 조마조마하고 측은한 마음이 들어 아이를 구하려 한다. 그것이 인간의 자연스러운 마음이다. 아이의 부모가 부자라서 도움을 받으려는 것도 아니고 이웃들에게 좋은 일을 했다고 칭찬을 듣기 위해서도 아니다. 맹자는 아이를 구하려 하고 측은한 마음이 드는 것이 인간의 본성이라 했다.

맹자에 따르면 인간에게는 네 가지 본질적 특성이 있다. 바로 사단四端이라 일컫는 것으로, 인의예지仁義禮智에 대응한다. 측은해하는 마음이 드는 측은지심惻隱之心은 인仁, 나쁜 것을 부끄러워하고 싫어하는 수오지심羞惡之心은 의義, 사양하고 양보하는 사양지심辭讓之心은 예禮, 그리고 옳고 그름을 가리는 시비지심是非之心은 지智가 된다.

맹자가 성선설을 주장한 데는 당시의 시대적 상황과 관련이 깊다. 맹자가 살았던 전국시대는 인간이 가져야 할 최소한의 도리조차 지켜지지 않는 시대였다. 전쟁은 끊이지 않았고 길거리에는 시체가 널브러져 있었다. 윤리와 도덕이 무너진 사회에서 맹자는 사람의 도리를 회복할 방법을 찾고자 했다. 만약 사람의 본성이 선하지 않다면 그런 짐승과 같은 삶도 당연한 것이 된다. 때문에 사람의 본성은 선해야 한다. 맹자는 사람의 선한 본성을 되찾는 것만이 시대의 문제를 해결할 수 있는 방법이라고 생각했다.

상선약수

고자와 맹자는 물질로서의 물을 이야기하지 않는다. 물의 성질, 물의 현상에서 발견한 이치를 통해 인간의 본성을 말한다. 물에서 세상의 이치를 발견한 사상의 거인은 이 둘뿐만이 아니다. 노자는 '상선약수上善若水'를 말한다. 최상의 선은 물과 같다는 뜻이다. 노자는 물의 어떤 모습에서 최상의 선을 발견한 것일까? 《도덕경》 8장을 살펴보자.

> 최상의 선은 물과 같다. 물은 선하여 만물을 이롭게 하면서 다투지 않고 사람이 싫어하는 곳에 처하니 도道에 가깝다. 사람이 좋은 땅에 거하고 깊게 생각하며 어진 이와 함께하고 말에 신의가 있으며 정치를 잘하고 일에 능하며 움직임이 때에 맞으면 다투지 않고 허물이 없을 것이다.

노자는 먼저 물이 만물을 이롭게 한다고 말한다. 사람도 식물도 물이 없으면 살 수 없다. 물은 생명이다. 하지만 물은 다투지 않는다. 사람이 좋아하는 곳이나 싫어하는 곳이나 차별하지 않는다. 마치 비가 더러운 곳을 피해서 내리지 않는 것과 같다. 그래서 노자는 물이 도에 가깝다고 했다.

노자는 물의 성질에서 사람의 해야 할 바로 논의를 확장시킨다. 물이라는 사물은 동일하다. 하지만 물을 그저 물질로서 바라보지 않을 때 상상력은 확장된다. 하나의 용도에 갇히면 하나밖에 볼 수 없다. 만물의 수많은 면을 들여다보고 그 속에서 의미를 찾는 것은 우리의 몫이다.

많은 과학자들은 최초의 생명체가 바닷속 성분들의 화학작용으로 탄생했다고 주장한다. 생명체가 물에서 시작되었기 때문에 사람의 몸에도 물이 많다는 것이다. 알다시피 물은 우리 몸의 3분의 2를 차지한다. 뇌의 75퍼센트, 심장의 75퍼센트, 폐의 86퍼센트, 간의 86퍼센트, 신장의 83퍼센트, 근육의 75퍼센트, 혈액의 83퍼센트가 물이다. 인체에서 물이 1~2퍼센트가 빠져나가면 심한 갈증과 고통을 느끼고, 5퍼센트가 빠져나가면 혼수상태에 이른다. 그리고 더 심해지면 죽는다. 이처럼 인간이라는 생명체를 만들고 살아가게 하는 물에는 어떤 신화가 깃들어 있을까?

생명의 물

물은 생명이다. 물 없이 사람은 생존할 수 없다. 그것은 동물이나 식물도 마찬가지다. 생명을 낳고 기르는 것이 물이다. 그래서 신화에서 물은 천지창조와 연관된다. 어렵게 생각할 필요 없다. 우리 몸의 수분을 이야기하지 않더라도 우리는 물과 함께 태어났으니 말이다.

엄마의 뱃속에서 우리를 지켜준 것은 물, 바로 양수였다. 양수는 바닷물과 성분이 비슷하다. 최초의 생명체가 바다에서 나왔다는 주장처럼 우리는 생명의 바다인 양수에서 탄생을 꿈꾼다. 그리고 양수가 터지면서 세상에 얼굴을 내밀게 된다. 이것이 바로 한 인간의 탄생이다.

고대인은 물과 바다, 그리고 자궁을 하나의 테두리에서 생각했다. 수메르이 '마르^{mar}'는 바다를 의미하는 동시에 자궁을 뜻한다. 자궁 속에는 바다가 있고 그 바다에서 생명이 나온다. 그것은 상상이 아니라 관찰과 인식에서 나온 현상에 대한 통찰이었다.

우리나라에도 물에서 세상이 생겨났다고 전하는 이야기가 있다. 제주도 무가인 '천지왕본풀이'에 따르면 태초의 세상은 혼돈이었다. 하늘과 땅이 서로 붙어 있는 한 덩어리의 암흑이었다. 그러다 개벽의 기운이 감돌면서 하늘과 땅 사이에 금이 가기 시작했다. 금은 점점 벌어져 하늘과 땅으로 나뉘었다. 그때 하늘에서 청이슬이 내리고 땅에서 흑이슬이 솟아 서로 만나 음양이 상통하여 만물이 생겨났다. 물과 관련된 신화는 이뿐만이 아니다.

고대 이집트인은 하늘과 땅, 그리고 세상에 존재하는 만물이 거대한 물 덩어리에서 만들어졌다고 믿었다. 이집트 벽화에는 몸을 물에 반쯤 담근 채 팔을 뻗고 있는 신의 형상이 있다. 바로 이집트 신화에서 신들의 아버지라 불리는 눈^{Nun}이다. 눈에서 태초의 빛인 아툼^{Atum}이 태어났다. 모든 물질의 근원으로 여겨졌던 아툼은 스스로 대지의 신인 게브와 하늘의 신인 누트, 공기의 신 슈, 습기의 신 테프누트를 낳았다.

이집트 신화에는 그 외에도 많은 신이 등장하지만 최초의 신은 역시 눈이다. 눈의 정체에 대한 단서는 그의 모습에 있다. 눈은 물에 몸을 담그고 있다. 물속에서 생겨나 세상의 아버지가 된 눈은 태초의 물이자 생명의 물이었다.

고대 이집트인에게 생명을 주는 물은 무엇이었을까? 이집트 문명의 모태는 나일 강이다. 나일 강은 주기적으로 범람하여 땅을 비옥하게 만들었다. 물이 빠지면 사람들은 비옥한 땅에 씨를 뿌렸고 물이 불어나기 전에 수확을 했다. 나일 강은 이집트 문명의 원천이었다. 눈은 그래서 나일 강을 상징하기도 한다.

그리고 눈은 근원이었다. 물에서 생명이 탄생하듯 아무것도 없는 무에서 유가 생겨난다. 이집트 연구자인 멜리사 리틀필드 애플게이트에 따르면 고대 이집트에서 타원은 다산, 창조, 알과 동일시되었다. 알은 시작을 상징한다. 타원의 모습은 현대 기하학에서 보면 숫자 0이고 무無나 진공 상태를 나타낸다. 또한 눈은 0을 지칭하는 'none'과 발음이 유사하다. 오늘날의 기학학에서 타원형은 0, 즉 무나 진공 상태를 나타낸다. 이와 유사하게 고대 이집트인은 눈을 무의 상태로 간주했고, 이 무의 상태에서 아툼이 탄생했다고 여겼다.

우리의 인식은 하나의 대상에만 국한되지 않는다. '짓다'는 말을 예로 들어보자. 짓는 것은 집뿐만이 아니다. 밥을 짓고, 농사를 짓고, 옷을 짓고, 약을 짓고, 시를 짓고 급기야 죄를 짓는다. 눈에 보이는 것에서 보이지 않는 것까지 우리는 많은 것을 짓는다.

오행의 물은 생명을 짓고 사상을 지었다. 그런데 '짓다'라는 하나의 동사부다 더 많고 크게 쓰이는 짓이 관념이사 사상이다. 오행 사상은 세상을 설명하는 철학적 논리를 넘어 사물에 이름을 붙이고 미래를 예측하는 데도 사용되었다. 잠시 오행과 함께 산에 올라보자.

오악

예로부터 사람들은 신성한 산을 숭배했다.

산에 대한 숭배는 동서에 구분이 없었다. 그리스 북부 테살리아와 마케도니아의 접경지대에 있는 산 올림포스에는 그리스 신화가 숨을 쉰다. 중국의 곤륜산은 추앙받는 황제와 서왕모가 지배한다고 알려졌다. 이렇듯 신화에서 산은 특별한 의미를 가진다. 성경에 등장하는 최초의 인간 아담과 이브가 살았던 낙원도 에덴동산이 아니던가.

무당은 산에 올라 치성을 드린다. 신령이 거처하는 산은 영험하기 때문이라고 한다. 그런데 왜 항상 산일까? 그리스 신화에 등장하는 올림포스 신들도 곤륜산의 황제와 서왕모도, 에덴동산도 왜 평지가 아니고 하필 산이었을까?

해답은 늘 쉬운 곳에 있기 마련이다. 산은 평지보다 높다. 산이 높다는 이야기는 다른 말로 하늘에 가깝다는 것이다. 하늘, 즉 천상은 신들의 공간이다. 하늘과 가장 가까운 산은 신의 의지가 가장 잘 반영되는 곳이자 신이 거하는 장소라는 의미를 얻는다. 사람들은 신과 가장 가까운 곳에서 신에게 빌고 신의 뜻을 받으려 했다. 이러한 산악숭배와 오행사상이 합해져 오악五嶽이 생겨났다.

오악이라 하면 의례히 중국에 있는 산을 떠올린다. 동악 태산, 남악 형산, 서악 화산, 북악 항산, 중악 숭산이 바로 중국의 오악이다. 이중에 가장 익숙한 산은 오악의 중심인 중악 숭산이다.

숭산은 중국 허난성 덩펑시에 자리 잡고 있다. 숭산 하면 떠오르는 것이 달마대사와 소림사다. 하지만 소림사를 창건하게 된

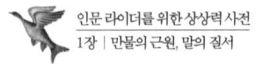

이유는 달마대사 때문이 아니라 인도에서 온 발타선사를 기리기 위함이었다. 소림사는 북위北魏 효문제孝文帝 496년에 창건되었다가 후에 달마가 9년간 면벽수련을 하면서 유명해졌다.

달마의 참선법과 호흡법, 그리고 몸을 보호하기 위한 호신술은 소림의 무술로 발전한다. 특히 소림무술은 당태종 때부터 유명해졌다. 당태종 이세민이 왕자였을 때 왕세충의 난이 일어났다. 이때 소림사의 승려 13명이 뛰어난 무술로 이세민을 구하고 난을 평정하는 데 도움을 주었다. 이를 고맙게 여긴 이세민은 소림사의 승려에게 술과 고기를 먹을 수 있는 특권을 내렸다고 한다.

중국의 무협영화에서 혜가가 소림사의 승려들이 한 손으로 합장하는 것을 보았을 것이다. 바로 혜가慧可 때문이다. 혜가는 달마의 제자이자 중국 선종의 제2조다. 몹시도 눈이 많이 내리던 날 혜가는 면벽수행 중이던 달마를 찾아가 가르침을 구했다. 믿음을 보이라는 달마의 말에 혜가는 눈 속에서 자신의 왼팔을 잘라냈다. 여기서 유래하여 소림의 승려들은 한 손으로 합장을 하게 되었다.

오악이라고 하면 으레 중국의 산을 떠올린다. 하지만 오악은 우리나라에도 존재했다. 바로 백두산, 묘향산, 금강산, 삼각산(북한산), 지리산이다. 신라 때는 토함산, 태백산, 계룡산, 지리산, 부악(팔공산)을 일컬었다. 또한 고려 때는 덕적산, 백악산, 목면산(남산)의 산신에게 제를 지내기도 했다.

또한 오악은 관상을 보는 데도 사용되는데, 얼굴에서 산처럼 솟아 있는 부분인 이마, 코, 턱, 좌우 관골(광대뼈)을 오악이라 칭한다. 관상을 볼 때 이 오악을 가장 먼저 보는데, 이마를 남악 형산이라 하고, 턱을 북악 항산이라 하고, 코를 중악 숭산이라 하고, 왼쪽 광대뼈를 서악 화산이라 하며, 오른쪽 광대뼈를 동악 태산이라 한다.

세계는 모두 유기적으로 연결되어 있다. 비를 생각해보자. 비는 하늘에서 내린다. 그 비는 산의 냇물을 따라 흐르고 냇물은 강과 연결되고 강은 또 바다로 흐른다. 바다와 강과 냇물의 물은 증발되어 하늘로 간다. 그리고 그 비는 다시 또 내려 흐른다.

옛사람들은 자연현상이 신이나 천명, 그것도 아니면 섭리에 의한다고 믿었다. 그렇지 않다면 세상은 설명할 수 없는 것이었다. 가뭄이 들면 사람들은 하늘에 기우제를 지냈다. 비는 하늘의 뜻이기 때문이었다. 지금은 가뭄이 들면 일기예보에 촉각을 기울인다. 비는 하늘의 뜻이 아니고 자연의 현상이기 때문이다. 그런데 일기예보는 100퍼센트 정확한가? 그렇지 않다. 옛사람들이 절기를 나누고 자연 현상을 예측했던 것처럼 일기예보 역시 예측일 뿐이다. 우리가 과학의 시대, 합리의 시대를 산다고 떵떵거리지만, 우리 역시 예측되지 않는 불확실한 시대를 살고 있다. 다만 옛날에 비해 예측 확률이 조금 높아졌을 뿐이다.

나비효과

에드워드 로렌츠는 미국의 수학자이자 기상학자다. 그는 기존의 일기예보 방법이 불만스러웠다. 기존의 일기예보는 원인이 있으면 결과가 있고 그 결과는 예측 가능하다는 선형적 입장이었다. A가 B의 원인이 되고 B는 C의 원인이 되어 D라는 결과가 나온다는 생각이 바로 선형적 사고다. 이는 온도가 몇 도이고 기압이 몇 헥토파스칼이며 풍속이 얼마면 파도의 높이를 예측할 수 있다는 논리다. 하지만 기후는 그렇게 단순하지 않다. 똑같은 온도와 기압, 그리고 풍속에서도 파도의 높이는 매번 다르다. 파도의 높이는 우리가 알지 못하고 보지 못하는 수많은 변수들에 의해서 결정된다.

우리의 삶도 마찬가지 아니던가. 어릴 때부터 공부를 잘해서 명문대에 들어간다고 무조건 사회에서 성공을 거두는 것은 아니다. 다만 그럴 가능성을 높이기는 한다. 또한 그러한 삶이 행복을 결정짓지도 않는다. 삶에는 수많은 변수가 있고 그 변수는 인생을 예측 불가능한 방향으로 이끈다.

로렌츠는 기상이 선형적인 방법으로 예측할 수 없음을 알게 된다. 기상 예측을 위해서는 슈퍼컴퓨터가 동원된다. 충북 청원 오창의 과학산업단지에 있는 국가기상슈퍼컴퓨터는 가격이 500억 원이 넘고 계산 능력은 700테라플롭스에 달한다. 1테라플롭스는 1초에 1조 번의 사칙연산이 가능함을 의미한다.

물론 로렌츠의 컴퓨터는 지금보다는 성능이 한참 떨어졌다. 그는 기상 예측을 위해 컴퓨터 시뮬레이션을 한다. 그런데 이상한 현상이 발견된다. 같은 실험에서 다른 결과가 나온 것이다. 로렌츠는 여기에 의문을 품고 연구를 시작한다. 그리고 사람들이 인지할 수 없을 정도의 아주 미세한 차이가 엄청나게 다른 결과를 만든다는 사실을 밝혀낸다. 로렌츠는 1972년에 이 연구를 논문으로 발표한다. 바로 나비효과 이론의 시작이었다.

'브라질에 있는 나비의 날갯짓이 미국 텍사스에 토네이도를 일으킬 수 있다.'

이것이 나비효과의 명제다. 사실 로렌츠는 나비가 아니라 갈매기의 날갯짓이라고 말했다. 중요한 것은 나비냐 갈매기냐가 아니라 아주 작은 변수 하나가 엄청난 사건을 유발할 수 있다는 점이다. 초기의 미묘한 차이가 전혀 다른 결과를 만들어낼 수 있다는 것이 나비효과의 핵심이다. 나비효과는 다시 카오스 이론으로 확대된다.

카오스라는 말 자체는 혼돈을 의미한다. 카오스 이론을 간단하게 이야기하면 불안정하고 불규칙해 보이는 것들 속에 나름의 규칙과 질서가 존재한다는 것이다. 카오스 이론에 의하면 텍사스에 토네이도가 발생한 이유는 우연이나 불규칙한 사건처럼 여겨지지만 그 과정을 되짚으면 브라질의 작은 나비의 날갯짓에서 비롯된다.

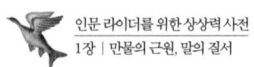

인도의 외교관 비카스 스와루프의 소설을 원작으로 한 영화 「슬럼독 밀리어네어」의 주인공은 인도 빈민가 출신의 열여덟 살 고아 자말 말릭이다. 자말은 6억 원의 상금이 걸린 백만장자 퀴즈쇼에 출연한다. 하지만 제대로 교육받지 못한 자말은 사람들의 비웃음거리일 뿐이다. 그런데 그가 모든 퀴즈를 맞히고 결승에 오른다. 경찰은 자말이 사기를 쳤을 거라고 생각한다. 하지만 놀랍게도 퀴즈쇼의 문제는 그가 살아오면서 겪은 일들과 관련 있었다. 가령 100달러 지폐에 그려진 인물이 누구냐는 물음에 자말은 앵벌이 집단에 끌려가 장님이 되어야 했던 친구의 모습을 떠올린다. 장님이 된 친구는 지폐를 더듬어 돈의 액수를 구분해야 했고 자말에게 100달러 지폐의 주인공이 누구인지 알려준다.

　퀴즈쇼에서 자말이 정답을 맞혀가는 과정은 선형적인 사고로는 이해되지 않는다. 그 정도의 상식을 지니려면 충분한 교육과 피나는 노력이 뒷받침되어야 하기 때문이다. 하지만 불규칙하고 불안정한 자말의 삶에서 벌어진 일들이 퀴즈와 부합하며 왜 그가 퀴즈를 맞힐 수밖에 없는지를 설명한다.

　이를 반대로 보면 안정적으로 보이는 것도 안정적이지 않을 수 있다. 안정적으로 평탄하게 사는 것처럼 보이는 사람이 있다고 가정하자. 그 사람의 마음속도 그러할까? 그 사람은 행복한 웃음을 짓고 있지만 삶에 회의를 느끼고 가면을 쓰고 사람들에게 친절한 모습을 보이는 자신을 경멸하고 있을 수도 있다. 반대로 불안정하고 규칙이 없어 보이지만 안정적인 경우도 있다. 정신없이 사는 것 같지만 그것들이 실마리가 되어 하나의 결과를 만들기도 한다. 아주 작은 변수가 큰 변화를 만들어낼 수 있다. 우리가 인지하지 못하는 것일 뿐, 변화는 지금 어딘가에서 시작되고 있다.

우리가 모든 변화를 감지할 수는 없다. 1초 후에 어떤 일이 벌어질지도 알 수 없다. 그렇다. 내가 어찌할 수 없는 일에 목을 매는 것은 어리석다. 그래서 진인사대천명盡人事待天命, 사람이 할 수 있는 바를 다하고 하늘의 뜻을 기다린다고 하지 않던가. 사람에게는 그렇게 어찌할 수 없는 부분이 있다. 그러나 안타까운 것은 감지할 수 있는 변화를 무시해서 생기는 불행이다. 우리는 종종 위험 신호를 느끼면서도 그것을 애써 무시한다. 그리고 나중에 땅을 치며 후회한다. 그래서 변화를 느껴야 한다. 느끼는 것을 넘어 변화를 알아야 하고 그것을 주도할 수 있어야 한다.

만약에 변화에도 이치가 있다면 어떨까? 모든 것을 느낄 수는 없지만 변화의 이치를 알아 대강을 짐작할 수 있다면 말이다. 그 변화와 변화의 이치를 말하는 동양의 고전이 바로 《주역》이다.

3 역

토네이도를 만들어내는 아주 작은 나비의 날갯짓을 동양 사상에서 본다면 '역易'의 '기미幾微'에 가까울 것이다. 기미를 우리말로 하면 낌새다. 중국어에 '부파이완(不怕一万), 지우파완이(就怕万一)'라는 말이 있다. 만 번은 두렵지 않으나 만에 하나는 두렵다는 뜻이다. 이미 알고 대비하는 일은 만 번이 일어나도 두렵지 않다. 하지만 생각지도 못한 일은 모든 것을 혼란으로 밀어넣고 만다.

역은 기미를 보라고 말한다. 즉 무슨 일이 일어날지 낌새를 알아채는 게 중요하다. 그러면 변화에 보다 유연하게 대처할 수 있다. 하지만 변화의 조짐은 나비의 날갯짓처럼 작을 수도 있다. 보이지 않을 수도 있고 느끼지 못할 수도 있다. 때문에 그것을 알려면 세상의 이치를 이해해야 한다.

역이라고 하면 흔히 《주역周易》을 떠올린다. 《주역》 하면 점을 치는 책쯤으로 생각한다. 《주역》이 역을 대표하는 역서易書인 것도, 점을 치는 데 사용된 것도 맞다. 하지만 역은 단순히 점을 치는 것 이상의 의미를 갖고 있다. 세상을 바라보고 세상에 대처하며 세상을 살아가는 지혜가 역에는 녹아 있다. 그 역에는 세 가지 함의가 들어 있다. '변역' '간역' '불역'이 그것이다.

변역變易은 변한다는 것이다. 우주의 삼라만상은 변한다. 세상이 사회가 시대가 변한다. 인간의 운명 역시 마찬가지다. 역은 그런 변화의 이치를 밝힌다. 그런데 그 변화는 매우 어렵다. 또한 어디에서 변화의 기미가 보일지도 알 수 없다. 하지만 이치를 꿰뚫으면 변화는 오히려 단순하고 간단하다. 그래서 간역簡易이다. 이치가 있으니 간단하고 단순한 것이다. 모든 것은 변하지만 변하지 않는 것이 있으니 그것이 이치다. 변하지 않는 것이 있다 해서 불역不易이다.

역의 구성 원리도 변역, 간역, 불역의 연장선상에 있다. 역은 음(陰, --)과 양(陽, -)으로 구성된다. 음과 양이라는 이 간단한 기호의 조합으로 역은 세상의 변화를 이야기한다. 하지만 음양의 이치가 변하는 것은 아니다.

창조로부터 근본 물질을 이야기했고 거기에서 오행으로 나아갔다. 그리고 변화에서 역의 세 가지 원리에까지 이르렀다. 역은 음과 양을 기본으로 한다. 그렇다면 역과 오행은 어떻게 생겨난 것일까?

하도낙서

동양 사상에서 역은 핵심적인 위치를 차지한다. 공자는 《주역》을 즐겨 읽어 가죽끈이 세 번이나 끊어졌다는 위편삼절韋編三絶의 고사를 남기기도 했다. 옛날 책은 지금과 같은 종이가 아니라 대나무를 쪼개 글을 쓰고 가죽으로 엮었다. 이러한 대나무 책을 죽간竹簡이라 했다. 얼마나 주역에 심취했던지 공자는 죽간의 가죽끈이 세 번이나 끊어지도록 역을 읽었다.

역의 핵심은 음양陰陽이다. 그 음양이 역동적으로 함께 하는 모습이 태극이다. 그런데 우리는 흔히 음양을 이야기할 때 오행을 붙여 음양오행陰陽五行이라고 한다. 그렇게 말하면 처음부터 음양과 오행이 하나의 학설이었던 것같이 느껴진다. 그러나 음양 사상과 오행 사상은 본래 독립적으로 존재했다. 그러던 것이 전국시대에 합쳐져 세상을 설명하는 하나의 학설로 통합되있나. 음양오행을 통합한 인물은 오덕종시설을 주장했던 추연이라고 알려져 있지만 확실하지는 않다.

음양과 오행은 기원이 다르다. 그럼 음양과 오행은 어떻게 생겨났을까? 그 실마리는 하도와 낙서, 즉 하도낙서河圖洛書에 있다. 음양과 오행의 기원이 다르듯 하도와 낙서도 사실 별개다. 그럼 먼저 하도를 살펴보자.

주나라 성왕이 죽자 장례를 치르게 되었다. 장례를 치를 때 임금이 쓰던 물건도 함께 넣었는데, 그 물건은 다섯 줄의 옥과 붉은 소도였다. 이때 다른 물건이 하나 더 놓이는데 바로 '하도河圖'였다. 이처럼 하도는 임금의 장례에 쓰일 만큼 중요하고 귀중한 물건이었다.

하도는 중국의 삼황오제三皇五帝 중 하나라 일컬어지는 복희伏羲의 시대에 나왔다고 전해진다. 황하에서 용마龍馬가 나왔는데, 용마의 등에 1에서 10까지의 그림이 그려져 있었다. 그런데 그 그림은 일종의 문양이었다. 복희씨는 그 그림으로부터 '역'의 팔괘를 만들었다. 그렇게 역은 시작되었다.

그럼 오행은 어떻게 만들어졌을까? 이제는 낙수의 차례다. 《주역》의 〈계사전繫辭傳〉은 '하수河水에서 하도가 나오고 낙수洛水에서 낙서洛書가 나와 성인이 이를 본받았다'고 기록한다.

낙수가 나온 것은 복희의 시대가 지난 지 한참 후다. 요와 순을 지나 왕위를 이어받은 우왕은 중국의 첫 번째 국가로 알려진 하나라를 세운다. 하나라의 가장 큰 문제는 예전부터 그랬던 것처럼 홍수였다. 우왕이 홍수를 다스릴 때, 낙수에서 거북 한 마리가 나왔다. 그런데 그 거북의 등에 1에서 9까지 점이 박혀 있었다. 이것이 '낙서'다. 우왕은 낙서를 하늘에서 내린 것이라 여겼다. 하늘에서 무언가 큰 뜻을 전하려는 것으로 알았을 것이다. 우왕은 이 낙서를 통해 천하를 다스리는 법인 '홍범구주'를 만들게 된다. 그리고 홍범구주의 첫머리에 오행이 놓인다.

홍범구주

중국의 역사는 하夏나라, 상商나라, 주周나라, 춘추전국을 거쳐 진시황의 진秦나라와 한漢나라로 이어진다. 상나라를 은殷나라로 부르기도 하는데 그것은 상나라의 마지막 수도가 허난성 안양현 은殷에 있었기 때문이다. 따라서 정식 명칭은 은이 아니라 상이다.

홍범구주를 만들었던 우왕의 하나라는 상나라에, 다시 상나라는 주나라에 의해 멸망한다. 왕조 교체기에는 폭군과 충성스러운 신하, 그리고 새로운 영웅이 등장하기 마련이다. 상나라도 마찬가지였다.

상나라의 마지막 임금 주왕은 폭군 중의 폭군이라 일컬어진다. 하지만 상나라에는 삼현三賢이라 불리는 세 명의 현명한 신하가 있었다. 미자微子와 기자, 비간比干이 그들이었다. 그러나 주왕은 이들의 말을 듣지 않았다. 미자는 결국 모든 것을 포기하고 상을 떠난다. 비간은 상나라를 포기할 수 없었다. 비간은 끊임없이 임금에게 간언했다. 그것이 비간의 목숨을 재촉했고 결국 죽임을 당한다.

삼현의 마지막 인물은 기자다. 기자는 주왕의 숙부였을 뿐만 뛰어난 능력을 갖춘 사람이었다. 특히 그는 주왕의 아버지이자 자신의 형인 제을을 보좌하여 상을 융성하게 했다. 그런 그도 주왕의 폭정은 어찌할 수 없었다. 사람들은 기자에게 상나라를 떠나라고 권했지만 기자는 떠날 수 없었다. 그것은 신하의 도리가 아니라고 생각했다. 하지만 더 이상 주왕에게 간언도 할 수 없었다. 기자는 머리를 풀어헤치고 미친 사람 흉내를 내었지만 주왕에게 발각되어 유폐되고 만다. 주나라가 들어서고 기자는 풀려난다.

주나라를 세운 무왕은 나라를 세울 법도가 필요했다. 무왕은 기자를 찾아 어떻게 나라를 다스려야 하는지를 물었다. 이때 기자가 주 무왕에게 홍범구주洪範九疇를 전한다. 홍범구주는 천하를 다스리는 9개 조목이라는 뜻이다.

9개의 조목 중 첫 번째가 앞서 이야기한 오행이다. 두 번째는 모습과 말, 보는 것과 듣는 것, 그리고 생각하는 것의 다섯 가지 일인 오사五事다. 모습은 공손하고 말은 조리 있고 보는 것은 밝고 듣는 것은 분명하며 생각은 지혜로워야 한다. 오사는 다시 오행과 연결되는데, 모습이 윤택한 것은 수水이고, 말은 드러나게 되니 화火가 되고, 보는 것은 안에서 밖으로 향하여 흩어지니 목木이며, 들음은 외부에서 거두어들이는 것이라 금金이고, 생각하는 것은 통하는 것이니 토土가 된다.

세 번째인 팔정八政은 생활의 문제다. 특히 여기에서 중요한 것은 농사다. 농사에 이어 재정, 제사, 거주, 교육, 범죄, 교류, 군사가 등장한다. 그런데 이렇게 순서가 정해진 데는 이유가 있다, 가장 시급한 것은 사람의 생존이다. 먹지 않고는 살 수 없다. 때문에 무엇보다 먹는 문제가 해결되어야 한다. 그래서 농사가 팔정의 첫 번째 자리를 차지한다. 다음으로 재정이 놓인 것은 이것이 살아가는 데 밑천이 되기 때문이다. 제사는 사람이 있게 한 근본에 보답하는 것이다. 다음은 거주를 편안하게 하는 것이고 교육을 하며 치안을 확보한다. 그리고 서로 교류하며 마지막에 군사를 둔다. 그렇다면 군사는 왜 마지막에 놓였을까? 군사는 전쟁을 의미한다. 전쟁은 살육의 장이다. 피할 수만 있다면 피해야 하는 것이다. 때문에 성인은 그것을 마지못해 쓴다고 했다.

네 번째는 오기五紀로 해(歲), 달(月), 일(日), 별(星辰), 역법(曆數)을 말한다. 다섯 번째는 황극皇極이다. 황극은 임금을 말한다. 임금은 북극北極의 극처럼 지극해야 오복을 백성에게 베풀 수 있다. 여섯 번째는 삼덕三德이다. 세 가지 덕은 정직, 그리고 강극剛克과 유극柔克이다. 정직은 말 그대로 바르고 곧음이다. 강극과 유극에서 극은 다스림을 말한다. 다스림에는 도기 있다. 무조선 강하게 다스릴 수도 또 무조건 순하게 다스릴 수도 없다. 강하여 순하지 않으면 강하게 다스리고, 화합하고 순하면 부드럽게 다스린다. 일곱 번째는 점치는 사람을 임명하고 그들에게 점을 치게 하는 계의稽疑다. 여덟 번째 서징庶徵은 비, 맑음, 따뜻함, 추움, 바람으로 계절에 관한 것이다.

마지막 아홉 번째는 오복五福과 육극六極이다. 오복은 말 그대로 다섯 가지 복으로 수壽, 부富, 강녕康寧, 유호덕攸好德, 고종명考終命이다. 이른바 장수하고 부유하고 건강하며 덕을 좋아하는 것인데,

특이한 것은 마지막의 고종명이다. 고종명은 올바르게 죽음을 맞는 것이다. 어떻게 사느냐 못지않게 어떻게 죽느냐도 중요하다. 치욕스러운 죽음이 있고 고통스러운 죽음도 있다. 손가락질을 받는 죽음 또한 있다. 반면에 편안하게 여생을 마치는 죽음이 있다. 그래서 여섯 가지 불행을 말하는 육극의 첫 번째가 죽음을 제대로 얻지 못하는 흉단절凶短折이다. 또 다른 불행은 질병, 근심, 가난, 악함, 나약함이다.

홍범구주에서 홍범은 세상의 법이고 구주는 그것의 항목으로 나라를 다스리는 정치의 아홉 가지 덕목이 된다. 여기에 홍범구주는 자연 현상과 인간의 일을 결합시킨다. 오행으로 시작하여 인간의 다섯 가지 복과 여섯 가지 불행으로 끝을 맺는 것이다. 그런데 오복과 육극은 백성들만의 것이 아니라 황극과 연결된다. 백성과 왕이 감응하는 것이다. 왕이 황극을 제대로 세우느냐 그렇지 못하느냐에 따라 백성이 지킬 것을 지키고 행할 것을 행하느냐가 좌우된다. 그런 의미에서 홍범구주에는 세계관과 인간관, 정치관이 동시에 담겨 있다고 할 수 있다.

오행은 아직 끝나지 않았다. 쇠, 나무, 물, 불, 흙은 인류 생존의 필수 요소이자 인류 역사의 획을 그은 물질들이다. 나무는 인류의 삶에 수많은 재료를 제공했다. 흙은 삶의 터전이며 물은 생명이다. 흙과 물은 농경의 핵심이다. 게다가 흙으로 만든 토기는 구석기와 신석기를 구분 짓는 중요한 유물이다. 불을 발견함으로써 인간은 동물과 구별되었다. 쇠는 금속 문명을 상징한다. 금속 문명에 이르러 인류는 비약적인 발전을 한다. 그런데 불과 쇠는 떼려야 뗄 수 없는 관계다. 금속 문명은 불과 쇠의 향연이다.

불의 검

수메르어 '안 바르$^{an\ bar}$'는 하늘, 천공 등을 뜻하는 '안^{an}'과 불이나 빛을 의미하는 '바르^{bar}'가 합쳐진 말이다. 단어 그대로 풀이하면 '안 바르'는 하늘의 불이어야 하지만 의미하는 바는 의외로 '천상의 금속'이다.

천상의 금속이라 불리는 그 물질은 바로 철이었다. 왜 철은 하늘과 불로 표현되었고 천상의 금속이라는 황홀한 이름을 가지게 되었을까? 여기엔 인류가 처음 철을 얻게 된 비밀이 숨어 있다. 인류가 처음부터 광석에 함유된 철을 사용한 것은 아니었다. 광석보다 먼저 인류는 운석에 함유된 철을 가공했다. 운석은 지상의 것이 아니다. 우주를 떠돌다 지구의 궤도에 진입한 운석은 불을 뿜으며 엄청난 속도로 하강한다. 그렇게 하늘에서 불을 뿜으며 떨어지는 운석에 철이 함유되어 있었다. '안 바르'란 말 그대로 철은 하늘에서 떨어진 천상의 금속이었다.

운석이 내뿜는 불을 연상하지 않더라도 철은 불과 연관된다. 철을 가공하는 대장장이는 필연적으로 불을 다루는 기술을 갖추어야 한다. 철을 녹이고 늘이고 휘는 데 불은 필수적이다. 또 불을 다룸에는 세심한 주의와 고도의 기술이 요구된다. 자칫 불의 세기를 놓치기라도 한다면 철은 쓸모없는 고철로 변할지 모른다. 그래서 철에게 불은 치명적이다.

오행에서 불과 철은 상극의 관계다. 불이 철을 녹이니 화극금火克金이다. 하지만 불은 철을 녹여 인간에게 새로운 도구를 선사했다. 철을 사용하기 이전 인류가 사용한 금속은 청동이었다. 하지만 금속 문명이 본격화되기 이전 여전히 인류의 주된 도구는 돌이었다.

석기시대는 구석기와 신석기로 나뉜다. 영국의 고고학자 고든 차일드는 수렵 채집에만 의존하던 인류가 농경이라는 새로운 생산 방식을 이루게 된 것을 신석기 혁명이라 했다. 농경에는 도구가 필요하다. 그래서 구석기 시대와 달리 신석기 시대에는 뗀석기(타제석기)가 아니라 간석기(마제석기)를 사용했다. 깨뜨려서 만들었느냐 갈아서 만들었느냐는 중대한 차이였다. 그것은 마치 오래되어 녹슬고 무뎌진 칼과 방금 숫돌에 갈아 서슬이 시퍼런 칼의 차이와 같다. 농경에서도 간석기의 사용은 생산량을 늘렸을

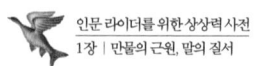

것이고 사냥이나 전쟁에서도 누가 더 날카롭고 정교한 무기를 가졌는지는 큰 차이를 불러왔을 것이다. 인류는 간석기를 통해 자신이 원하는 모양의 더 날카로운 도구를 이용할 수 있었다. 그런데 금속이 등장하면서 인류는 다른 차원의 세계로 진입한다.

철을 다루는 야금술은 당시 첨단의 기술이었다. 이 기술을 보유하고 있다는 것은 곧 세계를 지배할 수 있음을 의미한다. 제2차 세계대전은 인류 역사상 최악의 전쟁으로 기록된다. 전사자만 2,500만 명이었다. 그 전쟁에 종지부를 찍은 것은 일본 히로시마와 나가사키에 떨어진 원자폭탄이었다. 현대 사회에서 핵은 치명적인 무기다. 하지만 그 이전 가장 치명적인 무기는 단연 철이었다.

김혜린 작가의 《불의 검》은 철검을 주요 소재로 다룬 만화로, 이야기의 중심에 철, 즉 금속이 있다. 이야기는 아무르의 전사 가리한이 신골의 여인 아라를 만나서 시작된다. 자신이 누구인지 무엇을 해야 하는지 기억을 잃은 가라한과 아라는 사랑에 빠진다. 하지만 행복은 오래가지 않는다. 가라한은 아무르 전사로서의 기억을 되찾는 대신 자신의 여인 아라에 대한 기억을 잃어버린다. 가라한의 목표는 카르마키의 철검 제조법을 알아내는 것이다. 아직 청동기 무기를 쓰는 아무르는 철기 부족인 카르마키의 상대가 되지 않았다. 아라는 카르마키의 장군 수하이에게 붙잡혀 그의 아내가 된다. 하지만 아라는 가라한을 위해 카르마키의 철검 제조법을 배워 아무르에 전수한다. 카르마키를 이길 수 있는 방법은 아무르도 그들과 같은 철검을 갖는 것이었다.

철로 만든 검, 그 검은 불의 검이다. 그래서 철을 다루는 대장장이는 불의 지배자로도 불렸다. 불의 지배자인 대장장이들은 또한 세계의 지배자이기도 했다. 프랑스의 중국학자인 마르셀 그라네트는 하나라를 건국한 우왕이 암금속과 수금속을 구별할 수 있었던 용광공이라고 주장한다. 미국의 종교학자인 미르치아 엘리아데는 불의 지배자, 샤먼, 대장장이, 영웅, 신화적 왕이 밀접한 관계에 있다고 말한다. 불의 지배자는 철의 지배자였고 그는 샤먼이자 대장장이였으며 영웅으로 칭송받는 왕이기도 했던 것이다.

춘추시대 오나라의 왕 합려는 최고의 장인이었던 간장에게 명검을 만들게 한다. 칼을 만들 때 간장의 아내 막야는 자신의 손톱과 머리털을 쇠를 달구는 가마에 함께 넣었다. 그리고 간장은 음양을 상징하는 두 자루 명검을 만드니, 양의 검은 자신의 이름을 따 간장이라 했고 음의 검은 아내의 이름을 따 막야라 했다. 최고의 명검인 간장과 막야를 만들었지만 간장은 자신이 죽게 되리라는 것을 알고 있었다. 오왕 합려는 간장이 다시 그런 명검을 만드는 것이 두려웠다. 명검은 더 이상 만들어져서는 안 되었다. 결국 간장은 죽임을 당했다.

금속의 시대 장인은 불과 철의 지배자였다. 그러나 대장장이의 영화는 사라져갔다. 신화 속 영웅이었던 대장장이는 명검을 버리고 죽어야 했던 간장처럼 이제 쓰이고 버려지는 존재가 되고 만다. 다음은 밀려난 신과 대장장이의 이야기다.

토르

　　　　　　로마의 주신 주피터는 그리스의 제우스에 해당한다. 하늘의 아버지란 뜻을 가진 주피터는 천둥과 폭풍의 신이다. 그런데 주피터의 또 다른 이름이 토르다. 토르는 게르만족의 신으로 알려져 있지만 사실 북구의 신이다.

　토르는 천둥의 신으로, 묠니르라는 쇠망치로 천둥과 번개를 불렀고 거인을 물리쳤다. 쇠망치를 휘두르며 천둥과 번개를 부르는 강건한 신 토르는 또한 농경의 신이기도 했다. 조금 의외라 생각할지 모르지만 거기에는 이유가 있다. 일단 천둥과 번개는 비와 연결된다. 농사에서 가장 큰 적은 가뭄이다. 비가 오지 않으면 작물은 자라지 않는다. 긴 가뭄 끝에 천둥과 번개가 치면 사람들은 비가 올 것이라는 기대를 갖는다. 천둥과 번개는 비의 조짐이기 때문이다. 그리고 비가 내린다. 농민들의 시름은 비와 함께 씻겨 나간다. 그래서 천둥과 번개의 신인 토르는 농민의 신이 되었을 것이다. 그러나 이것이 끝이 아니다. 망치에는 또 다른 의미가 숨겨져 있다.

미르치아 엘리아데는 《대장장이와 연금술사》에서 대장장이와 농경의 신을 연결한다. 대장장이가 사용하는 도구들에는 대장장이가 가진 신성함이 깃들어 있다. 특히 쇠망치는 대장장이의 상징이다. 대장장이는 불을 지배하고 쇠망치를 두드려 도구를 만든다. 그것은 생산을 위한 농기구일 수도 있고 살상과 전쟁에 쓰이는 무기일 수도 있다. 하지만 변하지 않는 것은 대장장이가 초월적인 힘을 가진 존재라는 사실이다.

대장장이는 위대한 신이었다. 그러나 신의 지위는 변한다. 지금 북구의 주신은 오딘으로 알려져 있다. 로마의 주피터, 그리스의 제우스와 동일시되는 토르는 자신의 자리를 오딘에게 넘겨주고 말았다. 거기에는 힘의 논리가 숨어 있다.

영화 「토르 : 천둥의 신」에서도 토르와 로키는 오딘의 아들로 등장한다. 많은 사람들도 토르가 북구의 주신인 오딘의 아들이라고 생각한다. 하지만 오딘이 신들의 왕좌에 오르기 이전 그 자리는 토르의 것이었다. 오딘은 전사의 신이다. 전사의 신이 주신이 되었다는 것은 전사가 사회의 지배권을 획득했음을 의미한다. 사상을 시대의 아들이라고 말한다. 어떤 사상이 하늘에서 뚝 떨어지는 것이 아니다. 시대의 변화와 사회의 요구에 따라 사상은 출현한다. 하지만 시대의 아들은 사상만이 아니다. 신화 역시 시대의 영향을 받는다. 그래서 신화의 변화는 시대의 변화를 반영한다.

바이킹이라는 전사들의 시대가 도래했다. 전사들은 시대의 패권을 가져갔다. 이제 주신도 전사의 신이 되어야 한다. 농경의 신은 한 발짝 뒤로 물러선다. 그렇게 오딘은 앞으로 나왔고 토르는 물러섰다. 신화는 사회의 변화를 반영한다. 한때는 왕이었던 샤먼이 자리를 잃어버린 것처럼 위대한 대장장이의 신들도 볼품없는 모습으로 변해갔다. 불과 대장장이의 신 헤파이스토스도 마찬가지다.

헤파이스토스

'사농공상士農工商'은 조선시대의 신분제를 집약적으로 드러내는 단어다. 가장 높은 자리는 선비가 차지하고 있다. 다음은 농민이다. 그 뒤를 장인과 상인이 잇는다. 다행히 장인과 상인은 양반은 아니라도 양인이었다. 양인에도 끼지 못하는 사람들이 있었으니 천민이었다. 특히 백정과 무당은 천민 중의 천민이었다. 대장장이라고 형편이 나은 것은 아니었다. 장인은 양인에 속했지만 대장장이는 장인 중에서도 천대받는 부류였다.

천대받는 대장장이는 그리스 신화에도 등장한다. 헤파이스토스는 불과 대장장이의 신이다. 하지만 그는 볼품없는 모습으로 등장한다. 출생도 정상적이지 않다. 제우스와 헤라 사이에서 태어났다는 이야기도 있지만 제우스가 메티스와 바람을 피우자 분노한 헤라가 제우스와 관계없이 혼자 낳았다는 설도 있다. 제우스와 헤라 사이에서 태어났든, 헤라 혼자 낳았든 변하지 않는 사실은 헤파이스토스가 환영받지 못했다는 사실이다.

신화에서 헤파이스토스는 절름발이다. 그 이유도 다양하다. 제우스와 헤라의 싸움에서 헤파이스토스가 헤라의 편을 들자 화가 난 제우스가 내던져 절름발이가 되었다고 한다. 또 한편으로는 헤파이스토스가 절름발이로 태어나자 헤라가 화가 나 내던졌다고도 한다. 선천적으로 절름발이로 태어났든 내던져 절름발이가 되었든 헤파이스토스는 아버지와 어머니에게 내던짐을 당한 셈이다.

이처럼 헤파이스토스는 버려지고 홀대받고 사랑받지 못했을 뿐만 아니라 추한 외모를 가진 절름발이였다. 그런데 놀랍게도 그의 아내는 미의 여신 아프로디테다. 올림포스의 가장 볼품없는 신이 가장 아름다운 여신을 만난 것이다. 사실 그것도 정상적인 사랑은 아니었다. 절름발이로 태어났다는 이유로 자신을 내던진 헤라에게 복수하기 위해 헤파이스토스는 황금의자를 만든다. 그러고는 그 황금의자를 헤라에게 선물한다. 헤라는 매우 기뻐하며 주저하지 않고 의자에 앉는다. 하지만 그 의자가 자신을 옴짝달

싹할 수 없게 옭아매는 그물이라는 사실을 깨닫는 데는 오랜 시간이 걸리지 않는다. 황금의자에서 보이지 않는 사슬이 나타나 헤라를 결박한다. 헤파이스토스는 황금의자에서 풀어주는 대가로 헤라에게 한 가지를 요구한다. 바로 아프로디테와의 결혼이다. 황금의자에서 벗어나기 위해서는 헤파이스토스의 말을 들어줄 수밖에 없었다. 그렇게 헤파이스토스는 미의 여신을 얻었다.

헤파이스토스는 행복했을까? 아프로디테는 헤파이스토스의 볼품없는 외모 대신 그의 눈부신 기예를 사랑했을까? 아니다. 아프로디테는 내놓고 바람을 피웠다. 특히 전쟁의 신 아레스는 아프로디테의 공식적인 정부라고 할 수 있었다. 헤파이스토스는 보이지 않는 그물을 만들어 그들의 불륜 현장을 덮쳤다. 그물에 옭아 매인 아프로디테와 아레스는 다른 신들의 웃음거리가 되었다. 헤파이스토스는 복수에 성공했을지 모르지만 행복하지는 않았을 것이다.

불의 지배자이며 천둥을 일으키고 농경의 신이었던 대장장이는 볼품없는 절름발이가 되었다. 그리고 그가 맡은 역할이란 화려한 무대 뒤에서 신과 영웅들의 무기나 장신구를 만들어주는 소품 담당이었다. 세상은 끊임없이 변해왔다. 한때는 자연을 경외하던 시대가 있었고 또 한때는 신이 모든 것을 결정하기도 했다. 하지만 자연과 신의 자리는 인간이 차지했다. 인간은 세계의 지배자가 된 듯이 보인다. 하지만 과연 인간은 세계를 지배하고 있을까? 우리는 물신物神의 시대를 살고 있다. 돈이 신인 시대 말이다.

이제 흙의 이야기가 남았다. 우리는 흙과 유리된 삶을 살고 있다. 거리도 집도 아스팔트와 콘크리트에 둘러싸여 있다. 하지만 그 속에는 흙이 자리하고 있다. 보이지 않을 뿐 우리는 지금도 흙을 밟고 살고 있다. 아직도 많은 사람들은 흙집에 산다. 일부러 황토로 집을 지어 사는 사람도 있다. 다시 흙으로 돌아가고자 하는 것이다. 흙은 우리가 태어나고 또 돌아가야 할 곳이다. 그런데 왜 우리는 흙에서 나왔다고 할까?

흙

무언가를 만들기 위해서는 재료가 있어야 한다. 흙이든 불이든 4원소설의 흙, 물, 불, 공기의 조합이든 재료가 있어야 무언가를 만들 수 있다. 이들 재료 중에서 단골로 신화에서 거론되는 소재가 흙이다.

흙은 오행에서 중앙을 차지한다. 오행을 구성하는 수, 화, 목, 금, 토에는 각각의 신화가 있다. 그중 흙은 인간의 창조와 밀접한 관련이 있다. 구약에 따르면 하나님은 흙으로 자신을 닮은 형상을 빚고 코에 생명을 불어넣어 인간을 창조한다. 그런데 흙으로 인간을 창조한다는 이야기가 구약에만 존재할까? 흙은 생명의 바탕이다. 흙이 있어야 살 수 있다. 그것은 동물이나 식물도 마찬가지다.

사람이 존재하기 위해서는 먼저 필요조건이 성립되어야 한다. 이것은 일종의 논리적 순서라고 할 수 있다. 생각해보자. 사람은 물고기가 아니다. 물만 있는 세상에서는 살 수 없다.

신화에서 세상이 만들어지는 순서는 먼저 하늘과 땅의 구분이다. 아니면 세상은 온통 물뿐이다. 우랄 산맥 서쪽 볼가 강 유역에 사는 타타르족이나 몽골의 브리야트족 신화는 태초의 세상이 물뿐이었다고 말한다. 이런 세상에서는 인간이 나타날 수 없다. 그래서 신화는 다음 과정을 설명한다. 물뿐인 세상에서 흙이 만들어져야 한다. 흙은 어디에서 왔을까? 바다 깊은 곳에서 왔다. 하나님은 바다 깊은 곳에서 가지고 온 흙으로 땅을 만든다. 이제 사람이 만들어질 조건이 충족되었다. 그렇다면 사람은 어떻게 만들어졌을까?

박시인의 《알타이 신화》에는 타타르족 신화가 소개되어 있다. 땅을 만든 하느님은 다시 흙으로 사람을 만든다. 하지만 문제가 있었다. 사람의 형상은 완성되었지만 생명이 없었다. 하느님은 사람에게 불어넣어줄 숨을 가지러 하늘로 올라가면서 개에게 사람을 잘 지키라고 당부한다. 하느님이 하늘로 떠난 지 얼마 되지 않아 마귀가 나타난다. 마귀는 개에게 사람을 보여달라고 한다. 개는 하느님의 당부를 기억하고는 보여줄 수 없다고 말한다. 그러자 마귀는 개에게 황금빛 털가죽을 주겠다며 유혹했고, 결국 개는 마귀에게 사람을 보여준다. 사람을 보는 척하던 마귀는 사람에게 침을 뱉고 만다. 하늘에서 돌아온 하느님은 마귀의 침에 더럽혀진 모습을 그대로 둘 수 없어 사람의 안과 밖을 바꾸어놓는다. 그래서 사람의 겉모습은 매끈하지만 속은 더러운 모습을 하게 된 것이다.

흙으로 사람을 만들었다고 하면 대개 성경을 떠올린다. 하지만 타타르족 신화처럼 흙에서 사람을 창조하는 이야기는 하나 둘이 아니다. 그리스 신화에서는 프로메테우스가 대지에서 떼어낸 흙에 강물에서 얻은 물을 더해 인간을 창조한다.

동양에도 이와 비슷한 이야기가 있다. 중국 후한後漢의 학자 응소는 《풍속통의風俗通義》에서 여와가 황토를 빚어 사람을 만든 과정을 기록하고 있다.

천지가 개벽하고 새와 짐승과 물고기가 생겨났지만 사람은 존재하지 않았다. 하늘의 신인 여와는 무언가 허전함을 느꼈다. 여와는 황토를 물과 섞어 작은 모양을 만들어냈다. 그것이 인간이었다. 여와는 계속해서 물과 황토를 반죽하여 남자와 여자를 만들었다. 여와는 자신이 만든 사람을 보고 뛸듯이 기뻤다. 대지를 사람으로 가득 채우고 싶었지만 너무 힘들어 일을 계속할 수 없었다. 여와는 다른 방법을 찾기로 했다. 줄을 구해서 진흙탕을 휘젓자 사람이 만들어졌고 삽시간에 그 숫자가 늘어났다. 하지만 사람에게는 치명적인 약점이 있었다. 바로 죽음이었다. 여와는 자신이 만든 사람이 죽는 것을 바라볼 수밖에 없었다. 게다가 언제까지 사람을 계속 만들 수도 없는 일이었다. 여와는 하나의 방법을 생각해냈다. 남자와 여자를 짝지어 인간들 스스로가 자손을 만들게 하는 것이었다. 그렇게 하여 인류는 나날이 번성하게 되었다.

여와는 흙으로 인간을 빚었을 뿐만 아니라 혼인 제도를 만들어 인류를 이어나가게 한 위대한 신이었다. 물론 모든 신화가 인간이 흙으로 빚어졌다고 이야기하는 것은 아니다. 그러나 흙은 신화에서 생명의 뿌리로 인식된다.

사실 우리는 흙으로부터 생명을 얻는다. 흙에 뿌리 내린 씨앗은 곡물이 되고 나무가 된다. 우리는 그 열매를 먹는다. 동물도 흙에서 자란 식물을 먹는다. 육식동물은 그 식물을 먹고 자란 초식동물을 먹이로 삼는다. 모든 생명이 자라나는 원초적인 토양은 흙이었다. 그래서 인간은 흙에서 왔다 흙으로 돌아간다고 말한다. 흙은 그래서 또 자연을 상징한다. 자연에서 온 인간이 다시 자연으로 돌아가는 것이다.

우리는 고대 사람들보다 똑똑할까? 물론 우리는 고대인보다 더 많은 지식을 가지고 있다. 그리고 지금 우리가 알고 있는 것은 고대인들이 생각했던 것보다 더 합리적이고 과학적일 수도 있다. 그런데 왜 고전을 읽는가? 왜 수많은 학자들이 공자와 노자, 소크라테스와 플라톤, 아리스토텔레스를 공부하는가?

다시 생각해보자. 지금 우리가 참이라고 믿는 것이 1년 후에도 참일지, 지식 혹은 합리적이라고 믿는 것들도 언제 바뀔지 알 수 없다. 보이지 않는 손을 거론하며 고전주의 경제학을 창시한 애덤 스미스는 이미 과거가 되었다. 케인스의 수정자본주의도 실패했고 신자유주의가 등장했다. 하지만 경제학도들은 애덤 스미스와 케인스를 공부한다.

흙에서 인간이 만들어졌다는 신화가 황당하다고 비웃기 이전에 왜 그런 논리가 생겨났는지를 생각해보자. 흙에서 사람이 만들어졌다는 이야기는 더 이상 유효하지 않을 수 있다. 하지만 흙에서 사람이 만들어졌다는 논리의 구조는 여전히 우리에게 유효하다. 중요한 것은 맥락과 논리를 보는 것이다. 그럼 그것으로 또 다른 상상력을 발휘할 수 있게 된다. 흙에서 사람이 만들어질 수 있는 그 논리를 이제 따라가보자.

주술

상상의 시작은 연상이다. 흙은 생명을 키우는 토양이다. 그렇다면 사람이 흙에서 왔다는 상상도 전혀 틀린 말은 아닐 것이다. 다른 상상을 해볼 수도 있다. 세상은 어떻게 움직이는가를 생각해보자. 옛사람들은 신이 있다고 믿었을 것이다. 아니면 하늘의 뜻이나 자연의 섭리라도 해도 좋다. 땅은 사람들이 밟고 있으니 신은 하늘에 있을 것이라고 생각했을 것이다. 그럼 하늘의 신에게 가까이 가는 방법은 무엇이었을까? 하늘과 가까워지는 것이다. 새처럼 하늘을 날거나 높은 산에 올라 하늘과 가까워지려 했을 것이다. 그래서 사람들은 산을 신성하게 여기고 새를 신과 교통하는 동물로 생각했다.

상상과 공상에는 차이가 있다. 상상에는 연결고리가 있다. 정교한 상상계일수록 더욱 정교한 논리가 숨어 있다. 마치 카오스 이론에서 불규칙하고 불안정해 보이는 세계에 규칙과 질서가 숨어 있는 것처럼 상상계는 체계적인 논리를 숨겨놓는다.

탈레스가 물을 만물의 근원이라고 여긴 것은 물의 형태와 성질에서 착안한 것이다. 물은 눈으로 내리고 안개로 스미고 우박으로 떨어지고 얼음으로 굳고 수증기로 날아간다. 형태를 달리하는 물의 모습과 성질에서 탈레스는 물을 만물의 근원이라 여기게 된 것이다.

마찬가지로 오행의 요소에도 성질에 따라 특성이 부여되었다.

물이 아래로 내려 스미는 것이나 불이 타오르는 것도 마찬가지다. 이처럼 어떤 상상력에는 그 상상력을 낳게 하는 일정한 원리가 있다. 주술은 그러한 원리를 대표적으로 보여준다.

제임스 프레이저는 《황금가지》에서 주술의 원리를 이야기한다. 주술의 원리에는 가장 기본적인 상상력의 법칙이 내재하고 있다.

프레이저에 따르면 주술은 '유감주술'과 '접촉주술'로 나뉜다. 유감주술을 간단하게 이야기하면 '비슷한 것은 비슷한 것을 낳는다'라는 원리다. 이런 예는 지금도 쉽게 찾아볼 수 있다. 물개의 생식기인 해구신은 남자에게 최고의 정력제로 알려져 있다. 물개가 정력의 상징이 된 이유는 한 마리의 수컷이 30~50마리의 암컷 물개를 거느리고 짝짓기를 하기 때문이다. 사람들은 그런 물개의 생식기를 먹으면 비슷한 현상이 자신의 몸에서도 나타날 것이라고 믿는다. 뇌의 모습과 비슷한 호두를 먹으면 머리가 좋아질 것이라는 생각도 이에 해당한다.

유감주술은 하나의 문화 현상으로 자리 잡기도 했다. 옛날에는 아들을 낳고 싶은 여자는 돌로 만든 부처의 코를 떼어 먹기도 했다. 비가 오지 않아 가뭄이 들면 민간에서는 물을 길어 체에 치는 행동을 했다. 체를 통해 빠져나오는 물이 비가 오는 모습과 비슷했기 때문이다. 이런 행위는 비슷한 것이 비슷한 것을 낳는다는 유감주술의 원리에 따른다.

접촉주술은 '접촉하고 있던 것은 분리된 이후에도 영향을 미친다'라는 원리를 따른다. 이러한 주술은 궁중의 암투를 다루는 사극에서 심심치 않게 등장한다. 권력을 잡기 위해, 임금의 사랑을 독차지하기 위해, 상대를 제거하기 위해 궁중의 여인들은 암투를 벌인다. 모함을 하거나 음모를 꾸며 상대를 끌어내리려 한다. 그러나 직접적으로 상대에게 위해를 가할 수 없을 때, 궁중의 여인들은 주술을 이용한다. 주술을 걸기 위해서는 상대의 옷 조각이나 손톱, 머리카락 등이 있어야 한다.

허수아비나 인형을 만든 뒤 상대의 옷 조각으로 옷을 해 입히거나 속에 손톱이나 머리카락 등을 넣어 바늘로 찌르거나 묻는다. 그렇게 하면 상대가 아프게 될 것이라고 믿는다. 이런 믿음은 접촉주술의 원리에 기초하고 있다. 원래 그 사람에게 접촉하고 있었던 머리카락이나 손톱, 옷 등이 분리된 이후에도 그 대상에게 영향을 미칠 것이라고 여기기 때문이다.

생각해보면 주술의 원리는 간단하다. 하지만 처음 그 원리를 발견하기까지는 엄청난 관찰과 사색이 있었을 것이다. 그 단순한 원리는 우리의 문화 전반으로 확대된다. 먼저 흑주술에 대해 살펴보도록 하자.

좀비

영화에 처음으로 좀비가 등장한 것은 1932년 벨라 루고시가 주연한 「화이트 좀비」에서였다. 이후 수많은 좀비 영화가 쏟아져나왔다. 영화에서 좀비가 되는 가장 큰 원인은 바이러스 때문이다. 바이러스에 감염된 인간은 살아 있는 시체인 좀비가 되어 흐느적거리며 거리를 배회한다. 아무 생각 없이 느리게 움직이는 듯하지만 좀비는 치명적인 존재다. 그들은 총을 맞아도 좀처럼 쓰러지지 않는다. 좀비 하나를 쓰러뜨렸다고 해서 끝이 아니다. 좀비들은 마치 불사신처럼 일어나 떼를 지어 몰려든다. 게다가 그들에게 한번 물리면 끝장이다. 좀비와 접촉한 사람은 곧 자신도 좀비로 변하게 된다.

영화에서처럼 좀비가 탄생한 이유가 바이러스 때문일까? 아니다. 좀비는 부두교의 흑마술, 즉 흑주술에 의해 만들어진 존재다. 마술이나 주술은 백과 흑으로 나뉜다. 백마술이나 백주술은 사람을 이롭게 한다. 하지만 흑마술이나 흑주술은 사람에게 해를 입히기 위해서 행해진다. 중세 유럽에서 인형의 목을 매달고 저주를 거는 것도 흑마술의 일종이다. 동화에서 백마 탄 왕자가 개구리의 모습을 하고 있는 것도 흑마술에 걸렸기 때문이다.

부두교의 대표적인 흑주술이 좀비다. 영화와 달리 본래 부두교의 좀비는 마약과 같은 약물에 의해서 만들어진다. 그리고 좀비는 산 사람이 아니라 죽은 사람을 살려내 만든다. 부두교의 주술사는 먼저 시체를 찾는다. 그리고 시체에 비법의 약물을 투여한다. 그럼 시체가 살아나 좀비가 된다. 하지만 좀비에게는 생각하는 능력이 없다. 좀비는 주술사의 말에만 복종하는 완벽한 노예가 되는 것이다.

부두교는 아이티를 비롯한 서인도 제도의 흑인들이 신봉하는 종교다. 정령을 숭배하는 부두교는 악마 숭배와 주술, 신성한 물건을 숭배하는 주물呪物로 잘 알려져 있다. 하지만 본래 부두교는 서아프리카에 근원을 두고 있다.

서아프리카에서 노예로 끌려간 흑인들은 백인들의 박해를 피해 자신들의 전통 종교를 가톨릭과 결합했다. 그렇게 탄생한 부두교를 통해 그들은 부족을 보호해주는 정령과 조상신에 대한 믿음을 이어갔다. 부두교는 노예로서 살아야 하는 흑인들에게 고단한 삶의 탈출구이자 정체성의 표현이었다.

앞서 말한 것처럼 부두교의 좀비가 하는 일은 주술사의 종노릇이다. 어쩌면 좀비는 아프리카에서 팔려와 노예의 삶을 살아야 했던 흑인들 자신의 모습이었는지도 모른다. 생각하고 움직일 자유를 박탈당한 노예와 좀비는 그렇게 대응된다. 그렇다면 좀비는 자신들의 모습을 투영시킨 메타포였을 것이다.

앞서 주술의 원리는 우리 생활 전반으로 확대된다고 했다. 그리고 좀

비는 흑인 노예들의 메타포였을지도 모른다고 했다. 주술과 메타포, 이 둘은 밀접한 관계에 놓여 있다. 아무 상관이 없어 보일지 모른다. 하지만 주술의 원리는 분명 우리 생활 전반으로 확대되고 그 징검다리에 메타포가 있다.

메타포, 메토니미

신화는 무언가를 직접적으로 이야기하지 않는다. 신화의 언어는 은유적이며 상징적이다. 단군신화에 등장하는 곰과 호랑이는 동물 그 자체가 아니라 곰과 호랑이를 섬겼던 사람들을 의미한다. 이처럼 하나의 사물을 다른 사물에 빗대어 이야기하는 것이 은유다.

은유는 직유처럼 직접적으로 드러내지 않는다. 직유는 '-처럼', '-같이', '-하듯'으로 표현되지만 은유는 그렇지 않다. 때문에 은유를 숨어 있는 비유라 하여 암유暗喩라고도 한다. 유치환은 〈깃발〉이라는 시에서 '이것은 소리 없는 아우성/ 저 푸른 해원을 향하여 흔드는 노스탤지어의 손수건'이라고 읊는다. '노스탤지어의 손수건'은 깃발의 은유다. 하지만 시에서는 깃발이 드러나지 않는다. 깃발은 숨고 대신 노스탤지어의 손수건이 드러난다.

시인은 왜 깃발을 노스탤지어의 손수건이라고 이야기했을까? 도대체 깃발과 노스탤지어의 손수건에는 어떤 연결점이 있을까? 깃발에는 이상이 담겨 있고 이상을 실현하고자 하는 의지가 담겨 있다. 노스탤지어는 고향에 대한 그리움이다. 또한 과거에 대한 향수다. 하지만 그것은 현실이 아닌, 몸부림치지만 실현되지 않는 이상이다. 그렇지만 포기할 순 없다. 때문에 끊임없이 노스탤지어를 향해 손수건을 흔든다. 마치 깃발이 바람에 휘날리며 이상을 표현하는 것처럼 말이다. 그렇게 깃발과 노스탤지어의 손수건은 연결된다.

깃발과 노스탤지어의 손수건이 연결되는 것은 유사한 점이 있기 때문이다. 하지만 이 유사성은 눈에 보이거나 손에 잡히는 것이 아니다. 사물과 사물 사이에 존재하는 관념적 유사성이 서로 다른 사물을 연결하는 것이다.

때로는 유사성을 발견하기 쉽지 않은 경우가 있다. 도대체 저것이 왜 이것을 말하는지 알 길이 없다. 그것은 관념의 체계가 다르기 때문이다. 태양을 세 발 달린 까마귀인 삼족오로 표현했을 때, 태양과 삼족오의 유사성은 지금 우리의 상상 체계에서는 쉽게 이해되지 않는다. 그것은 지금의 우리와 고대인의 은유 체계가 다르기 때문이다.

신화를 예로 들어보자. 지금 우리는 신화가 이야기되고 믿음의 대상이 되던 시대와는 다른 시대를 살고 있다. 신화의 언어는 지금의 언어와 다르다. 때문에 신화의 해석은 그 시대의 해독이 된다. 그것이 어려울 수도 있다. 하지만 실마리는 남아 있다. 은유는 유사성으로 연결된다. 유사성은 또한 유감주술의 원리이기도 하다. 그 원리에 따라 유사성을 찾아가다보면 연결고리를 발견할 수 있을 것이다. 이제 유감주술은 은유라는 언어의 영역으로 확대되었다. 또 다른 주술의 원리인 접촉주술은 언어에서 무엇으로 이어질까?

은유가 유감주술의 원리를 따른다면 접촉주술의 원리를 따르는 것은 메토니미^{metonymy}, 즉 환유다. 환유의 사전적 의미는 어떤 사물을, 그것의 속성과 밀접한 관계가 있는 다른 낱말을 빌려서 표현하는 것이다. 여기에서 밀접한 관계는 일종의 접촉을 의미한다.

중국 후한 말, 장각은 태평도를 창시하여 악정과 고통에 시달리던 농민들과 함께 난을 일으켰다. 이 난을 일컬어 '황건의 난' 또는 '황건적의 난'이라고 한다. 황건은 사람이 아니라 황색 두건을 말한다. '황건의 난'은 태평교도들과 장각이 일으켰으니 '장각의 난'이나 '태평도의 난'이라고 불리는 편이 합당해 보인다. 그러나 역사는 황건의 난으로 기록한다. 사람도 아닌 황건이 왜 반란의 주체가 되었을까? 장각을 비롯한 태평도들이 머리에 황색 두건을 둘렀기 때문이다. 태평들이 두른 황색 두건이 그들을 지칭하는 단어가 된 것이다. 황건이 사람을 지칭하게 된 것은 황건과 사람의 접촉성 때문이다. 안경을 쓴 사람을 안경잡이라고 부르는 것도 안경과 사람이 접촉되어 있기 때문이다.

우리가 일상생활에서 쓰는 말에도 환유의 법칙이 살아 있다. '한잔을 마시다'라는 표현에서 '한잔'은 잔을 의미한다. 그런데 우리는 마신다는 표현을 쓴다. 그것은 잔에 담긴 술이나 물이 잔에 접촉되어 있어 잔이 술이나 물을 대신하기 때문이다. 세상의 법칙은 닮아 있다. 주술의 법칙은 언어와 연결되고 언어와 사회는 또다시 연결된다. 연결고리를 찾지 못했을 뿐, 우리는 거대한 그물망에서 서로 영향을 미치며 살고 있다.

이 간단한 주술의 원리는 어디까지 확대되는 것일까? 은유와 환유는 표현의 방법, 즉 수사법이다. 그러나 단지 수사법에 한정되었다면 주술의 원리가 언어로 확대된다는 표현을 하지 않았을 것이다. 유사와 접촉의 원리는 언어학을 넘어 구조주의에까지 영향을 미친다. 이 과정을 짚기 위해서는 먼저 소쉬르와 소쉬르의 언어학을 살펴보아야 한다.

시니피앙과 시니피에

페르디낭 드 소쉬르는 탁월한 언어학자이면서 구조주의의 초석을 놓았던 인물이다. 소쉬르의 사상은 《일반 언어학 강의》에 녹아 있다. 하지만 이 저서를 소쉬르가 직접 저술한 것은 아니다.

소쉬르는 말년에 고향 제네바로 돌아간다. 그리고 제네바 대학교에서 일반 언어학을 강의한다. 학생들은 소쉬르의 강의를 열심히 필기했는데, 소쉬르의 두 제자 샤를 바이와 알베르 세시에가 그 기록을 편집하여 한 권의 책으로 낸다. 그 책이 《일반 언어학 강의》다.

소쉬르는 언어를 '자의적 변별적 기호 체계'로 정의한다. 소쉬르에 따르면 언어는 일종의 기호 체계다. 언어라는 기호를 통해 우리는 사물을 인식하고 자신을 표현한다. 인식한다는 것은 분별해준다는 것이다. '해'와 '달'이라는 언어는 해와 달을 구별해준다. 언어는 이처럼 기호로서 사물을 인식하고 분별하는 체계를 가지고 있다. 그런데 소쉬르의 말에서 걸리는 부분이 있다.

소쉬르는 언어를 '자의적'이라고 했다. 자의적이라는 것은 필연적이 아니라는 뜻이다. 무엇을 그렇게 불러야만 할 필연적인 이유는 없다. 산이 있다. 우리는 산을 산이라고 부른다. 그런데 산은 왜 산이라고 불려야 하는 것일까? 소쉬르 이전 사람들은 산을 산이라고 부르는 데는 필연적인 이유가 있다고 생각했다. 하지만 소쉬르는 그렇지 않다고 말한다. 산을 산이라고 부르는 것은 약속 때문이다. 그렇게 부르기로 했기 때문에 그렇게 부르는 것이지 산을 산이라고 불러야 하는 필연적인 이유는 없다. 때문에 소쉬르는 언어를 자의적이라고 말한다. 이러한 자의성은 시니피앙과 시니피에로 연결된다.

시니피앙은 기표, 시니피에는 기의로 번역된다. 기표인 시니피앙은 기호의 표현이다. 산이라는 발음은 시니피앙이 된다. 시니피에는 산이라는 시니피앙이 가지는 의미, 즉 우리가 산이라 말할 때 떠오르는 구체적인 산이 된다. 산이라는 언어는 산이라고 표현되는 기표 시니피앙과 산을 뜻하는 기의 시니피에로 구성된다. 그런데 여기에서 시니피앙과 시니피에의 관계는 자의적이다. 산을 산이라고 불러야 할 이유가 없기 때문에 산이라는 기표와 산을 의미하는 기의의 결합은 자의적이다.

시니피앙과 시니피에의 자의적 결합, 기호 체계로서의 언어는 기호학과 구조주의라는 새로운 길을 열었다. 이는 어떠한 표현에 대한 의미의 확장 가능성을 천명한다. 어떤 단어 하나가 하나의 의미만을 뜻하는 것이 아니라 더 많은 의미를 가질 수 있게 된 것이다. 하나의 기호, 하나의 이미지는 그래서 또 다른 의미를 발산할 수 있게 된다. 그림이라는 이미지, 시의 언어가 시니피앙이라고 하면 그것이 의미하는 바는 시니피에다. 그런데 이 둘의 관계는 자의적이다. 때문에 고정된 하나의 의미에서 벗어나 또 다른 새로운 해석을 할 수 있게 된다.

랑그와 파롤

소쉬르의 언어학에서 중요한 또 다른 개념들은 랑그^{langue}와 파롤^{parole}, 공시와 통시, 통합과 계열의 대립쌍이다. 간단하게 말하면 이들은 문법과 단어, 공간과 시간, 가로와 세로의 관계라고 할 수 있다. 이들을 이해하기 위해 간단한 문장을 예로 들어보자.

'니체가 신을 죽였다.'

이 문장은 '니체+신+죽였다'로 구성된다. 이러한 구성은 횡적이며 공시적이고 통합적이다. 횡적이라는 말은 '니체가(주어) 신을(목적어) 죽였다(서술어)'의 관계이고 가로로 연결되어 있다는 뜻이다. 공시적이라는 것은 이 문장을 공간적으로 바라볼 수 있음을 뜻한다. 니체가 신을 죽였다는 문장이 하나의 공간이라면 그 공간에서 다른 사람이 신을 죽일 수는 없다. 다른 사람이 신을 죽이려면 니체 대신 다른 사람이 들어가야 한다. 즉 이 문장이 바뀌려면 니체가 수행하는 기능을 대신할 수 있는 다른 말이 그 자리를 대체해야 한다. 그건 신이라는 목적어나 죽였다는 서술어도 마찬가지다.

'니체'는 차라투스트라나 디오니소스, 황제, 우리 등으로 바꿀 수 있다. 아니면 '신' 역시 악마, 거인, 돼지 등으로 바뀔 수 있다. '죽였다' 역시 마찬가지다. 살렸다, 잡았다, 사랑했다 등으로 바뀔 수 있다.

이렇게 바뀔 수 있는 이유는 대체된 말들이 문법 구조를 파괴하지 않고 자신의 기능을 수행하기 때문이다. 이것이 통시적이고 계열적인 관계다. 하지만 이 문장에서 바뀔 수 없는 부분이 있다.

'니체 + 차라스투트라 + 디오니소스'

이런 식으로는 문장이 구성되지 않는다. 이렇게 문법이 파괴되면 소통은 불가능해진다. 그런데 이런 문장의 구성에서 주술의 원리와 비슷한 면을 발견하게 된다. 주어는 목적어와 접촉하고 있고 목적어는 서술어와 접촉하고 있다. 이들은 가로로 연결되어 있다. 이러한 연결은 접촉성의 원리를 기본으로 하는 접촉주술과 환유를 떠올리게 한다.

반대로 니체가 차라투스트라나 디오니소스로 표현될 수 있는 것은 문장에서 그 기능을 수행할 수 있는 유사성을 가지고 있기 때문이다. 유사성이라 하면 유감주술과 은유의 원리다. 언어 역시 유사성과 접촉성이라는 원리에 따라 구성된다는 말이 된다. 이는 다시 랑그와 파롤로 연결된다.

랑그는 우리를 소통할 수 있게 해주는 언어 규칙의 총체를 말한다. 파롤은 그 규칙에 따라 이루어지는 의사소통의 행위다. 어순이나 문법이 랑그라면 그 문법에 맞게 적절한 단어를 사용하여 의사를 표현하는 것이 파롤이다.

 문법이 적용되는 것은 문장이다. 문장이 모여 하나의 이야기가 완성된다. 어떠한 사건을 언어로 재연할 때 이를 서사라고 한다. 이 서사가 작품을 만든다. 서사가 완성되는 방식은 다양하다. 시간의 순서대로 사건이 배열되는 것은 스토리가 있고 시간의 배열을 따르지 않고 인과적 관계, 필연적 관계에 따라 사건이 배열되어 질서를 이루는 플롯이 있다. 문장에서도 도치가 일어난다. 그렇다고 문장의 의미가 바뀌지 않는다. 대신 문장에 대한 감흥이 달라진다. 여기에서도 도치는 아무렇게나 일어나지 않는다.
 스토리나 플롯은 모두 법칙을 가지고 있다. 스토리는 시간을, 플롯은 인과와 필연성을 가지고 있다. 이때 사건의 배열이 법칙을 벗어나면 서사는 뒤죽박죽 엉망이 되고 만다. 그것은 문장이 문법의 틀을 벗어나 이해할 수 없는 단어의 나열이 되는 것과 마찬가지다. 언어학은 구조주의로 이어진다. 그런데 우리 신화에는 안정적인 구조를 상징하는 '3'이라는 숫자가 강조되었다. 3은 동양 문화에서도 의미심장한 숫자였다.

세발솥

강화도 길상면에 가면 세 개의 봉우리가 삼각형을 이룬 듯한 산을 볼 수 있다. 정족산鼎足山이다. 이름부터가 심상치가 않다. '정鼎' 자는 발이 세 개 달리고 위에 귀가 두 개 달린 고대 솥의 모양을 본뜬 글자로, '세발솥'이라는 뜻을 지니고 있다. 이 세발솥은 단순한 솥 이상의 의미를 지니고 있다. 중국에는 처음으로 황하의 물길을 바로잡은 우임금에게 천하의 제후들이 구리를 바쳤는데 이것을 모아 세발솥을 만들었다는 이야기가 있다. 뿐만 아니라 세발솥은 그리스의 델포이 신전에서도 발견되고 우리나라에서도 심심치 않게 출토된다. 세발솥은 왕위王威의 상징으로 사용되며 '존귀하다'는 뜻을 내포하고 있다.

세발솥의 의미가 이처럼 확장된 것은 세 발의 속성과도 관련이 있다. 세 발은 어디에서나 완벽하게 설 수 있는 조건이다. 두 발은 설 수 없고, 네 발은 설 수 있지만 평평한 바닥이 아니거나 평평한 바닥이라도 다리의 길이가 같지 않으면 흔들린다. 《삼국지》에서 제갈공명은 유비에게 조조의 위, 손권의 오와 함께 팽팽한 균형을 이루는 정족지세鼎足之勢를 제안했다. 세 사람 혹은 세 나라가 세발솥처럼 힘의 균형을 유지하면서 벌려 서 있는 상태를 정립鼎立이라 하는 것도 그 때문이다. 세발솥은 단지 솥이라는 시니피에 이외의 의미를 획득한 것이다.

정족산에 삼랑성이 있다. 삼랑성은 단군의 세 아들이 쌓았다고 전해진다. 기원전 2283년 단군이 고조선을 건국한 뒤 51년이 되던 해에 남쪽에서 오랑캐가 반역했다. 이에 아들 부여^{夫餘}를 강화에 보내 평정시킨 후 두 아들 부소^{夫蘇}와 부우^{夫虞}를 다시 보내 정족산에 성을 쌓게 했는데 그 성이 바로 삼랑성이다.

세 발, 세 아들, 삼랑성에 공통으로 들어 있는 것은 '삼^{三}'이라는 숫자다. 예로부터 '삼'은 우리에게 각별한 숫자였다. 단군신화도 환인, 환웅, 단군의 3구조로 구성된다. '삼'은 이제 발이 세 개인 까마귀 삼족오^{三足烏}로 옮겨간다. 지금은 까마귀를 흉물로 여기지만 사실 삼족오는 태양에서 사는 신의 사자^{使者}를 상징했다. 삼족오는 고구려 고분인 쌍영총, 무용총, 각저총 등에도 등장한다. 또한 《삼국유사》의 연오랑^{延烏郎}과 세오녀^{細烏女}는 까마귀를 뜻하는 것이고, 이들은 해와 달이 된다. 또 전하는 말에 따르면 단군이 지팡이 머리에 삼족오를 조각하여 스스로 신의 사자임을 표현했다고도 한다. 어쩌면 이야기에서 단군의 아들이 셋인 것은 당연할지도 모른다. 신화와 전설은 의미망으로 구성된다. 그것들이 시간이 흐르면서 의미가 퇴색하는 경우가 많지만 남아 있는 것들은 고도의 메타언어라고 할 수 있다.

삼랑성을 쌓기 시작한 다음 날, 전국에서 장사들이 구름같이 모여들었다. 그들은 큰 바위를 주먹으로 두드려 쪼개 적당한 크기의 돌이 되면 산으로 던졌는데, 그 돌 하나하나가 성벽이 되었다. 한 달도 지나지 않아 성이 제 모습을 갖추었다. 단군은 세 왕자에게 정족산의 봉우리를 각각 하나씩 안겨주고 성을 지키도록 했다.

세발솥의 의미는 안정적인 구조에 있다. 중요한 것은 세 발이 무엇인가를 받치고 있다는 사실이다. 그것은 솥일 수도 있고 삼국지의 위·촉·오, 입법·사법·행정의 삼권일 수도 있다.

여기에서 우리는 두 가지 입장과 대면하게 된다. 세발솥이 무언가를 받치고 있다는 것이 중요한가, 아니면 세발솥이 받치는 것이 중요한가. 이는 현상을 대할 때 구조의 측면을 살피느냐, 구조의 내적 의미를 살피느냐와 연결된다. 구조의 측면을 살핀다는 것은 그 골조를 본다는 것이다.

구조주의는 해석에 큰 관심을 두지 않는다. 텍스트의 내적 의미 역시 마찬가지다. 이 말은 구조주의의 목표가 무언가를 해석하고 그것의 의미가 무엇인가를 밝히는 것이 아님을 뜻한다.

레비스트로스

구조주의의 관심은 체계에 있다. 체계는

관계를 전제로 한다. 관계 속에서 체계가 만들어지기 때문이다. 어쩌면 구조주의는 일종의 규칙을 찾는 것과 같다. 어떤 상황에서 어떤 체계에서 어떤 규칙이 만들어지고 사람들은 그것을 공유하게 된다. 그런데 규칙이 다르다면 어떨까? 축구에서는 어깨싸움이 허용되지만 육상에서 신체적인 접촉은 반칙이고 실격으로 이어진다. 동일한 행위나 사물도 다른 규칙이나 다른 체계에서는 다르게 받아들여진다. 사물들과의 관계에 따라 무엇인가가 규정되기 때문이다. 그래서 어떤 사물이나 현상에 대한 의미는 그것 하나로만 파악할 수 없다. 관계 속에서 파악해야 한다. 그 관계나 체계가 구조다.

구조주의의 대표적인 학자라면 클로드 레비스트로스를 들 수 있다. 그는 《슬픈 열대》라는 걸출한 민족지를 남긴 인류학자이기도 하다. 레비스트로스에 따르면 인류학은 발현의 체계를 연구하는 학문이다. 여기서 발현이란 인간이 가진 정서, 즉 믿음, 감정, 관념을 의미한다. 그런데 발현은 인간의 무의식을 토대로 한다. 레비스트로스에 따르면 인간 문화의 보편적 사항은 구체적으로 발현된 사실의 수준에서 파악되는 것이 아니라 구조의 수준에서 발견된다.

레비스트로스의 구조주의는 언어학과 밀접한 관련이 있다. 특히 소쉬르의 랑그와 파롤이 대표적이다. 앞서 이야기한 것처럼 랑그와 파롤은 기호의 유사성과 접촉성의 개념으로 연결된다.

유감주술의 개념은 교체 가능성을 시사하고, 접촉성을 기본으로 하는 감염주술은 비교체 가능성이 된다.

집이라는 구조를 예로 들어보자. 집을 짓기 위해서는 기초공사를 하고 기둥을 올리고 벽체를 짓고 지붕을 덮어야 한다. 이들은 집의 뼈대, 즉 구조가 된다. 하지만 콘크리트로 할지, 주춧돌을 놓을지는 교체 가능한 선택이다. 집이라는 구조는 바뀌지 않지만 재료는 바뀔 수 있다.

이러한 예는 코스 요리에서도 발견된다. 들어보자. 코스 요리는 처음에는 입맛을 돋우기 위해 애피타이저가 나오고 다음으로 샐러드, 수프, 메인, 후식이 등장한다. 여기에서 음식의 코스는 랑그가 된다. 코스의 순서는 접촉성을 원칙으로 한다. 하지만 코스 요리에는 교체 가능한 유사성이 있다. 가령 와인, 보드카, 주스 중에서 애피타이저를 선택할 수 있다. 그렇다면 코스의 순서는 접촉성을 기반으로 한 랑그가 되고 선택을 통해 교체할 수 있는 애피타이저는 유사성을 바탕으로 한 파롤이 된다. 그리고 이러한 관계를 수사학에 연결하면 은유의 계열적 관계와 환유의 통합적 관계가 된다.

레비스트로스는 신화를 구조의 측면에서 파악하고자 했다. 하지만 신화를 해석하는 방법은 구조주의뿐만이 아니다. 이 비밀에 휩싸여 있는 서사가 언어의 질병 때문이라고 주장한 학자도 있다. 아폴론과 다프네의 이야기에서 그 단초를 찾을 수 있다.

언어질병설

아폴론은 태양의 신이자 올림포스 12신의 하나로 성장했다. 하지만 그도 감히 거역할 수 없는 존재가 있었으니 바로 아버지인 제우스였다. 한때 제우스의 미움을 산 아폴론은 지상으로 내려오게 된다. 아폴론에게 지상에서의 삶은 무료했다. 하루는 사냥을 갔다가 창공을 날던 새를 쏘아 떨어뜨렸다. 그런데 새가 떨어진 자리에는 달갑지 않은 손님이 있었다. 에로스가 의기양양하게 새를 바라보고 있었던 것이다. 에로스는 자신이 새를 사냥했으므로 새의 주인은 당연히 자신이라고 주장했다. 에로스와 아폴론은 같은 새를 향해 화살을 날렸던 것이다. 누구의 화살에 새가 맞아 떨어졌는지는 분명하지 않았다. 분명한 것은 아폴론이 에로스보다 더 큰 힘을 가졌다는 사실이었다. 결국 에로스는 아폴론에게 새를 빼앗기고 말았다. 그것이 비극의 시작이었다.

사랑의 신 에로스는 미의 여신 아프로디테의 아들이다. 에로스는 어머니에게 달려가 자초지종을 이야기했고, 분노한 아프로디테는 에로스에게 화살 두 개를 주며 화살 하나는 아폴론에게 쏘고 다른 하나는 여인에게 쏘라고 했다. 에로스는 어머니의 말대로 아폴론에게 한 발의 화살을 날렸다. 그리고 숲의 님프인 다프네에게 또 다른 화살을 쏘았다. 화살에 맞은 아폴론은 다프네를 사랑하게 되지만, 다프네는 아폴론을 피해 달아났다. 에로스가 아폴론에게 쏜 화살은 사랑의 화살이었지만 다프네에게 쏜 화살은 미움의 화살이었던 것이다.

사랑에 빠진 아폴론은 다프네를 쫓고 그런 아폴론을 피해 다프네는 달아나기를 반복했다. 마침내 아폴론에게 붙잡힐 위기에 처하자 다프네는 강의 신인 아버지에게 기도했다. 하지만 아무리 강의 신이라도 아폴론 앞에서 할 수 있는 일은 별로 없었다. 아버지는 결국 딸을 월계수로 변하게 했다.

아폴론은 다프네를 만났다. 하지만 이미 다프네는 월계수로 변한 후였다. 아폴론은 슬퍼하며 다프네가 변한 월계수 나무 가지로 월계관을 만들어 올림픽 우승자에게 쓰게 했다.

아폴론과 다프네가 왜 언어질병설로 연결되는 것일까? 지금까지도 다프네의 뜻은 월계수로 알려져 있다. 하지만 독일 출신의 비교언어학자 막스 뮐러Friedrich Max Müller는 산스크리트어에서 다프네가 '황혼'을 뜻한다는 것을 알게 된다. 뮐러의 방식으로 아폴론과 다프네의 이야기를 풀면 어떻게 될까? 아폴론은 태양이다.

다프네는 황혼이다. 태양과 황혼이 만날 수 있는가? 태양이 질 때 황혼이 뜬다. 태양이 뜨면 황혼은 사라지고 세상은 밝은 빛으로 가득 찬다. 태양과 황혼은 만날 수 없다. 아폴론과 다프네처럼 말이다. 여기에 사람들의 상상력이 더해진다. 그럼 태양과 황혼은 만날 수 없는 연인이 되어 슬픈 사랑의 이야기로 변하게 된다.

막스 뮐러에 의하면 신화는 자연현상의 표현이다. 또한 신화의 출현은 언어의 와전과 타락에 기원한다. 뮐러는 옛날 원시어의 단어가 충분치 않았다고 말한다. 세상의 모두를 표현할 만큼 단어가 많지 않았을 때, 하나의 현상은 다른 단어를 통해 표현하게 된다. 이때 사용되는 표현이 유사성에 기반한 은유적 언어다.

신화에서 해가 뜨는 자연의 현상은 아폴론이 태양의 마차를 몰고 가는 것으로 나타난다. 이는 자연현상에 대한 은유적인 표현이라고 할 수 있다. 그런데 시간이 지나고 단어가 많아지면서 자연현상에 대한 정확한 표현이 가능해졌다. 하지만 은유적 표현은 계속해서 남았다. 사람들은 그 은유적 표현을 설명하기 위한 또 다른 이야기를 만들어내게 된다. 자연현상을 표현하던 은유적 표현이 또 다른 이야기를 낳게 된 것이다. 그것이 막스 뮐러가 생각하는 신화였다.

2장

이것도 저것도 아닌, 그러나 존재하는

어떻게 바라보느냐에 따라 어떻게 대할지가 결정된다. 그것은 일종의 관계다. 나와 너, 인간과 자연, 사람과 사람, 말과 사물의 관계를 바라보는 시선은 시대마다 달랐다. 혼돈한 세상은 알과 같았고 그 알에서 세상이 시작된다는 신화도 하나의 시선이며 인식이다. 인식은 변해왔다. 인식의 변화는 또한 세계관의 변화였다.

반고

반고 신화는 중국의 대표적인 천지창조 신화다. 그러나 중국인의 주류를 이루는 한족의 신화는 아니다. 중국은 공식적으로 55개의 소수민족과 90퍼센트 이상의 한족으로 구성되어 있다. 소수민족에는 조선족, 만주족, 장족 등이 포함된다. 중국인들의 주민등록증에는 한족이면 '漢한', 만주족이면 '滿만'이라고 기재한다. 만약 한족과 소수민족이 결혼하여 아이를 낳으면 그 아이는 자신의 민족을 선택할 수 있는데, 그로 인해 한족이 나날이 늘어가고 있다.

반고 신화에서 중국의 민족 구성을 말한 것은 중국 문화의 독특함 때문이다. 중국은 수천 년의 역사 동안 다양한 민족의 문화를 '중화中華'라는 테두리 안으로 끌어들였다. 중국 고대의 솥에는 도철饕餮의 얼굴이 새겨져 있다. 도철의 '도饕'와 '철餮'은 모두 탐한다는 뜻을 가지고 있다. 도철은 뿔이 달린 사람의 얼굴에 호랑이의 송곳니, 양의 몸을 하고 있으며, 무엇이든 먹어치우는 괴물이다. 이 도철처럼 중국은 중화라는 이름으로 주변 민족의 문화를 삼키고 있다. 그리고 대부분의 소수민족은 자신들을 자랑스럽게 중국의 일원이라고 이야기한다. 때문에 묘족이나 이족의 신화라고 할 수 있는 반고 신화 역시 중국의 대표적인 창세 신화로 자리 잡기에 이르렀다.

반고에 대한 기록은 삼국시대 서정이 지은 《삼오역기三五歷記》와 《오운역년기五運歷年記》, 그리고 《술이기述異記》 등에 전한다. 이들 문헌은 반고를 천지창조의 주역으로 기록한다. 그럼 반고는 어떻게 생겨났을까?

하늘과 땅이 만들어지기 전 우주는 혼돈이었다. 그것은 마치 달걀과 같았다. 그 알에서 천지창조의 이야기가 시작된다. 처음 알에서 생겨난 존재는 반고였다. 반고는 1만 8000년간 잠을 자다가 깨어났다. 그러나 세상은 온통 어둠뿐이었다. 반고가 암흑을 내려치자 달걀이 깨지면서 천지가 개벽했다. 양기와 맑은 기운은 올라가 하늘이 되었고 음기와 탁한 기운은 내려와 땅이 되었다. 반고는 하늘을 받치고 땅을 딛고 하루에 아홉 번 변했다. 하늘은 하루에 1장씩 높아지고 땅은 1장씩 두꺼워졌으며 반고는 하루에 1장씩 자랐다. 그렇게 1만 8000년이 지나고 하늘과 땅의 거리는 점점 벌어져서 구만리가 되었다.

이제 하늘과 땅이 다시 합쳐질 걱정은 없어졌다. 암흑을 깨뜨리고 하늘과 땅을 나눈 반고는 자신의 할 일을 다 했다는 듯 쓰러져 죽었다. 그러나 반고의 죽음은 끝이 아니라 새로운 시작이었다. 쓰러진 반고의 몸에서 변화가 일어났다. 그의 입에서 새어나온 숨은 바람과 구름이 되었고, 왼쪽 눈은 태양이, 오른쪽 눈은 달이 되었다. 팔과 다리와 머리와 몸은 땅의 사극四極과 오악이 되었고 피는 강물이 되었으며 핏줄은 길이 되었다. 살은 토양이 되었고 머리카락과 수염은 하늘과 별이 되었으며 피부와 몸의 털은 초목이 되었고 치아와 뼈는 금속과 돌이 되었으며 골수는 금과 보석이 되었다. 땀은 비로 내렸다. 그리고 몸에서 나온 벌레들은 바람과 감응하여 인간이 되었다.

반고는 천지를 개벽했고 만물과 사람을 만들어냈다. 반고 신화는 우리에게 많은 이야기를 전해준다. 그것은 단지 세상이 어떻게 만들어졌는지에 그치지 않는다. 반고 신화에는 세상이 왜 그렇게 만들어져야 했는지에 대한 당시 사람들의 상상력이 녹아 있다. 사람들은 천지만물 이전의 상태를 혼돈이라고 생각했다. 혼돈은 바로 가오스다.

카오스

그리스 신화에서 카오스는 시작이다. 카오스로부터 많은 것이 생겨났다. 헤시오도스에 따르면 카오스에서 암흑의 신 에레보스와 밤의 신 닉스가 태어난다. 이 둘의 교합으로 낮을 의미하는 헤메라와 푸른 하늘을 의미하는 아이테르가 생겨난다. 하늘과 땅을 비롯한 모든 신들은 이 카오스로부터 생겨난다. 결국 세상은 카오스로부터 시작된 것이다.

반고 역시 혼돈에서 생겨난다. 천지만물이 생겨나기 이전의 상태는 혼돈, 즉 카오스였다. 혼돈에서 세상이 생겨난다는 생각은 동서양 모두 공통적이다. 《회남자淮南子》〈정신훈精神訓〉은 '옛날 아직 천지가 생기기 전에는 형태도 없고 어둡고 깊고 아득하여 그 문이 어딘지 알 수 없었다. 그 속에서 두 신이 생겨나 천지를 다스렸다'라고 말한다.

《회남자》에서 이야기하는 천지가 생겨나기 이전 모습 역시 혼돈이다. 아무것도 분별할 수 없고 구별되지 않은 상태, 그곳에서 신이 생겨나고 신은 교합이나 분화를 통해 천지만물을 만들어낸다.

여기에서 우리는 창세 신화를 이해하는 하나의 단서를 발견할 수 있다. 창세는 혼돈에서 시작된다. 혼돈은 미분화의 상태. 신화는 카오스인 혼돈에서 질서인 코스모스로 나아가는 과정을 보여준다. 노자는 《도덕경》에서 '천하의 만물은 유에서 나오고, 유는 무에서 나온다'고 말한다. 여기에서 무는 아무것도 존재하지 않는 절대무가 아니라 아무것도 정해짐이 없는 상태라고 보아야 한다. 정해지지 않은 것, 이름 붙여지지 않은 것이 무엇이라고 정해지고 이름이 생기면 우리는 그것을 인식하게 된다. 오비디우스는 카오스를 모든 가능성이 숨겨진 종자라고 생각했다. 무는 그런 카오스와 같았다. 때문에 무는 만물의 시작이 된다.

혼돈에서 세상이 시작된다는 신화는 그리스나 중국에만 있는 것이 아니다. 우리의 마고할미 이야기도 시작은 혼돈이었다. 게다가 마고할미는 반고와 같은 거인신이었다.

마고할미

처음에 세상은 혼돈 속에 놓여 있었다. 해와 달은 하늘 지편에 숨어 있었고 별은 제멋대로 움직였다. 심지어 별들끼리 부딪쳐 땅에 떨어지기도 했다. 해와 달이 숨어 있으니 낮과 밤도 구별되지 않았다.

어둡고 혼란한 그때, 키는 하늘에 닿을 정도로 크고 몸집은 산보다 거대한 마고할미가 잠에서 깨어났다. 마고할미는 두 팔을 쭉 펴고 기지개를 켰는데, 갑자기 '우지끈' 소리가 들리면서 하늘에 금이 갔다. 기지개를 켜던 팔이 하늘을 뚫고 말았던 것이다. 마고할미가 손을 내리자 하늘에 생긴 틈으로 해가 얼굴을 내밀었다. 처음으로 이 땅에 빛이 들어온 것이다. 이로써 낮과 밤이 생겼다.

　마고할미는 오줌을 누기 시작했다. 그런데 오줌의 양이 어찌나 많았던지 땅이 물바다가 되고 말았다. 사람들은 둑을 쌓으려 했지만 어림도 없었다. 그 모습을 보고 마고할미는 미안한 마음이 들어 자신이 직접 둑을 쌓았다. 이렇게 해서 땅과 바다의 경계가 생겼다.

　둑을 쌓고 나자 마고할미는 시장기를 느꼈다. 주위를 돌아보니 바위와 나무와 풀이 있었다. 마고할미는 그것들을 닥치는 대로 삼키기 시작했다. 그런데 너무 빨리 삼킨 탓인지 갑자기 속이 부글부글 끓으면서 입에서 바위 하나가 튀어나와 땅에 떨어졌다. 마고할미는 그 바위를 베개삼아 누웠는데, 그것이 바로 한라산이었다.

　한라산을 베고 누웠는데도 속이 좀처럼 가라앉지 않았다. 마고할미의 입에서 또다시 바위들이 튀어나오기 시작했다. 이 바위들은 바다로 떨어져 섬이 되었다. 그런데 둑을 쌓아주었는데도 사람들은 아우성을 멈추지 않고 있었다. 마고할미가 가만히 내려다보니 땅에는 아직도 물이 많았다. 그래서 손가락을 뻗어 땅의 여기저기를 긁어내리기 시작했는데, 그 긁어놓은 길로 물이 흘러 압록강과 한강, 섬진강이 만들어졌다. 이후 마고할미는 사람들을 위해 나무와 풀도 만들어주었다.

마고할미는 거인신이다. 할머니 거인신은 마고할미뿐만이 아니다. 제주도에는 설문대할망이 있다. 설문대할망은 붙어 있는 하늘과 땅을 떼어놓고 제주도를 만든 창조신이다. 또한 전라북도 부안군 변산면에는 거인신 개양할미가 선원의 안전을 도왔다는 이야기도 있다. 이 이야기들은 입에서 입으로 전해내려왔다. 특히 신들의 이야기를 많이 전한 이들은 무당이었다. 그 이야기들이 바로 우리의 신화다.

본풀이

우리에게는 신화가 별로 없다. 그렇게 말할 수도 있다. 하지만 그것은 기록으로 전해진 신화만을 따질 경우에 해당한다. 우리에게는 기록되지 않은 또 다른 신화의 세계가 있다. 무당에게 전해내려오는 이야기를 한국에서는 '무가巫歌', '신가神歌', 또는 '무속신화'라고 한다. 무당들은 그것을 '본풀이'라고 말한다. 여기에서 '본'은 근본의 본本을 말한다. '풀이'란 우리말 그대로 풀어 이야기한다는 뜻이다.

'본풀이'는 근본을 푼다는 것이다. 근본은 처음이다. 신도 사물도 인간도 처음이 있다. 국가나 제도도 마찬가지다. 신이 어떻게 생겨났는지를 이야기한다면 신에 대한 본풀이가 된다. 어떤 법률이 어떻게 생겨났는지, 대한민국이 어떤 과정을 거쳐 건국되었는지를 말한다면 그것은 법률이나 국가의 본풀이가 된다. 그리고 그것이 바로 신화의 특성이다. 신화는 무엇보다 기원을 이야기한다.

엘리아데는 《우주와 역사》에서 '신화를 안다'는 것은 사물의 근원을 아는 것이라 했다. 그것은 또한 사물을 통어하거나 조작할 수 있는 힘을 소유하게 되는 것을 의미한다. 즉 신화를 안다는 것은 '피상적'이거나 '추상적'인 지식이 아니라 실천을 통하여 그 태초가 경험되거나 이를 '재연'하거나 하는 실재적인 삶을 뜻한다. 엘리아데의 견해에서 신화의 역동성이 드러난다. 근본과 재연은 신화의 내용과 형식이라고 할 수 있다. 신화는 그것이 재연될 때 의미를 갖는다. 그런데 그것을 재연하는 방법은 여러 가지다.

처음 신이 생겨난 과정을 말로 표현하면 그것은 이야기가 된다. 글로 적으면 기록이 된다. 하지만 그것을 몸짓으로 표현할 수도 있다. 그렇다면 춤일 수도 있다는 이야기다. 또 다른 방법으로 연극을 생각할 수도 있다. 중요한 것은 표현의 수단이 아니라 그것을 표현한다는 데 있다. 무당의 굿에는 이야기와 춤과 노래와 연극이 함께한다.

본풀이란 말을 되새겨보자. 본풀이는 무당이 굿을 할 때 외는 무가의 일종이다. 무당은 굿의 목적과 굿거리에 따라 다른 무가를 선택한다. 죽은 이를 좋은 곳으로 보내기 위해 하는 망자천도

굿과 액을 막고 집안의 안과태평을 위해 하는 굿은 목적이 다르고 거리에 따라 다른 무가가 사용된다. 망자천도를 위해서는 망자천도와 관련된 이야기를 해야 하고 액을 막기 위해서는 액을 막기 위한 무가를 외야 한다. 이를 이해하는 방법은 간단하다. 동지에 팥죽을 쑤거나 애를 낳은 집에서 금줄을 치는 것은 잡귀의 침범을 막고 액을 물리치기 위한 행위다. 하지만 두 행위는 동일하지 않다. 갓 태어난 아기를 보호하기 위한 금줄과 동지의 팥죽은 다른 맥락이다.

본풀이 중에는 창세신화도 있다. 많은 사람들은 우리에게 창세신화가 없다고 생각하지만 우리에게도 창세신화가 분명 존재한다. 대표적인 예가 '천지왕본풀이', '창세가', '시루말'이다.

'천지왕본풀이'는 제주도 지역에서 전승되는 창세신화로 《조선 무속이 연구》 상권에 실려 있다. '천지왕본풀이는' 초감제初監祭 때 불린다. 초감제는 신들을 모두 청하여 제상 앞에 앉히고 음식을 들도록 하고 신에게 기원하는 제차祭次다. 신을 청할 때는 언제 어디서 무엇 때문에 굿을 한다는 사유를 고해야 하는데, 이때 언제 어디서를 설명하기 위하여 천지개벽으로부터 굿을 하는 때와 장소를 알린다.

'창세가'에서는 하늘과 땅에서 인간이 탄생하는 과정을 이야기하고, '시루말'에서는 해와 달이 둘이었던 혼란의 시기에서 지금과 같은 세상이 만들어지는 과정을 이야기한다. 시루는 떡을 찌는 도구다. 떡은 매일 먹는 밥과 다르다. 신을 청할 때 시루에 떡을 쪄 바친다. 때문에 신에게 바치는 떡을 찌는 시루 역시 신성한 도구다.

시루의 바닥에는 구멍이 뚫려 있다. 그 구멍은 하늘을 상징한다. 예전 사람들은 하늘에도 층이 있다고 믿었다. 그것을 수평적으로 분할하면 동쪽은 창천蒼天, 북동쪽은 변천變天, 북쪽은 현천玄天, 북서쪽은 유천幽天, 서쪽은 호천昊天, 남서쪽은 주천朱天, 남쪽은 염천炎天, 남동쪽은 양천陽天의 구천九天이었다. 때로는 동서남북에 중앙을 합해 오천五天이라고도 했고 해와 달을 합해 칠천七天이라고도 했다. 그런데 시루에 뚫린 구멍은 5개 또는 7개, 9개였다. 하늘을 수평으로만 나눈 것도 아니었다. 때로는 수직으로 나누기도 했다.

9층 세계

중국의 학자 푸위광은 《샤머니즘과 신화》에서 초기 만주족의 샤머니즘에서는 세상이 여러 층, 즉 9층이나 17층으로 구성되어 있었다고 말한다. 이런 다층의 세계는 차츰 9층

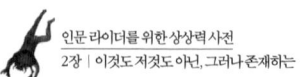

으로 굳어지게 되었다. 최상단의 세계는 천계, 화계, 광명계로 불리며 3층으로 되어 있다. 천계는 천신인 아부커은두리와 해, 달, 별, 바람과 구름, 비, 눈, 전기, 번개, 우박 등 신령의 거소다. 그 외에도 수많은 동식물의 신과 씨족의 조상과 영웅신이 그곳에 있다. 많은 씨족의 그림을 보면 천상에 신령스러운 새가 있고 좌우에 해와 달이 있어 세상을 비춘다. 중간세계 역시 3층으로 구성되는데, 사람이나 동물과 작은 정령이 사는 세계다. 아래 세계는 토계, 지계, 암계로 불리며 역시 3층으로 구성된다. 이곳은 위대한 지모신인 바나지어모가 있으며 또한 악의 신 예루리가 숨어 있는 곳이다. 여기에서 샤먼은 구천의 사자이며 비상하여 천계의 신과 통하는 존재다.

이필영은 《북아시아 샤머니즘과 한국 무교의 비교연구》에서 우주에 대한 인식이 수직적 분할과 수평적 분할로 나뉜다고 설명한다. 그에 따르면 북아시아 샤머니즘의 우주 형태는 세 가지 특징으로 요약된다. 첫 번째, 우주 공간의 분화에서 수직적 분할과 수평적 분할이 모두 나타난다. 그러나 상중하계의 수직적 분할이 기본이다. 그런데 이들 세계는 우주축에 의해 하나로 연결된다. 태초에는 일반인도 우주여행을 할 수 있었지만 낙원을 잃은 후 샤먼만이 가능하게 되었다. 두 번째, 우주는 상중하의 3층으로 구성된다. 각 층에는 선신, 인간, 악신이 산다. 그리고 방위가 신과 정령의 위치를 결정한다. 세 번째, 상하계는 중계를 모방한다.

이는 중계에 상하계의 모습이 있고 그것을 다시 상계와 하계가 반영하고 있음을 뜻한다. 우리가 사는 세계에는 선과 악이 있고 방위가 있다. 이 모습을 투영하여 상계와 하계를 그려내고 있는 것이다.

보통 우리는 세계를 수직적으로 바라본다. 하늘 위의 천상에 신이 있고 지상에는 인간이 살며 지하에는 명계가 있다. 명계는 바로 죽은 자의 땅이다. 어쩌면 사람이 땅에 묻히기에 지하를 죽은 이의 공간으로 인식했는지도 모른다. 죽은 사람을 살리기 위해서는 지하의 명계로 가야 한다. 오르페우스도 사랑하는 사람을 위해 명계로 떠난다.

오르페우스

오르페우스는 고대 그리스의 시인이자 음악가였다. 그의 아버지는 트라키아의 왕인 오이아그로스라고 하기도 하고 아폴론이라고도 한다. 오르페우스는 아폴론으로부터 리라를 배워 명수가 되었는데, 그가 리라를 연주하면 자연과 동물이 모두 매료되었다고 한다.

오르페우스는 님프 에우리디케를 아내로 맞이한다. 그러나 에우리디케는 얼마 지나지 않아 독사에 물려 죽고 만다. 죽은 에우리디케가 가야 할 곳은 죽은 자의 땅 명계다. 사랑하는 아내를 살리기 위해서 오르페우스는 하데스가 지배하는 명계로 내려가야만 했다. 명계로 내려가는 길은 쉽지 않다. 오르페우스는 먼저 케르베로스와 맞닥뜨린다. 케르베로스는 세 개의 머리에 뱀 꼬리를 달고 있는 지옥문을 지키는 개로, 산 자와 죽은 자를 가로막는 무시무시한 존재다. 하지만 오르페우스는 천상의 소리를 내는 리라를 연주하여 케로베로스를 잠재우고는 명계로 들어간다. 그리고 그의 연주는 명계의 신인 하데스마저 감동시킨다.

하데스는 오르페우스가 에우리디케를 데려가는 것을 허락한다. 다만 지상에 도착할 때까지 뒤를 돌아보지 말라고 한다. 뒤만 돌아보지 않는다면 오르페우스와 아내는 무사할 것이었다. 명세를 떠난 오르페우스의 눈에 드디어 저 멀리 지상의 밝은 빛이 비친다. 이제 오르페우스는 아내를 구할 수 있게 되었다. 오르페우스는 드디어 지상에 닿았다는 기쁨에 젖었다. 하지만 그때 참을 수 없는 궁금증이 일었다. '아내가 잘 따라오고 있는 것일까?' 오르페우스는 뒤를 돌아보고 만다. 그 순간 아내 에우리디케는 사라진다. 오르페우스와 관련된 신화는 이렇게 막을 내린다. 하지만 오르페우스는 또 다른 창조 신화를 만들어낸다.

오르페우스의 이야기는 아직 끝나지 않았다. 두 번이나 아내를 떠나보내야 했던 오르페우스는 절망하여 여자는 거들떠보지도 않았다. 대신 동성애에 빠진다. 그 결과 오르페우스는 동성애를 퍼뜨렸다는 이유로 트라키아의 여인들에게 찢겨 죽임을 당한다. 하지만 그의 리라는 하늘로 올라가 우리가 알고 있는 하프자리가 된다. 여기까지가 남겨진 신화의 이야기다. 하지만 현실에서 오르페우스는 또 다른 역할을 한다. 우리가 아직 풀지 못한 알의 이야기가 오르페우스와 연결되기 때문이다. 신화에서 우주는 알로 표현된다. 반고도 알에서 태어났다. 우리 신화에서 주몽이나 혁거세, 탈해 역시 알에서 태어났다.

우주란

신화 속의 오르페우스는 비극적 죽음을 맞이한다. 하지만 현실의 오르페우스는 오르페우스교의 창시자로 알려져 있다. 오르페우스교는 육체의 속박을 벗어난 영혼의 행복을 추구한다. 오르페우스교가 전하는 우주의 창조는 일반적으로 알고 있는 그리스의 창세신화와 다르다. 오르페우스교에 따르면 세계의 시초는 우주의 뱀인 오피온이다. 하지만 오피온 역시 무언가에서 생겨난 존재다. 태초의 세상은 커다란 알이었다. 그곳에서 오피온이 생겨나고, 오피온의 몸에서 어둠과 대지, 사랑이 태어났다.

오르페우스교는 세상이 알에서 시작되었다고 말한다. 우주의 알인 '우주란'에서 세상이 시작되었다는 신화는 힌두교에도 전해진다. 힌두교의 주요 신 중 하나인 브라마는 우주의 알에서 태어났다. 브라마는 알을 갈라 하늘과 땅을 만들었다.

알은 창조와 재생, 풍요와 다산의 상징이었다. 반고 신화는 천지가 만들어지기 이전 우주는 혼돈이었고 달걀과 같았다고 말한다. 일본 신화가 담겨 있는 《일본서기》에서도 혼돈의 우주는 달걀로 표현된다. 물론 이는 우리나라나 중국의 영향을 받았을 가능성이 크다.

알은 왜 생명일까? 따뜻한 알껍데기 속에는 난백인 흰자위와 난황인 노른자위가 들어 있다. 이 단순한 형태만으로는 어떤 동물이 될지 짐작할 수 없다. 하지만 시간이 지나면 알의 생명은 자신의 모습을 갖춰나간다. 처음엔 비슷하게 생긴 알이었고 흰자와 노른자라는 구조 또한 다를 바 없었지만 껍데기를 깨고 나온 생명은 전혀 다르다. 알에서 태어나는 난생이지만 조류와 파충류는 전혀 다르지 않은가? 인간 역시 초기 태아의 모습은 다른 동물과 다르지 않다.

단순한 흰자와 노른자에서 복잡한 생명이 만들어진다. 형체가 없었던 것에서 형체가 생겨난다. 아무것도 아닌 것처럼 보이는 둥근 알을 깨고 나오는 동물을 보고 고대인들은 경이로운 생명의 신비를 느꼈을 것이다. 단순한 것에서 나오는 복잡한 것들, 그것을 보고 알에서 어떤 것들도 만들어질 수 있다는 생각이 들었을 것이다.

무엇이 태어날지 모르는 알은 카오스의 무정형이다. 카오스의 알에서는 무엇이든지 생겨날 수 있다. 아리스토텔레스는 어떤 형상도 가지지 않은 질료에 관심을 가졌다. 그것이 제1질료다.

프리마 마테리아

연금술에서는 제1질료를 '프리마 마테리아'라고 부른다. 질료는 아무것도 아닐 수 있다. 알에 들어 있는 흰자위와 노른자위처럼 단순할 수도 있다. 하지만 그 질료는 무엇이든 될 수 있다.

나무가 있다. 나무는 무엇이 될 수 있을까? 책상이 될 수 있고 의자가 될 수 있고 집이 될 수도 있다. 나무에 형상을 부여하면 나무는 전혀 다른 모습이 된다. 그러나 나무라는 속성은 여전히 간직하고 있다.

언어와 지식도 마찬가지다. 한글은 자음 19개와 모음 21개로 구성된다. 자음과 모음이 합쳐져 음절을 만들고 음절이 합쳐져 단어를 만든다. 단어는 다시 문장이 된다. 그 문장들이 어울려 수많은 소설과 시와 책들을 만들어낸다. 공자나 노자, 플라톤, 아리스토텔레스의 학설은 수없이 변형되었다. 하지만 그 근원을 따라 올라가면 자음과 모음을 만나게 된다. 생명도 그렇다. 생명은 수정란으로 만들어진다. 이것은 일종의 알이다. 알에 어떤 형상이 부여되면 알은 그 형상으로 변한다. 하지만 여전히 알의 속성을 간직하고 있다.

알의 상징은 이제 더 이상 남아 있지 않을까? 고대의 이야기는 고대인만의 것이고 현재의 우리에게는 더 이상 영향을 미치지 않을까? 지금 우리가 읽고 보고 쓰는 수많은 것들은 그렇지 않다고 말한다. 지금 인류의 지식과 지혜는 오래된 과거로부터 쌓이고 쌓여 만들어진 단층과도 같다. 하지만 그 단층은 나뉘어 있지 않다. 지금도 서로가 서로에게 끊임없이 영향을 미친다. 《반지의 제왕》에는 그런 이야기와 상징이 켜켜이 쌓여 있다.

미드가르드

알에는 또 하나의 비밀이 숨겨져 있다. 알을 우주에 빗댄 것은 알에 고대인의 우주관이 투영되어 있기 때문이다. 알의 우주관을 생각하기에 앞서 떠올려볼 만한 이야기가 있다. J.R.R 톨킨의 《반지의 제왕》이다.

《반지의 제왕》의 무대가 되는 공간은 '중간계(middle earth)'다. 톨킨은 이 중간계의 모티프를 북구의 신화에 등장하는 '미드가르드Midgard'에서 따왔다. 미드가르드는 '중앙의 나라', '성'이라는 뜻을 가지고 있다. 이 미드가르드는 수직적이면서 수평적인 세계다. 주신 오딘을 비롯한 빌리와 베가 북유럽 신화에서 우주 최초의 존재라고 여겨지는 위미르를 죽여 만든 대지다. 오딘은 그 땅에 인간을 살게 했고 주위에는 위미르의 눈썹을 심어 방책을 만들었다. 이 땅의 바깥쪽에는 바다가 있고 우주의 뱀인 미드가르드가 대지를 둘러싸고 있다.

미드가르드 중앙에 있는 가장 높은 산에는 신들의 나라인 아스가르드가 있다. 인간의 나라인 미드가르드에서 신들의 나라인 아스가르드에 가기 위해서는 문지기 헤임달이 지키는 무지개다리인 비프로스트를 건너야 한다. 북유럽 신화에는 이외에도 안개의 나라나 지하의 세계로 여겨지는 니플헤임, 불꽃의 나라 무스펠헤임, 거인의 나라 요튼헤임 등이 등장한다.

《반지의 제왕》의 마지막에서 요정의 왕 엘론드는 회색항구에서 배를 타고 중간계를 떠난다. 이 판타지 세계에서는 걷거나 배를 타고 다른 세계로 갈 수 있다. 그런데 그 세계는 하늘이나 지하 깊숙한 곳에 있지 않다. 수직적인 상승이나 하강 없이 다른 세계로 이동하는 것이다. 그럼 하늘과 땅이 수평적으로 놓여 있어야 한다. 그런 세계는 어떻게 표현할 수 있을까? 답은 알에 있다.

노른자는 흰자 위에 떠 있다. 만일 노른자를 대지라 한다면 노른자의 옆은 바다이고 노른자의 아래는 지하이며 노른자의 위는 하늘이라고 생각할 수 있다. 즉 대지와 바다, 천상과 지하가 수직적으로 엄격히 구별되지 않는 세계다. 이는 천상계와 인간계, 그리고 지하계에 어떤 층이 존재하지 않음을 의미한다.

톨킨은 미드가르드에서 중간계에 대한 모티프를 얻었을 것이다. 그런데 중간계의 또 다른 모델이 있다. 중간계는 중세를 상징하기도 한다. 중세는 마법과 신비, 마녀와 기사가 함께 하는 공간이었다.

《반지의 제왕》에는 인간뿐만 아니라 다양한 종족이 등장한다. 사실 호빗족인 프로도, 엘프인 레골라스를 비롯해 난쟁이족과 오크, 트롤 등은 북유럽 신화에 등장하는 존재들이다. 또한 초기 게르만족의 룬문자나 신성한 나무도 등장한다. 이처럼 이 책에는 서구의 온갖 신화와 전승이 엮여 있다. 《반지의 제왕》은 단순한 공상이 아니라 인간의 보편적 상상계에 자리한 꿈과 이상을 형상화했다고 볼 수 있다. 하지만 《반지의 제왕》의 최대 모티프는 '시구르드의 전설'이라고 할 수 있다.

시구르드

1876년 리하르트 바그너는 '라인의 황금', '발퀴레', '지크프리트', '신들의 황혼'으로 구성된 4부작의 악극 〈니벨룽의 반지〉를 발표한다. 이 4부작은 공연하는 데만 무려 4일이 걸리는 대작이었다.

〈니벨룽의 반지〉에서 가장 중요한 소재는 반지다. 그 반지는 세계를 지배할 수 있는 힘을 가지고 있는 동시에 저주가 걸려 있다. 여기에 등장하는 영웅이 바로 지크프리트다. 그는 두 동강 난 칼을 벼려 신검을 만들어 용을 죽이고 키스로 잠자는 브륀힐데를 깨운다. 그런데 파멸의 세상을 구하는 지크프리트는 바그너의 창작이 아니다. 지크프리트를 만나기 위해서는 먼저 '시구르 전설'을 이야기해야 한다.

시구르드의 아버지 시그문드는 전투에 참전했다가 사망한다. 그가 남긴 것은 부러진 칼 하나로, 아내에게 맡겨진다. 한편, 아들 시구르드는 부모와 떨어진 채 덴마크 왕궁에서 고아로 자라난다. 그런데 시구르드를 눈여겨본 존재가 있었으니 거인족 레긴이다. 레긴은 시구르드에게 자신의 비밀을 털어놓는다. 사실 레긴에게는 자신을 대신해 황금을 찾아줄 용사가 필요했다. 시구르드는 아버지의 부러진 칼로 파프니르라는 드래곤을 죽인다. 파프니르의 심장을 굽던 중 피가 시구르드의 입에 들어가고, 그로 인해 시구르드는 새들의 말을 알아듣게 된다. 새들은 레긴의 배신을 경고한다. 시구르드는 레긴을 죽이고 드래곤의 황금을 갖는다. 그러나 시구르드는 비극적 죽음을 맞는다.

시구르드와 지크프리트, 그리고 아라곤 그들은 부러진 칼을 벼리고 반지와 운명적인 연관을 맺는다. 시구르드의 전설은 〈니벨룽의 반지〉로 이어지고 이것은 다시 《반지의 제왕》으로 옷을 갈아입고 있는 것이다. 신화는 변형되고 차용되면서 계속해서 새로운 모습을 만들어낸다. 왜냐하면 신화는 고정되어 있지 않기 때문이다. 하나의 문은 또 다른 문으로 향하는 길목을 열어준다. 그 길목의 끝에는 또 다른 문이 있고 그 문을 지나면 또 다른 길목이 나타난다. 문은 하나가 아니다. 사방으로 열린 문 중에 신화라는 하나의 문을 선택했을 뿐이다.

사실 중간계는 우리에게 익숙한 공간이다. 우리는 신과 함께 삶을 영위해왔다. 바로 우리 집안에서 말이다. 대청마루 한 켠에 놓인 독에는 집안의 수호신인 성주신이 모셔졌다. 부엌에는 조왕신, 문에는 문신, 집터에는 터주신이 있었다. 심지어 측간이라 불린 화장실에는 측신이 있었다. 이는 우리의 전통 종교인 무巫의 세계관이다. 그리고 최초의 무당은 바리공주라고 전해진다. 바리공주는 집을 떠나 불사의 약을 구하기 위해 삼신산으로 향한다. 그 과정에서 바리공주는 하늘로 올라가거나 땅으로 꺼지지 않는다. 바리공주는 수평적 공간에서 모든 존재를 만난다.

바리공주

오구대왕이 다스리는 나라는 평화롭고 백성들은 잘살았다. 하지만 한 가지 걱정이 있었는데, 아직 왕비가 없다는 것이었다. 오구대왕은 길대 부인을 왕비로 골랐다. 그런데 점을 쳐보니 그 해에 결혼하면 일곱 공주를 낳을 것이고 다음 해에 결혼하면 세 왕자를 낳을 것이라 했다. 왕은 점을 무시하고 길대 부인과 결혼했다.

역시 점은 틀리지 않아 왕비는 내리 공주 여섯을 낳았다. 그리고 일곱 번째 아이가 태어났다. 왕과 왕비는 이번에는 왕자이기를 간절히 바랐지만 역시 공주였다. 화가 난 오구대왕은 일곱 번째 공주를 갖다 버리라고 했다. 왕비는 버릴 때 버리더라도 부르고 그리워할 이름만이라도 지어달라고 간청했다. 왕이 말했다.

"더졌다 더지데기. 버렸다 바리데기. 그 이름을 바리라 하라."

버려진 공주의 이름은 바리가 되었다. 바리공주는 옥함에 넣어져 망망대해로 흘러갔다. 그러다 어느 바닷가에 닿았는데, 노부부가 옥함을 발견하고는 바리공주를 정성껏 키웠다. 바리공주가 열다섯 살이 되던 해, 천별산에 변고가 생겼다. 대왕 부부가 깊은 병이 든 것이다. 병이 든 이유도 병을 낫게 할 방법도 찾을 수 없었다. 그러던 어느 날 오구대왕의 꿈에 청의동자가 나타나 대왕 부부의 병은 일곱 번째 공주를 버린 벌이며, 삼신산 불사약과 봉내방장 무장승의 약수를 먹으면 살아날 수 있다고 말한다. 그곳에 누가 갈 수 있을까? 궁 안에서 편히 살던 여섯 공주는 모두 그곳에 갈 수 없다고 고개를 절레절레 저었다.

이제 남은 희망은 바리공주뿐이었다. 오구대왕은 어렵사리 바리공주를 찾아서 사정을 설명했다. 과연 바리공주는 자신을 버린 부모를 위해 목숨을 걸고 불사약을 구하러 갈까? 바리공주는 부모를 외면하지 않고 불사약을 찾아 서천서역국으로 떠난다. 걷고 걷던 중 바리공주는 석가세존의 도움으로 무장승의 집에 도착한다. 그러나 그 귀한 약이 쉽게 얻어질 리 없었다. 무장승은 바리공주에게 엉뚱한 요구를 한다.

"그대 길 값을 가져왔는가?"

"촉망 중이라 가져오지 못했나이다."

"길 값으로 나무 3년 해 주오."

"그리 하겠나이다."

"삼 값으로 불 3년 때 주오."

"그리 하겠나이다."

"물 값으로 물 3년 길어 주오."

"그리 하겠나이다."

무장승은 바리공주에게 9년 동안 자신을 위해 일하라고 한다. 바리공주는 묵묵히 그 조건을 받아들인다. 그러자 무장승은 자신과 혼인하여 아들 일곱을 낳아달라고 말한다. 바리공주는 그것도 받아들인다. 시간이 흘러 바리공주와 무장승 사이에 아들 일곱이 태어난다. 어느 날 바리공주의 꿈에 산발한 왕과 왕비의 모습이 보인다. 바리공주의 마음이 급해졌다. 빨리 약을 가지고 돌아가야 하는데, 아직도 약을 구하지 못했다. 무장승이 말한다.

"그대가 쓰던 물이 약수이니 가져가시오. 그대가 베던 풀이 개안초이니 가져가시오. 뒷동산 후원에 있는 꽃이 숨이 살고, 뼈가 살고, 살이 돋는 꽃이니 가져가시오. 삼색꽃은 몸에 품고 개안초는 눈에 넣고 약수는 입에 넣으시오. 그러면 부모님을 구할 수 있을 것이오."

바리공주는 꿈에 그리던 약을 매일 쓰고 만지고 있었던 것이다. 마침내 바리공주는 천별산으로 돌아가서 왕과 왕비를 살린다. 왕은 무슨 소원이든 들어주겠다고 한다. 바리공주는 먼저 자신을 거두어준 노부부 비리공덕 할미와 비리공덕 할아비를 챙긴다. 대왕은 비리공덕 할미는 진오귀 새남굿을 할 때 영혼이 저승으로 거쳐가는 가시문과 시왕문에서 별비別費를 받아먹게 하고 비리공덕 할아비는 벌초 남향을 받게 한다. 일곱 아들은 저승의 십대왕이 되게 하고 무장승은 산신제 평토제를 받아먹고 살게 했다. 이제 바리공주만이 남았다. 바리공주가 말한다.

"절에 가면 공양을 받고 큰머리 단장에 은아 몽두리 입고 언월도와 삼지창, 부채 방울을 손에 든 무당이 되어 죽은 사람을 저승에 인도하고 싶습니다."

그렇게 바리공주는 세상의 첫 무당이 되었다. 바리공주 신화는 하나의 굿이다. 죽은 자를 좋은 곳으로 보내기 위해 행해지는 굿이 망자천도굿이다. 진오기, 배연신도 모두 망자천도굿이다. 특히 서울의 망자천도굿인 새남굿에서 무당은 바리공주를 연상시키듯 몽두리에 공주의 복색을 하고 바리공주를 신가를 구연한다.

현실에서는 다른 세계로 걸어서 갈 수 없다. 하늘 위, 땅 밑은 어떤 세계일까? 하늘과 땅은 늘 사람들의 상상력을 자극했다. 사람이 갈 수 없는 곳이기에 더 많은 것을 상상할 수 있었는지도 모른다. 그리고 사람들은 하늘과 땅이 어떻게 생겼는지를 생각했다.

천원지방

프란츠 카프카는 〈황제의 전갈〉에서 그곳을 이렇게 묘사했다.

> 그는 또 수많은 뜰을 건너가야 한다. 그 많은 뜰을 다 지났다 해도 새로운 계단을 만나게 되고, 다시 뜰을 지나고 또다시 다른 궁전을 만나게 된다. 끝없이 몇백 년, 몇천 년을 계속해야 할 것이다. 황제가 파견한 사절은 결코 그곳을 빠져나갈 수 없다.

카프카가 묘사한 그곳은 자금성이다. 명나라에서 청나라로 이어지는 500여 년간 24명의 황제가 기거하던 궁전 말이다. 자금성을 짓는 데 벽돌 1억 개와 기와 2억 개가 사용되었다고 한다. 굳이 벽돌과 기와의 숫자를 떠올리지 않아도 자금성으로 들어가는 주요 문 중 하나인 천안문을 마주 대하는 것만으로도 그 위용을 느끼게 된다. 자금성의 자색은 북극성이며, 북극성은 하늘의 신인 천제가 사는 곳이다. 자색은 그 자체가 하늘을 의미한다.

자금성의 사방엔 4개의 단^{壇}이 있다. 단은 제사를 지내던 곳이다. 남쪽에 천단^{天壇}, 북쪽에 지단^{地壇}, 동쪽에 일단^{日壇}, 서쪽에 월단^{月壇}이 있다. 천단에서는 하늘에 제사를 지내고 지단에서는 땅에 제사를 지냈다. 마찬가지로 일단에서는 해에 제사를 지내고 월단에서는 달에 제사를 지냈다. 그중에서 천단은 황제만이 제사를 지낼 수 있었다. 황제는 천자^{天子}라고도 불렸다. 하늘의 아들이라는 뜻이다. 조선시대의 왕은 하늘의 아들이 아니었다. 조선시대에는 중화를 숭상했고 중국의 아래라고 스스로를 낮추었다. 때문에 임금이 입는 옷에 새겨진 용도 중국 천자의 용과는 달라야 했다. 천자의 용은 5개의 발톱을 가졌지만 조선 왕의 용은 4개의 발톱을 가질 수밖에 없었다. 그러니 하늘에 대한 제사도 올릴 수 없었다. 조선시대에는 하늘에 제사를 지내던 원단^{圓壇}을 폐쇄한다. 원단이 원구단^{圓丘壇}으로 다시 등장한 것은 고종이 1897년 대한제국의 황제로 즉위하면서부터다.

천단, 원단, 원구단은 모두 같은 도상을 상정한다. 바로 원이다. 하늘에 제사를 지내던 제단은 모두 둥근 모양을 하고 있다. 반면에 땅에 제사를 지내던 지단은 사각형 모양이다.

중국 진나라 때의 고서《여씨춘추》에 하늘은 둥글고 땅은 네모나다는 '천원지방^{天圓地方}'이란 말이 등장한다. 천원지방은 하나의 우주관이다. 천원지방을 쉽게 찾아볼 수 있는 예가 있다. 바로 엽전이다. 엽전은 둥글다. 그러나 그 안엔 네모난 구멍이 있다. 엽전 역시 천원지방의 우주를 표현하고 있는 것이다.

'창세가'에서는 하늘과 땅이 생겨날 때 미륵도 같이 생겨났다고 한다. 미륵이란 이름은 불교가 들어온 뒤 붙여진 이름일 것이다. 그때는 하늘과 땅이 붙어 있었다. 미륵은 하늘과 땅을 떼어놓기 위해 하늘은 가마솥 뚜껑처럼 돋우고 땅의 네 귀퉁이에는 구리 기둥을 세웠다. 둥근 가마솥 뚜껑과 네모난 땅, '창세가'는 천원지방의 우주관을 보여준다.

하늘에 제사를 지내는 제단은 신성했다. 신성한 제단에 오르기 위해서는 준비가 필요했다. 중요한 일을 맡기 전에 목욕재계를 하는 것처럼 사람도 정성을 다해야 했다. 그래서 향수가 등장했다. 사람들은 향기가 나는 나뭇가지를 태우고 향나무 잎으로 즙을 내 몸에 발랐다. 그것이 향수의 시작이었다. 우리에게는 또 하나의 제단이 있다. 지금은 그 제단에 오르기 위해 향수를 바르지는 않을 것이다. 강화도 마니산에 있는 참성단으로 가보자.

참성단

고대인의 우주관은 신화에서 재연된다. 고대 이집트인은 세상이 동서로 길게 뻗은 직사각형 땅 위에 마찬가지로 직사각형의 평평한 하늘이 땅의 네 귀퉁이에 있는 높은 산에 의해 평행하게 덮여 있다고 생각했다. 바빌로니아인은 땅이 큰 바다에 둘러싸여 있으며 바다 가장자리에 하늘을 떠받치는 절벽이 있고 그 바깥쪽에 신들이 살고 있다고 믿었다.

강화도 마니산에는 단군왕검이 하늘에 제사를 지냈다는 참성단이 있다. 참성단은 단군 기원 51년(기원전 2282)에 단군왕검이 민족 만대의 번영을 위하여 봄과 가을에 하늘에 제사를 올리기 위해 쌓았다고 전해진다.

마니산 참성단이 자리한 현재의 화도면은 조선 중엽까지 강화도에서 분리된 고가도라 불렸던 작은 섬이었다. 때문에 참성단에 가기 위해서 옛사람들은 강화도까지 한 번, 그리고 고가도까지 또 한 번 배를 타야 했다.

마니산은 마리산이라고도 불린다. 마니산이냐 마리산이냐에 대한 명칭 논란은 아직도 계속되고 있는데, 기록에 따르면 마리산이 마니산보다 400년이나 앞서 쓰이고 있었다. 명칭에 대한 문제는 우리말이 한자어로 표기되면서 생기게 된다. 마리산의 '마리'는 머리의 옛말이다. 가장 높은 곳에서 신체의 모든 기관을 관장하는 머리는 사물 중의 으뜸이라는 의미를 지닌다. 때문에 마리산은 으뜸의 산을 칭하는 말이었다. 하지만 삼국시대 말엽 땅 이름에 대한 한자어 표기가 나타나기 시작했고 이에 따라 마니산이라는 명칭이 등장하게 된다.

그러나 보다 중요한 것은 마니산이 한반도의 중심에 위치한 여전히 성스러운 산이라는 사실이다. 마니산은 한라산과 백두산의 중앙에 놓여 있다. 마니산을 기점으로 한라산과 백두산에 이르는 거리가 같다고 한다.

마니산은 그리 높지 않다. 숨을 몇 번쯤 고르고 땀을 닦다보면 마니산 정상 참성단과 마주하게 된다. 조선 영조 시절 이종휘李種徽가 지은 《수산집修山集》에는 '참성단의 높이가 5미터가 넘으며, 상단이 사방 2미터, 하단이 지름 4.5미터인 상방하원형上方下圓形으로 이루어졌다'고 기록하고 있다. 하지만 지금의 참성단은 여러 차례 개축되어 예전의 모습을 짐작만 할 뿐이다.

참성단은 중국의 천단처럼 규모로 승부하는 제단이 아니다. 참성단에 담긴 더 큰 의미는 그것이 구현하는 고대인의 세계관이다. 참성단은 온몸으로 천지인의 조화를 이야기한다. 2단으로 된 참성단은 3미터 높이로 자연의 돌을 반듯하고 납작하게 다듬어 쌓았다. 제단으로 오르는 21개의 계단은 아래 4개, 위 17개로 나누어진다. 윗단은 한 변이 2미터(4면 6척 6촌)인 정사각형이고 밑단은 지름 4.5미터(각 15척) 정도로 원형이다. 원과 네모는 하늘과 땅을 상징한다.

원형의 하늘과 네모의 하늘, 그리고 제사를 지내는 사람은 바로 천지인이 된다. 하늘과 땅을 표상하는 참성단에서 단군은 하늘에 제사를 지냈다.

하늘에 제사를 드릴 수 있는 자는 일반 사람이 아니다. 조선의 왕도 고종이 대한제국의 황제에 오르기 전까지는 하늘에 제사를 드리지 못했다. 하지만 우리의 시조는 하늘의 아들, 단군이었다. 단군은 하늘에 제사를 드리는 제사장인 동시에 왕이었다. 제사장이 왕을 겸하는 사회를 제정일치 사회라고 한다.

샤먼 킹

동양과 서양에서는 오랫동안 왕을 신의 대리인으로 생각했다. 왕도 인간이다. 인간인 왕이 절대적인 권력을 가지고 인간을 통치하기 위해서는 인간 이상의 무엇이 필요했다. 그것은 신의 권위에 기대는 것이었다. 그렇다고 왕이 종교의 지도자는 아니었다. 정치와 종교는 분리되어 있었다. 하지만 그 이전 사회는 정치와 종교가 분리되지 않은 제정일치 사회였다.

제정일치 사회에서는 종교의 지도자가 왕이 되었다. 바로 샤먼 킹이다.

샤먼은 시베리아 퉁구스어로 신과 소통하는 사람을 말한다. 그리고 이러한 종교 형태를 샤머니즘이라고 부른다. 우리로 따지면 샤먼은 무당이고 샤머니즘은 무巫가 된다. 중국에서는 사만(薩滿), 사만지아오(薩滿敎)라 부른다.

한국 무의 기원은 한민족의 기원인 단군신화와도 연관된다. 환인은 환웅에게 천부인 3개를 주어 인간 세상을 다스리게 한다. 천부인은 신의 권위를 나타내는 물건이었을 것이다. 지금 그것이 무엇이었는지는 알 수 없다. 하지만 신성을 상징한다는 의미에서 많은 학자들은 천부인 3개를 무구라고 생각한다. 청동기 시대의 다뉴세문경多紐細文鏡, 팔주령八珠鈴, 세형동검細形銅劍은 대표적인 무구라고 할 수 있다. 지금도 무당을 상징하는 가장 대표적인 무구는 명도明圖라 불리는 거울과 방울, 그리고 신칼이다.

단군신화와 무의 연관성은 이뿐만이 아니다. 많은 학자들은 단군을 일종의 샤먼 킹이나 무격 제사장으로 생각한다. 우리는 무당을 단골 또는 당골 등으로 불렀다. 그런데 중앙아시아의 '탕구르', '탕그리', '텡그리'라는 말은 신성한 하늘, 즉 하늘의 신을 뜻한다. 언어학적 관점에서도 단군은 무당과 밀접한 관계를 맺고 있는 것이다. 샤먼 킹의 존재는 신라에서도 발견된다. 《삼국유사》〈기이〉'제1 남해왕조'에도 무당과 왕의 관계가 어떠했는지를 나타내는 단서가 남아 있다.

신라에서는 왕을 거서간이라 불렀다. 그런데 남해왕은 거서간이라는 호칭과 함께 차차웅이라는 또 다른 이름이 있었다. 차차웅이라 불린 왕은 남해왕뿐이었다. 차차웅은 바로 무당을 이르는 방언이었다. 즉 남해왕은 무당이면서 동시에 왕이었던 것이다. 《삼국사기》에는 "남해차차웅은 그 친누이 아로로 하여금 시조묘의 제사를 주재케 했다(南解次次雄 以基親妹阿老 主祭始祖廟)"라고 했다. 여기에서 시조묘의 제사를 주재하는 아로 역시 무당일 것이다. 즉 신라시대 초기까지 샤먼 킹의 전통이 유지되어온 것을 알 수 있다. 물론 이후 신라는 왕권과 신권이 분리된다.

삼국시대 이전 삼한시대에는 소도가 있었다. 소도는 천신에게 제사를 지내던 성지였다. 이곳에 신단을 설치하고 방울과 북을 단 큰 나무를 세워 제사를 올렸는데, 죄인이 이곳으로 달아나더라도 잡아가지 못했다. 소도의 제사장은 천군이었다. 또한 《삼국지》〈위지동이전〉 '부여조'를 보면 "은력(중국 한나라 이전에 사용되었던 역법) 정월에 천제를 벌이는데 온 나라가 크게 모여 며칠이고 마시고 먹고 노래하며 춤을 추었다. 그 이름을 영고라 하였다"고 한다.

샤먼이 왕이 될 수 있었던 이유가 단지 신과의 교통 때문이었을까? 샤먼은 다른 사람보다 뛰어난 능력을 가지고 있었다. 고대 사회에서는 샤먼이 병을 고치는 의사를 담당했다. 기술적인 부분에서도 샤먼은 사람의 세상에 영향을 미치는 실질적인 능력을 가지고 있었던 것이다. 또한 샤먼은 우주의 비밀을 알고 있는, 지금으로 따지면 극비를 다룰 수 있는 유일한 존재였다.

인간에게 신의 지침을 전하고 신의 의지에 따라 인간의 대소사를 관장하였기에 샤먼은 왕이 될 수 있었던 것이다. 이는 환웅이 풍백, 우사, 운사와 삼천의 무리를 거느리고 하늘에서 내려온 데서도 드러난다. 바람과 비와 구름은 농업의 핵심이다. 이들을 부릴 수 있는 존재는 바로 신과 같은 능력을 소유한다.

그러나 세상은 제정일치에서 제정분리의 사회로 나아갔다. 그것은 사람들에게 또 다른 사유, 또 다른 신화가 잉태되었기 때문이다. 이는 삼한에서 천군과 군장이 분리되었다는 기록에서도 나타난다. 인류사는 신적 질서에서 인문학적 질서로 변해갔다.

철학사에서 유일하게 철인이라 불리는 소크라테스도 델포이 신전에서 신의 뜻을 전하는 무녀인 피티아의 말을 존중했다. 고대 중국 은나라의 갑골문은 거북의 등껍질이나 소의 뼈에 열을 가하고 그 터진 모양으로 점을 친 내용을 기록한 것이다. 무당과 무당의 예언은 고대 사회에서 그만큼 중요했다.

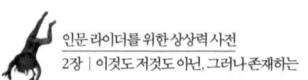

피티아

스파르타의 왕 레오디나스는 단 300명의 전사를 이끌고 테르모필레 협곡으로 떠난다. 페르시아 대군을 맞서야 하는 왕이 300의 군사만을 이끌고 출전할 수밖에 없었던 것은 전쟁을 불허한다는 신탁 때문이었다. 그렇게 영화 〈300〉의 전쟁은 시작된다.

왕도 신탁을 거부할 수는 없다. 태양의 신 아폴론의 신전이었던 델포이는 그리스에서 신탁으로 가장 유명한 곳이었다. 델포이가 아폴론의 성지가 된 이유는 두 가지로 설명된다. 원래 델포이는 대지의 신인 가이아의 성지였다. 델포이에는 피톤이라는 거대한 뱀이 지키고 있었다. 그러나 아폴론은 피톤을 죽이고 델포이를 자신의 성지로 삼는다. 델포이에는 또 다른 이야기가 전해지는데 이는 제우스와 관련이 있다.

제우스는 세상의 중심이 어디인지 알아보기 위해 독수리 두 마리를 날려 보냈다. 서로 반대편으로 날아간 독수리들이 만난 곳이 델포이의 파르나소스 산 정상이었다. 제우스는 그곳을 세상의 중심으로 선포하고 자신의 아들인 아폴론에게 머물도록 했다. 지금도 델포이 신전에는 제우스의 흔적이 남아 있다. 제우스는 신전에 세상의 중심을 알리는 구멍을 뚫고 그 위에 대리석 돌을 놓았다. 그 돌이 바로 대지의 배꼽이라 불리는 '옴팔로스'다. 지금 돌은 사라지고 작은 구멍만이 남아 있다. 그러나 무엇보다 델포이 신전은 사람들에게 아폴론의 뜻을 받는 곳이었다.

왕도 쉽게 거부할 없는 아폴론의 신탁이 델포이 신전에서 내려졌다. 그러나 인간은 신에게 직접 물을 수도 없고, 신의 말을 들을 수도 없다. 중개자가 있어야 했다. 델포이 신전에는 신에게 묻고 신의 말을 전하는 중개자, 신과 소통하는 여사제 피티아가 있었다. 피티아를 통해 사람들은 신의 말을 들었다.

피티아의 말에는 거부할 수 없는 권위가 있었다. 철인 소크라테스도 피티아의 말을 존중했다. 소크라테스의 제자이자 《국가론》을 저술한 철학자 플라톤은 신탁을 국가의 입법 근거로 삼아야 한다고까지 주장했다. 소크라테스가 말했다고 전해지는 '너 자신을 알라'는 델포이 신전 입구에 새겨진 말이기도 했다.

철학은 심화된 생각이다. 지금 철학자가 무당의 말을 믿는다면 이해할 수 없을 것이다. 과학자가 점을 치는 것도 이해하기 쉽지 않을 것이다. 하지만 생각해보라. 중세 유럽을 지배하던 사상은 신학이었다. 지금도 많은 과학자들이 창조론을 믿는다. 중요한 것은 무엇이냐가 아니라 어떻게 받아들이느냐다.

처음부터 복잡한 생각이 있었던 것은 아니다. 단순한 생각, 유치할지도 모르는 상상이 지금의 복잡한 세계를 만들어냈다. 천체의 운행을 관찰하고 별들에 신의 이름을 붙여주던 그것으로부터 천문학이 시작되었다. 세상을 어떻게 인식하느냐에 따라 세계관이 자리를 잡는다. 사람과 사람이 어떤 관계를 맺느냐에 따라 윤리가 정립된다. 아무것도 없거나 자리 잡히지 않았던 혼돈에서 세상은 만들어진다.

샤먼의 가장 큰 능력은 무엇일까? 시베리아의 샤먼이든 한국의 무당이든, 그들이 신성과 영험을 획득한 이유는 신과 소통하는 능력을 가졌기 때문이다. 그들은 신의 뜻을 인간에게 전하고 신에게 인간의 뜻을 고한다. 어떻게 그들은 그것을 할 수 있을까? 신과의 소통이라고 이야기했지만 무당의 행위는 교통이라는 말이 더 어울릴지도 모른다.

엑스터시와 포제션

무당이 신과 교통하는 방법은 크게 두 가지다. 첫 번째는 타계 여행으로 엑스터시ecstasy를 말한다. 엑스터시는 무당의 혼이 타계로의 여행을 위해 자신의 몸을 빠져나간 망아경 또는 탈아경의 상태를 말한다. 즉 몸에서 빠져나온 혼이 신을 만나는 것이다. 이는 시베리아의 샤먼이 신과 교통하는 일반적인 방법이다. 그러나 한국 무당은 이와 대조를 이룬다.

한국의 무당은 신내림, 즉 포제션possession을 한다. 한국 무에서 무당의 혼은 자신의 몸을 이탈하지 않는다. 반대로 신이 무당의 몸에 내린다. 무당은 신을 청하고 신이 무당의 몸에 내리면 무당은 자신의 몸을 신에게 내준다. 그때 무당은 신의 뜻을 인간에게 전한다. 신과 인간의 교통이 끝나면 신은 다시 무당의 몸을 빠져나간다. 한국의 무에서 무당의 가장 큰 기술은 바로 신을 받는 것이다. 이러한 차이는 한국 무와 시베리아 샤머니즘을 구별하는 요소로 작용한다. 그러나 현재의 모습으로 고대를 단정하기는 어렵다.

신이 들어오고 혼이 나가는 것은 쌍방향의 교통이다. 한국의 무당이 신내림만 한다고 보기는 힘들다. 왜냐하면 단군신화에 등장하는 신단수는 신과의 교통을 의미하는 일종의 우주목을 상징하기 때문이다. 솟대 역시 이와 같은 맥락에 놓여 있다. 또한 무속 신화 바리공주는 타계 여행을 근간으로 하고 있다.

문화는 서로 다른 존재의 만남으로 풍부해진다. 무의 신화인 바리공주에는 석가세존이 등장한다. 불교도 다르지 않다. 불교에는 불교 이전의 인도 문화가 함께하고 있다. 또 한국에 들어온 불교는 무 문화와 융합된다. 절에 자리 잡은 삼성각에는 산신, 독성獨聖, 칠성七星이 모셔진다. 독성은 천태산에서 홀로 선정을 닦은 나반존자를 일컫지만 산신은 무 문화의 영향에 의한 것이고 칠성신은 수명을 관장하는 도교의 신이다. 문화를 논하며 절대 순수를 고집하는 것은 어리석은 일일 것이다. 사찰 입구에서 불법을 수호하는 사천왕도 사실은 고대 인도에서 모셔지던 신이었다.

사천왕

불교에서는 세계의 중앙에 수미산이 솟아 있고 사방에 네 대륙이 있다고 이야기한다. 수미산의 중턱에는 사왕천이 있고 정상에는 도리천이 있다. 도리천 상공에는 야마천, 도솔천, 낙변화천, 타화자재천이 있는데, 여기까지가 육도윤회의 세계인 욕계다. 인간은 윤회의 수레바퀴를 벗어날 수 없다. 이를 벗어나기 위해서는 깨달음을 얻어 부처가 되어야 한다. 육도란 천상, 인간, 수라(싸움질만 하는 세계), 축생(동물), 아귀(위는 큰데 입은 작아서 식탐을 하는 세계), 지옥을 말한다.

제석천왕은 도리천의 왕으로, 사왕천의 사천왕을 통솔하고, 32천天을 총괄하며, 불법을 수호하고 불법에 귀의한 이를 보호하는 동시에 아수라의 군대를 징벌하는 역할을 맡고 있다. 사찰의 일주문에 서 있는 사천왕은 사왕천의 왕으로 사방에서 불법을 수호한다.

동쪽의 지국천왕은 오른손을 허리에 대고 왼손으로는 칼을 잡고 있다. 남쪽의 증장천왕은 오른손으로는 가슴 앞에서 칼을 잡고 왼손은 허리에 대며, 서쪽의 광목천왕은 오른손에 붓을 들어 글씨를 쓰는 모습을 취하고, 북쪽의 다문천왕은 오른손에 탑을 받쳐 들고 왼손으로 긴 창을 잡는다. 사천왕상은 바위 위에 서거나 잡귀를 깔고 앉는 모습을 하는 경우가 많다.

하늘에 신이 있다면 지옥에도 신이 있다. 펄펄 끓는 기름 가마솥이 있고 칼이 산을 이루는 곳이 지옥이다. 지옥에 가지 않기 위해서는 지옥에 가는 이유를 알아야 한다.

시왕

바리공주는 죽은 자를 좋은 곳으로 인도하는 무당이 되고 싶어 했다. 죽은 자들이 가는 가장 나쁜 곳은 지옥이다. 그럼 지옥은 모두 같을까? 윤회하는 중생이 가야 하는 지옥에도 여러 종류가 있다.

죽은 지 7일째 되는 날 망자는 첫 번째 지옥의 왕인 진광대왕을 만나게 된다. 이 지옥이 검수^{劍樹}지옥이다. 검수지옥은 말 그대로 칼의 지옥이다. 칼과 창에 찔리고 칼의 숲에 갇힌다. 칼과 몽둥이로 사람을 괴롭힌 사람이 가는 곳이다.

또다시 7일이 지나면 망자는 나하강을 건너야 한다. 그런데 강을 건너기 전에 만나야 할 두 번째 지옥의 왕이 있다. 바로 강을 감시하는 초강대왕이다. 초강대왕이 관장하는 지옥은 확탕^{鑊湯}지옥이다. 확탕은 끓는 가마솥이다. 죄인은 가마솥에서 삶아진다.

그렇게 또 7일이 흐르면 망자는 송제대왕의 한빙^{寒氷}지옥으로 간다. 이번에는 얼음장보다 더 차가운 고통이 기다리고 있다. 그리고 네 번째 7일이 되면 오관대왕을 만나게 된다. 그곳은 도산^{刀山}지옥으로 칼의 산이다. 여기엔 저울이 있어 죄의 무게를 단다.

이제 염라대왕을 만난다. 염라대왕에게는 죽은 자의 죄를 비추는 업경대^{業鏡臺}가 있다. 업경대를 통해 죄가 나타나면 혀를 뽑히는 발설^{拔舌}지옥의 벌을 받게 된다. 그리고 여섯 번째 변성대왕을 만난다. 오관대왕의 저울인 업칭과 염라대왕의 거울인 업경의 죄에 대한 벌을 받고도 죄가 남은 사람은 변성대왕의 독사^{毒蛇}지옥에서 뱀에게 잡아먹힌다. 그리고 49일이 된다. 이제 일곱 번째 태산대왕의 대애^{碓磑}지옥을 만난다. 방아로 머리를 짓이기는 지옥이다.

죽은 지 100일이 되면 죄와 복을 공평히 다스리는 평등대왕과 마주한다. 이곳은 몸이 잘리는 거해^{鋸解}지옥이다. 죽은 지 1년이 되면 아홉 번째 도시대왕의 철창 지옥에서 쇠의 탁자에서 망치질을 당한다. 마지막으로 죽어 3년이 되면 흑암^{黑暗}지옥을 다스리는 오도전륜대왕을 만나게 된다. 그는 윤회를 상징하는 수레바퀴에 있다. 오도전륜대왕은 다음 생에 태어날 곳을 정한다. 이렇게 죽은 사람이 생전에 지은 선행과 악업 등을 재판하는 열 명의 왕을 시왕(十王)이라고 한다.

지옥의 모습은 탱화에 잘 나타나 있다. 물론 탱화에 따라 조금씩 다른 모습을 보이기도 한다. 지옥의 순서나 지옥의 왕이 다스리는 지옥이 조금씩 다르지만 열 개의 지옥이 달라지는 것은 아니다. 사람은 자신이 지은 죄에 따라 그만큼의 벌을 받고 다음 생이 정해진다.

바리공주가 되고자 한 죽은 사람을 인도하는 무당의 역할은 불교에서는 지장보살의 일이다. 지장보살은 스스로 성불을 포기한 보살이다. 지장보살은 모든 중생이 구제받을 때까지 성불하지 않겠다고 했다. 때문에 지장보살은 중생을 용서하고 지옥의 불에서 중생을 구제하는 역할을 맡고 있다. 바리공주는 지장보살의 또 다른 모습으로 중생의 구원을 담당하고자 했던 것이다.

무간도

홍콩 누아르 영화 「무간도」의 두 주인공은 양조위와 유덕화다. 둘은 극과 극의 삶을 살고 있다. 경찰인 양조위는 삼합회에 10년째 잠입하여 범죄 조직원으로 살고 있다. 삼합회의 조직원인 유덕화는 경찰에 잠입하여 삼합회의 스파이 활동을 하고 있다. 삼합회에서 인정받는 경찰 양조위, 경찰에서 인정받는 삼합회 조직원 유덕화. 그들은 자신의 정체성에 대한 끊임없는 혼란과 고통을 경험한다.

무간도無間道는 불교 용어로 해탈의 과정 중 두 번째 단계를 이른다. 해탈을 하기 위해서는 번뇌를 끊어야 한다. 번뇌를 끊고 해탈로 나아가는 첫 번째 단계는 번뇌를 끊기 위해 수행하는 가행도加行道다. 다음은 무간, 즉 간격이나 걸림 없이 번뇌를 끊는 무간도다. 그리고 해탈에 이르는 해달도解脫道를 지나 해탈의 완성을 이루는 승진도勝進道에 도달하게 된다. 그런데 영화 「무간도」에서 보여주는 인물의 모습은 해탈의 과정이 아닌 지옥의 모습과 흡사하다.

무간도의 '무간'은 팔열지옥八熱地獄 중 하나다. 시왕이 한국 전통 종교인 무巫의 지옥관을 강하게 투영한다면 팔열지옥은 인도의 전통적인 종교관을 반영한다. 팔열지옥의 모습은 당나라의 현장이 번역한 인도의 불교서인 《아비달마구사론阿毘達磨俱舍論》에 나타나 있다.

불교의 계율을 어긴 자는 지옥에 떨어진다. 특히 불교에서는 오계를 중요히 여기는데, 다음은 불교의 오계를 범한 자들이 가는 지옥이다.

팔열지옥의 첫 번째 지옥은 등활^{等活}지옥이다. 이곳에서는 뜨거운 불길에 몸을 맡겨야 한다. 그러나 죽을 수 없다. 죽게 되는 순간 바람이 불어와 다시 목숨이 돌아오기 때문이다. 두 번째 흑승^{黑繩}지옥에서는 몸이 톱에 잘린다. 세 번째 중합^{衆合}지옥에서는 시뻘겋게 달궈진 쇠 구유 속에서 고통을 받는다. 네 번째 규환^{叫喚}지옥에서는 끓는 가마솥에 들어가는 형벌을 받는다. 다섯 번째 대규환^{大叫喚}지옥에 가면 달군 칼로 혀를 잘린다. 여섯 번째 초열^{焦熱}지옥에서는 뜨거운 철판 위에 눕는 것도 모자라 쇠몽둥이로 두들겨 맞아야 한다.

다음 지옥은 오계를 넘어선 더 큰 죄를 지은 자들이 가는 곳이다. 일곱 번째 대초열^{大焦熱}지옥은 비구니를 범한 자가 달군 쇠의 방에서 살가죽이 타는 고통을 받는다. 그리고 마지막이 아비^{阿鼻}지옥이다.

산스크리트어로 '아비'는 고통의 간격이 없다는 뜻이다. 아비지옥의 또 다른 이름이 바로 무간지옥이다. 그 지옥에 가는 자들의 죄는 더욱 무겁다. 부모를 죽이고 아라한을 죽이고 불가를 어지럽힌 자들이 간다. 그곳에서는 살가죽이 벗겨지고 불구덩이에 던져지고 쇠로 된 매가 눈을 파먹는다. 그런데 가장 참을 수 없는 것은 그 고통에 간격이 없다는 것이다.

영화 「무간도」의 두 주인공에게 삶은 자신을 잃어버린 삶으로, 끊임없는 고통이며 혼란이다. 내가 아닌 전혀 다른 사람의 모습으로 살아야 한다는 고통과 혼란을 어떻게 말로 다 할 수 있겠는가. 게다가 그들은 어디에도 속하지 못하고 어디로도 갈 수 없다. 그들이 가진 존재의 의미는 그 이중적이고 배반적인 상황에 있다.

삶이 지옥이 된다. 그들이 그 번뇌를 끊을 때까지 지옥에서의 삶은 계속된다. 사이 없이 걸림 없이 끊이지 않고 존재에 대한 번뇌를 끊을 때, 그들은 지옥에서 벗어날 수 있다. 하지만 그전까지 그들은 끊임없는 고통에 시달리는 무간지옥에 있어야 한다. 무간도를 행하지 않으면 무간지옥에 있어야 하는 것이다.

번뇌는 욕심에서 생긴다. 끝없는 욕심을 채우려 힐 때 결국 욕망의 노예가 되고 만다. 그리고 결국엔 돌아올 수 없는 길을 가게 된다. 악마가 처음부터 악마였을까? 기독교의 사탄은 원래 천사였다.

루시퍼

그는 빛을 내는 자였다. 때로는 새벽의 샛

별이었다. 그는 아름다웠고 누구보다 신의 사랑을 받았으며 권력을 가졌다. 하지만 자신의 아름다움과 신의 사랑, 그리고 주체할 수 없는 권력이 그에겐 독이 되었다. 그의 이름은 루시퍼였다.

신의 사랑을 한 몸에 받고 모든 천사를 거느렸던 루시퍼가 있는 곳은 역설적이게도 지옥의 중심부다. 루시퍼가 천상이 아닌 지옥에 자리 잡게 된 이유는 오만 때문이었다. 아름다움과 권력을 쥔 루시퍼에게는 신의 옥좌가 그리 멀지 않아 보였을 것이다. 그래서 신을 향해 무기를 빼어들었을 것이다. 그의 반역에 천사들 3분의 1이 가담했다. 하지만 루시퍼 앞에는 미카엘이 있었다. 미카엘은 히브리어로 '신과 같은 존재'라는 뜻을 가지고 있다. 그는 용을 제압한 자였고 정의의 천사였으며 최후의 심판에 인간의 영혼을 다는 임무를 맡은 대천사였다.

루시퍼는 막강했지만 미카엘을 당해내지는 못했다. 미카엘은 신의 무기고에서 가져온 무엇이든 벨 수 있는 검을 가지고 있었다. 그 검은 '칼집에서 뽑아든 검'이라 불렸다. 미카엘의 검이 루시퍼의 검을 동강 내고 루시퍼의 옆구리를 찔렀다. 결국 루시퍼는 지옥의 나락으로 떨어졌다. 단테의 《신곡》에 따르면 깔때기처럼 생긴 지옥의 중심부에 3개의 얼굴과 6개의 날개를 가진 루시퍼가 갇혀 있다. 이후 루시퍼는 악마의 대명사인 사탄이라 불리게 되었다.

죽음을 끝이라고 생각하는 사람은 많지 않을 것이다. 사람들은 살아 행복을 원하지만 또 반대로 죽음 이후가 두려워 죄를 짓지 않으려고 한다. 죽어서 모든 것이 끝난다면 어떻게 살든지 아무 상관이 없을지 모른다. 하지만 죽음 이후의 세계가 있다면 삶은 이후의 또 다른 삶의 연장이 된다. 죽음 이후의 세계가 살아 있는 세계를 결정하기도 하는 것이다.

사자의 서

이집트인은 내세를 믿었다. 사람이 죽으면 오시리스의 법정에 서게 된다고 생각했다. 오시리스는 죽은 자를 심판하는 법관이다. 오시리스의 법정은 지금의 모습과 크게 다르지 않다. 법관 옆에는 배심원이 있다. 호루스는 검사이고 토트는 기록자다. 그리고 죽은 자의 죄를 다는 저울이 있는데, 라의 천칭이라고 불린다.

죽은 자의 심장은 라의 천칭 한쪽에, 반대편에는 정의와 진리, 그리고 율법의 여신인 마트의 깃털이 놓인다. 죽은 자의 심장은 그가 살아 있는 동안 했던 행위이며 그의 양심이다. 심장은 깃털보다 가벼워야 한다. 심장이 무겁다는 것은 죄가 많다는 것을 의미한다. 심장 쪽으로 천칭이 기울면 악어의 머리에 사자의 갈기를 한 아뮤트가 심장을 먹어치운다. 그럼 내세는 없다. 반면에 착한 일을 많이 한 사람은 오시리스의 왕국으로 들어갈 수 있다. 이렇게 이집트인은 죽어서 심판을 받는다고 생각했다.

하지만 파라오는 달랐다. 파라오는 죽어서도 살아 있을 때와 같은 영화를 누릴 수 있다고 믿었다. 그것을 위해 피라미드 벽면에 주문을 새겨넣었다. 그것이 최초의 사자의 서다. 이후 사자의 서는 귀족과 같은 권력자들에게로 확대된다. 그리고 파피루스에 적은 사자의 서를 관에 같이 넣게 되었다. 사자의 서에는 사후 세계에 대한 안내와 죽음에서 깨어나는 주문, 마법, 주술 등이 담겨 있었다.

인간은 죽어서도 살아 있을 때와 같은 영화를 누리고 싶어 한다. 살아 있을 때처럼 생활하고 하인의 시중을 받으며 권세를 누리고 싶어 한다. 그래서 무덤은 죽은 자의 공간이지만 살아생전의 모습이 그대로 재연되는 공간이기도 하다. 심지어 죽은 자를 위해 살아 있는 자를 희생시키기도 했다.

순장

순장은 왕이나 귀족 등 신분이 높은 사람이 죽었을 때, 평소 그를 시중들던 첩이나 신하, 병사를 함께 묻는 것을 말한다. 고대 오리엔트 문명과 이집트, 중국도 예외가 아니었다. 헤로도토스는 트리키아인의 순장을 기록으로 남겼는데, 남편이 죽으면 아내를 가장 가까운 친족이 살해하여 같이 묻었다고 한다. 호메로스의 《일리아스》에도 순장의 모습이 나와 있다. 또한 《삼국사기》에는 고구려 동천왕이 죽자 신하들이 스스로 순장하려 했다는 기록이 있다.

시간이 흐르면서 순장은 다른 모습으로 대체된다. 사람을 죽여 같이 묻는 대신 부장품을 매장하는 방법을 택했다. 사람의 모습을 한 나무나 흙 인형을 같이 묻었는데 그것이 '용(俑)'이다. 용은 허수아비란 뜻을 가지고 있다. 순장을 용으로 대체한 이유는 윤리적 이유도 있었겠지만 경제적 이유가 더 컸을 것이다.

권력을 가진 자에게 아랫사람의 죽음이 얼마나 대단했겠는가? 하지만 그보다 더 중요한 것은 사회의 유지였다. 조직은 개인보다 강하다. 사회는 노동력을 필요로 한다. 순장은 사회에 손해가 된다. 게다가 윤리적으로도 문제가 있다. 산 사람은 그렇게 용으로 대체되었다. 진시황 무덤의 병마용은 그것을 잘 보여준다.

《맹자》〈양혜왕 장구 상〉에서 공자는 "처음 용을 만든 자는 그 자손이 없을 것이다"라며 사람의 형상을 한 용을 묻는 것에 반대했다. 공자는 자신이 할 수 있는 최악의 악담을 퍼부었다. 자식이 없다는 것은 자손이 끊기는 것을 말하고 더 이상 세상에 자신에 대한 기억이 존재하지 않는 것과 같다. 살아도 살았는지 모를 정도의 형벌을 받을 것이라는 말이다. 그것은 비록 용이라 할지라도 그 모습이 사람이기 때문이다.

죽어서도 누리고 싶은 것이 있어 순장을 했을 것이다. 하지만 지옥을 피할 기회는 있다. 그러기 위해서는 빛을 따라가야 한다.

바르도 퇴돌

티베트어 바르도Bardo는 둘의 중간이라는 의미를 가지고 있다. '도do'는 둘, '바르bar'는 중간이라는 뜻이다. 그래서 바르도는 이것도 저것도 아닌 이것과 저것의 중간이라는 말이 된다. 퇴돌Thos-grol은 듣는다는 뜻이다. 그러나 이 들음은 단순히 귀를 열어 듣는 것이 아니다. 들음으로써 영원한 자유를 얻게 됨을 의미한다. 그렇다면 바르도 퇴돌은 이것도 저것도 아닌 중간의 세계에서 무언가를 듣게 되고 그것으로 영원한 자유를 얻게 됨을 이른다. 삶과 죽음을 오가는 순간, 이승과 저승의 경계에서 들려오는 그 소리, 아니 그것은 단지 소리라는 느낌일 수도 있다. 내면을 울리는 투명한 빛과 같은 소리로 깨달음을 얻는다면 그는 해탈할 수 있다.

본래 《바르도 퇴돌》은 티베트 라마 불교를 창시한 성자 파드마삼바바가 쓴 108개의 경전 중 하나로 알려져 있다. 파드마삼바바는 자신이 쓴 이 경전을 곳곳에 숨겨두고는 후세 사람들이 그것을 찾을 것이라는 예언을 남겼다. 그 108개 경전 중 하나가 《바르도 퇴돌》이다. 이것을 다른 말로 하면 《티베트 사자의 서》다. 이렇게 이름이 붙여진 것은 1927년 서구에 소개되면서부터다. 그런데 왜 이런 이름이 붙여진 것일까? 책의 내용과 관련이 있다.

이것도 저것도 아닌 세계, 그 세계는 어디에도 속해 있지 않다. 삶과 죽음의 과정에도 그런 세계가 있다. 불교의 핵심 사상 중 하나는 윤회다. 인간은 지옥, 아귀, 축생, 수라, 인간, 극락의 육도를 윤회한다. 인간은 죽어서 살아 있을 때와는 다른 세계로 간다. 지옥의 고통은 이루 말할 수가 없다. 아귀는 어떤가? 굶주림과 갈증의 공간이다. 음식이 있어도 먹을 수 없고 먹으려 하면 음식이 타버리고 설사 먹어도 목구멍이 바늘구멍 같아 넘기지 못하고 넘긴다 해도 곧 죽음 같은 배고픔과 갈증에 시달리는 곳이다.

아귀보다 조금 좋다는 곳이 축생이다. 축생의 모습은 어렵지 않게 떠올릴 수 있다. 동물로 태어나는 것이다. 축생의 위에는 수라가 있다. 수라는 그래도 조금 낫다. 귀신이 우글거리는 그곳에는 오직 싸움만이 존재한다. 그리고 인간의 세상이 있다. 인간 세상에서 살며 복을 짓는다면 극락에도 이를 수 있다. 하지만 복을 지었다고 해서 영원히 극락에서 살 수 있는 것은 아니다. 중생은 이 윤회의 수레바퀴를 벗어날 수 없다. 죽음은 그래서 또 다른 윤회의 시작이 된다.

인간은 죽으면 더 이상 이 세계에 속하지 못하고 또 다른 세계로 건너간다. 그런데 죽음과 환생 사이의 시간이 있다. 보통 이 시간은 49일이다. 인간 세계를 벗어났지만 아직 다른 세계에 편입되지 않은 영혼은 49일 동안 중간 상태에 놓인다. 49일이 지나면 다시 윤회를 시작할 것이다. 《바르도 퇴돌》은 이 죽음 후의 세계를 안내하는 책이다.

티베트의 라마승들 중에는 죽었다가 다시 살아난 사람들이 있다. 그들은 죽음 이후의 세계에 대해 들려준다. 그들에 따르면 죽으면 투명한 빛이 비춘다고 한다. 죽은 영혼은 그 빛을 따라가야 한다. 그런데 그 빛을 따라가지 못한다. 또 다른 빛이 나타난다. 그 빛도 따라가지 못한다. 그럼 어둠에 빠지고 윤회의 세계에 다시 발을 담글 수밖에 없게 된다.

빛을 따라가는 것은 해탈의 과정이다. 해탈은 윤회를 벗어나는 방법이다. 깨달음을 얻으면 윤회를 벗어날 수 있다. 하지만 인간은 깨달음을 얻지 못하고 눈앞의 이익에 급급하여 아옹다옹하다 죽음을 맞고 만다.

그렇다면 그 빛은 어떻게 따라갈 수 있을까? 아이러니컬하게도 죽음 이후를 결정하는 것은 살아 생전의 삶이다. 지옥에 갈 수도 있고 아귀가 될 수도 있고 개나 말이 될 수도 있고 인간으로 살 수도 있다. 조금 잘 살아 극락에 갈 수도 있겠지만 그렇다고 윤회에서 벗어나는 것은 아니다. 결국 남은 방법은 깨달음을 얻는 것뿐이다. 그래야 이 윤회의 수레바퀴에서 벗어날 수 있다. 그래서 죽은 자를 위한 안내서인 《바르마 퇴돌》은 살아 있는 삶을 강조한다. 현재가 과거의 결과이듯 미래는 현재와 과거에 의해 결정되는 것이다.

사실 돌아보면 우리가 살고 있는 이 세계 자체가 윤회하는 육도와 같다. 어떤 이는 삶이 지옥 같다고 말다. 어떤 이는 채워도 채워도 채워지지 않는 탐욕에 배가 고파한다. 또 어떤 이는 살승과 배고픔에 시달린다. 짐승만도 못한 삶을 사는 사람이 있고 행복을 누리는 사람도 있다. 결국 우리는 이 인간 세상에서 윤회의 육도를 모두 경험하는 것인지도 모른다. 이 세계의 생로병사나 희로애락에서 벗어나려면 깨달음을 얻어야 한다고 불교는 가르친다. 그것이 불교가 가르치는 영원한 자유에 이르는 길이다.

어디에나 중간은 있다. 그곳은 혼재하는 곳이고 나뉘지 않은 공간이

다. 천국도 아니고 지옥도 아닌 곳이 있다. 그곳은 정화의 공간이다.

푸르가토리움

금요일 저녁, 예수는 제자들과 함께 최후의 만찬을 연다. 만찬이 끝나면 유다가 배반할 것이고 예수는 십자가에 못 박혀 죽을 것이다. 하지만 예수는 부활했다. 예수의 부활을 기리기 위해 335년 니케아공의회는 춘분春分 이후 만월 다음의 일요일을 부활절로 지정했고, 최후의 만찬이 있었던 금요일을 성스러운 금요일이라 하여 기념했다. 단테의 《신곡》은 바로 성聖금요일에 시작된다.

1300년 4월 8일 서른다섯의 단테는 컴컴한 숲 속을 배회하다가 존경하는 로마 최고의 시인인 베르길리우스를 만난다. 단테는 베르길리우스를 따라 지옥과 연옥을 여행하고 그를 떠나보낸다. 마지막에 단테는 사랑하는 연인 베아트리체를 만나 천국에 가게 된다.

《신곡》은 3부, 33편, 3행으로 구성되어 있다. 단테는 3을 성스럽게 생각했다. 3은 성부와 성자와 성령의 삼위일체를 뜻한다. 그래서일까? 가톨릭에서는 지옥과 연옥, 그리고 천국이라는 3개의 세계를 상정한다. 이것은 개신교와 다른 점이다. 개신교는 연옥을 인정하지 않는다. 연옥은 라틴어로 '푸르가토리움purgatorium'이다.

이탈리아 트리엔트에서 1545년부터 1563년까지 종교회의가 열렸다. 18년이라는 긴 시간 동안 종교회의가 열린 이유는 종교개혁이라는 거센 물결에서 가톨릭을 다시 일으켜세워야 했기 때문이다. 그 트리엔트 공의회에서 연옥의 존재가 정식 교령으로 발표되었다.

천국과 지옥은 명백하다. 〈요한계시록〉은 천국과 지옥을 생생히 묘사한다. 악인은 유황불이 타는 지옥에서 영원한 고통을 겪지만 선한 이는 순금과 보석으로 이루어진 신의 영광 가득한 천국에서 행복을 누린다. 그런데 천국도 지옥도 아닌 곳이 있다. 바로 스올Sheol이다. 우리에겐 음부陰府(지옥)로 번역되고 신약이 하데스라 칭하는 스올은 악인이 형벌을 받는 장소이지만 지옥은 아니다. 하지만 그곳은 깊고 어두우며 또한 고통을 받는 곳이다.

> 땅은 어두워서 흑암 같고 죽음의 그늘이 져서 아무 구별이 없고 광명도 흑암 같으니이다.
>
> – 〈욥기〉 10:22

내 분노의 불이 일어나서 스올의 깊은 곳까지 불사르며 땅과 그 소산을 삼키며 산들의 터도 불타게 하는도다.

– 〈신명기〉 32:22

    천국도 지옥도 아닌 곳이 있다는 것은 연옥의 존재를 가능하게 한다. 그러나 연옥은 조금 다른 개념이다. 비록 죽은 자가 고통을 받기는 하지만 연옥의 존재 목적은 고통이 아니다. 바로 정화를 위한 공간이다.

    천국에 갈 자격이 없지만 지옥에 가기에도 모자란 사람들이 연옥에 모인다. 그곳에서 정화의 불로 영혼을 목욕한다. 물론 정화는 고통스럽다. 정화의 기간 역시 사람마다 다르다. 살아 행한 죄의 무게에 따라 정화의 기간이 길 수도 있고 짧을 수도 있다. 이렇게 하여 정화된 영혼은 천국으로 갈 기회를 잡는다.

천국으로 가기 위해서는 영혼을 정화해야 한다. 정화된 영혼은 전과 같은 존재가 아니다. 헤르만 헤세는 《데미안》에서 '새로 태어나고자 하는 자는 한 세계를 무너뜨리지 않으면 안 된다'고 했다. 이전의 세계를 무너뜨려야 새로운 세계로 진입할 수 있다. 필연적인 파괴와 혼돈이 뒤따른 이후에야 모든 것은 새로워질 수 있다. 새로운 세계에서는 새로운 규정이 생겨난다. 하지만 그 규정이 꼭 좋은 것일까? 누군가를 규정하고 또 내가 누군가에게 규정당하는 것은 또 다른 폭력이 아닐까? 상대를 규정하고 재단하기는 쉽다. 하지만 그 속을 보고 맥락을 이해하는 것은 어렵다.

규정

세상은 상대적이다. 자신의 기준으로 바라보려 하기 때문에 분별이 생겨난다. 노자는 천하의 모든 사람들이 미^{美}를 아름답다고 인식해서 추악의 개념이 생겨났다고 말한다. 마찬가지로 선을 착하다고 인식해서 선하지 않음이 나타났다. 노자는 일반적인 생각을 뒤집는다. 우리가 생각하는 반대의 개념이 노자에게는 상대적이다.

인간에게 하루는 짧다. 하루살이에게도 하루가 짧다고 말할 수 있을까? 하루살이에게 하루는 일생이다. 인간의 일생은 긴 것일까? 지구의 나이에 비하면 인간의 일생은 보잘것없이 짧기만 하다. 그럼 지구의 나이는 길다고 할 수 있을까? 우주에 비하면 지구의 나이 또한 마찬가지다. 모든 것은 그것이 어디에 놓여 있는지에 의해서 결정된다. 그러나 사람들은 내가 옳다고 먼저 주장한다. 아니, 나만이 옳다고 말한다. 하지만 나와 사물이 일체가 되는 경지가 있다면 어찌 나를 옳다고 하고 타자를 옳지 않다고 할 수 있겠는가?

사람이 습기가 많은 곳에서 자면 허리에 병이 생겨 죽는데, 미꾸라지도 그러한가? 사람이 높은 나무 위에 오르면 두렵고 떨리는데, 원숭이도 그러한가? 사람과 미꾸라지와 원숭이가 사는 세 자리 중 어느 것이 바른 자리인지 누가 알 수 있는가? 사람은 채소와 육류를 먹고, 사슴과 노루는 풀을 뜯어 먹으며, 지네는 실뱀을 먹고, 독수리나 까마귀는 쥐를 즐겨 먹는데, 이 네 가지 먹는 것 가운데 어느 것이 진정한 맛인지 누가 알 수 있는가? 원숭이는 자신과 비슷한 원숭이와 짝을 짓고, 사슴은 노루와 놀고, 미꾸라지는 다른 물고기와 함께 노닌다. 모장과 여희는 사람들이 아름답다 하지만 물고기가 이들을 보면 물속 깊이 들어가고 새는 이들을 보면 높이 날며 사슴은 이들을 보고 자신들 무리 속으로 들어간다. 이 네 가지 가운데 무엇이 진정 아름다운 것인지 누가 알 수 있는가?

— 《장자》〈제물론齊物論〉

사람은 자신의 눈으로 세상을 재단한다. 그것도 보편적인 시각이 아니라 자신이 가진 좁은 시각으로 말이다. 사람은 서로 다른 기준으로 세상과 다른 사람, 그리고 스스로를 평가한다. 누가 어떤 기준으로 평가하느냐에 따라 모든 것은 달라진다. 이렇듯 사람마다 평가가 다른데, 어떻게 미꾸라지와 원숭이를 평가할 수 있겠는가? 그럼에도 평가하고 재단하기를 멈추지 않는다. 그럼으로써 우열의 차이를 둔다. 그것은 평가가 아니라 편 가르기다. 나와 같은 편이 되면 옳고 그렇지 않으면 옳지 않다는 아집에 근거한다.

사람은 맥락에 따라 산다. 사람에게는 각자의 맥락이 있다. 타자에 대한 몰이해는 타자를 죽이는 결과에까지 이르게 한다. 《장자》에는 혼돈의 죽음이 그려져 있다. 혼돈이 죽은 이유도 누군가가 자신의 질서를 강요했기 때문이다.

슥과 홀

장자는 죽음을 그리 심각하게 받아들이지 않는다. 장자의 아내가 죽자 친구인 혜시가 위문을 왔다. 그런데 응당 비탄에 빠져 있어야 할 장자는 젓가락 장단을 맞추며 노래를 흥얼거리고 있었다. 경악한 혜시에게 장자는 원래 왔던 것으로 가는 것, 그것이 자연이라고 말한다. 또한 그곳이 여기보다 편안할지 모르는데 어찌 슬퍼하겠느냐고 말한다. 장자는 자신이 죽으면 들판에 버리라고 했다. 죽음에 초연한 인물이 장자였다. 하지만 《장자》에는 또 다른 죽음의 이야기가 담겨 있다.

남해의 황제를 숙儵, 북해의 황제를 홀忽, 중앙의 황제를 혼돈混沌이라 했다. 어느 날 숙과 홀이 혼돈의 땅에서 만났는데 혼돈이 그들을 극진히 대접해주었다. 그래서 숙과 홀은 혼돈의 덕을 갚을 방법을 논의했다.

"사람들에게는 일곱 개의 구멍이 있어 그것으로 보고 듣고 먹고 숨 쉬는데 혼돈만이 그것이 없으니 시험 삼아 뚫어주자."

숙과 홀은 하루에 하나씩 혼돈에게 구멍을 뚫어주었다. 그런데 7일이 지나자 혼돈이 죽고 말았다. 혼돈에게는 질서가 필요치 않았다. 혼돈에게는 혼돈 그 자체의 삶이 있었다. 그런데 숙과 홀은 혼돈에게 자신의 질서를 강요했다. 숙과 홀은 혼돈이 자신과 같아져야 한다고 생각했다. 그들과 혼돈이 다른 점은 일곱 개의 구멍이 없다는 것이었다.

숙과 홀은 호의로써 혼돈에게 구멍을 뚫어주었지만 혼돈은 결국 죽고 말았다. 혼돈은 무질서다. 그 무질서에 자신의 질서를 강요하고 만 것이다. 그것도 혼돈을 위한다는 명목이었다. 무질서에 질서가 부여되면 혼돈의 존재이유는 사라진다. 혼돈은 결국 죽을 수밖에 없다.

인간은 혼돈에서 질서로 옮겨가는 삶을 살았다. 온갖 풀이 섞여 있고 경계가 없는 땅을 개간하여 집을 짓고 밭을 일구는 것도 혼돈의 황무지에 질서를 부여한 것이나 다름없다. 무질서의 자연 상태를 살던 인간은 도덕과 제도를 세우고 국가를 만들었다. 지금도 우리는 끊임없이 무언가를 만들어내고 있다. 새로운 법, 새로운 사조, 새로운 현상 등 무언가 새로운 것이 나타나면 혼란을 겪는다. 하지만 그것을 규정하는 새로운 질서가 생겨난다. 그러나 도가는 그것을 인위라 비판하고 무위를 주장한다.

너무 많은 것에 얽매이면 자연스러울 수 없다. 인의仁義가 생기는 것은 인의가 없기 때문이다. 모두가 인의하다면 인의를 강조할 필요가 없다. 지혜도 마찬가지다. 정의로운 세상이라면 부정을 말할 이유가 없다. 하지만 인의하지 않고 정의롭지 않기 때문에 인의와 정의가 강조되는 것이다. 때문에 그것을 규제하고 통제하려 한다. 그럼 세상은 더 복잡하고 더 어지러워질 것이다. 도가는 그래서 인위를 비판한다.

혼돈이 죽은 것은 숙과 홀 때문이다. 무위자연은 좋다. 하지만 너무 이상적이라는 생각이 든다. 어차피 우리는 현실을 살고 있다. 현실에는 현실을 지배하는 법칙, 즉 도덕, 질서, 관념, 법 등이 있다. 유학이 중국의 주요 사상으로 자리 잡을 수 있었던 것은 현실 안에서 질서를 세워 사회를 바로잡으려 했기 때문이다. 유학은 머리를 깎고 속세를 떠나라고 하지 않는다. 인위를 배격하지도 않는다. 대신 유학은 현실에서 지켜야 할 도리를 이야기한다.

서괘전

　　　　　　세상은 끊임없이 변해왔고 그 변화를 설명하는 다양한 방법이 존재했다. 때로 그것은 상상이었고 역사였으며 관념이었다. 그것은 시대를 지배하는 논리의 구조가 달랐기 때문이기도 하고, 같은 공간을 살면서도 다른 논리로 설명을 하려고 했기 때문이기도 하다.

　중국의 춘추전국시대를 다른 말로 하면 '제자백가'의 시대라 할 것이다. 혼란한 시대를 타개하기 위해 수많은 학자들과 학파들은 자신의 논리를 설파했다. 같은 시대를 살았으면서도 그들이 바라보는 세상은 달랐다. 세상이 어떻게 만들어졌는지가 달랐고 세상을 바라보는 시각이 달랐으며 세상을 이롭게 하는 방법 또한 달랐다. 그들은 자신들이 생각한 질서로 세상을 바꾸고자 했다. 앞서 말한 도가가 무위자연으로 돌아가기를 원했다면 유가는 더욱 공고화된 질서를 꿈꾸었다. 《주역》〈서괘전序卦傳〉은 유가가 생각하는 질서의 모습을 보여준다고 할 수 있다.

　〈서괘전〉은 '십익十翼' 중 하나다. 십익은 열 개의 날개라는 뜻으로 《주역》의 이해를 돕기 위한 일종의 해설이라 할 수 있다. 공자가 지었다고는 하나 확실하지는 않다. 십익은 괘를 종합적으로 설명한 〈단전彖傳〉 상·하 2편, 64괘의 내용을 설명한 〈상전象傳〉 상·하 2편, 주역에 대한 철학적 설명과 사상을 나타낸 〈계사전〉 상·하 2편, 건괘과 곤괘에 대한 해석인 〈문언전文言傳〉, 괘의 형상과 변용을 설명한 〈설괘전說卦傳〉, 64괘의 순서를 설명하는 〈서괘전〉, 대립되는 괘와 유사한 괘를 설명하는 〈잡괘전雜卦傳〉의 10편으로 구성된다. 〈서괘전〉에서 이야기하는 질서의 형성은 다음과 같다.

> 천지가 있은 후에 만물이 생겼다. 만물이 있은 후에 남녀가 생겼다. 남녀가 있은 후에 부부가 생겼다. 부부가 있은 후에 부자父子가 생겼다. 부자가 있은 후에 군신이 생겼다. 군신이 있은 후에 상하가 생겼다. 상하가 있은 후에 예의가 생겼다.

이것은 일종의 논리다. 《주역》은 주나라의 역이다. 《주역》 〈서괘전〉은 '천지 → 만물 → 남녀 → 부부 → 부자 → 군신 → 상하 → 예의'가 순차적으로 생겨났다고 이야기한다. 이 논리에 따르면 천지와 만물, 그리고 인간이 생겼고 그로부터 사회적 관계망이 생성된다. 이 과정은 마치 창세신화가 이야기하는 창세의 과정을 보는 듯하다. 그러나 창세의 과정을 설명한다고 해서 창세

신화와 〈서괘전〉의 논리가 일치하는 것은 아니다. 〈서괘전〉이 보여주는 질서의 형성은 유가의 패러다임을 반영하기 때문이다.

〈서괘전〉은 역易을 통해 세상을 바라본다. 그 속에는 자연의 순리가 있고 사람과 자연과의 관계가 있으며 사람과 사람과의 관계가 있다. 그곳에 질서를 부여하는 것은 역의 논리다. 그 논리는 또한 역의 상상력이라고 할 수 있다. 여기에서 문제가 생긴다. 상상력은 공상이 아니다. 때문에 그 안을 들여다보면 수많은 톱니의 맞물림과 같은 논리의 구조를 발견하게 된다. 때문에 〈서괘전〉이 이야기하는 과정을 들여다보면 그것이 단순한 순서가 아니라 정밀한 서사의 논리임을 알게 된다.

프랑스의 사회학자 미셸 푸코는 말의 질서를 담론의 질서로 파악한다. 소쉬르가 이야기하는 언어가 변별적 기호 체계라는 명제에는 말이 너와 나를 구분해주는 이분법적 체계라는 담론을 포함하고 있다. 단어는 문장으로 확장되고 문장은 다시 유사를 통한 교체와 반복, 접촉을 통한 확장으로 이어진다. 말은 곧 문장으로 확장되고 문장은 다시 서사로 넓혀지게 된다. 그리고 그 서사에는 그 시대의 사람들이 가졌던 담론이 포함된다.

창세신화에는 그것을 말하고 전승하고 기록했던 사람들의 인식이 녹아 있다. 세상이 어떻게 만들어졌는가는 바로 세상을 그때의 사람들이 어떻게 바라보았느냐와 다르지 않다. 세상이 만들어지는 과정은 그 사람들이 세상에 어떤 질서를 부여했느냐와 다시 연결된다.

유가는 질서의 확장을 주장했다. 유가가 모든 인간을 똑같이 사랑하자는 겸애兼愛를 주장했던 묵가를 사이비라고 비판했던 것은 유가의 질서와 묵가의 질서가 충돌했기 때문이다. 유가의 질서에서는 모든 인간을 똑같이 사랑하는 것이 불가능하다. 내 아버지를 다른 이의 아버지와 똑같이 사랑할 수는 없다. 그것은 있을 수도 있어서도 안 되는 일이다. 형제 사이에도 마찬가지다. 내 형이나 아우를 다른 선배나 후배보다 사랑할 수는 없다. 그렇다면 유가는 사람을 사랑하지 말아야 한다고 했을까? 아니다. 해답은 사랑의 확장에 있다.

다른 이의 아버지를 내 아버지처럼 대하고 다른 이의 형을 내 형처럼 대하는 것 그것이 곧 예의다. 〈서괘전〉은 또한 상하 관계라는 유가의 질서를 보여준다. 부자의 관계는 군·신으로 확대된다. 자식이 아버지를 따라야 하는 것처럼 신하는 군주를 따라야 한다. 물론 군주와 신하는 지켜야 할 도리가 있다. 이것이 자리를 잡게 되면 예가 된다. 유가의 수평적 확장과 수직적 기강의 확립이 〈서괘전〉이 이야기하는 순서에 녹아 있다.

사실 사상이나 과학이 이야기하는 것도 질서이자 분류다. 우리가 민주주의 사회가 아닌 봉건시대를 살고 있다면 자신의 신분에 맞는 꿈만을 꾸었을 것이다. 노비로 태어났다면 꿀 수 있는 꿈이 많지 않았을 것이다. 또 원소론의 시대가 아니었다면 학창시절 원소주기율표 따위는 외울 일도 없었을 것이다. 그렇다면 신화의 시대인 고대 사회는 어땠을까?

고대 사회에서 동물과 인류는 지금처럼 분류되지 않았다. 동물과 사람, 풀과 바람, 산과 강은 서로 어우러졌다. 그것은 그 당시의 질서의 분류가 그랬기 때문이다. 그리고 그 분류와 질서는 신화로부터 출발한다. 천지만물이 어떻게 생겨났는지를 이야기하는 창세신화는 열등과 하등의 개념 대신 평형을 이야기한다. 그 평형의 질서가 그 시대를 지배한다. 하지만 인간 중심의 인문의 신화가 출현하고 과학의 신화가 패권을 잡게 되면서 새로운 질서와 분류가 생겨났다. 지구, 태양계, 은하계, 종속과목강문계와 같은 질서와 분류는 새로운 신화에 의해서 생성된다. 우리는 현 시대의 담론을 통해 세상을 본다. 또한 현 시대의 분류법으로 세상과 사물을 분류하고 인식한다. 새로운 분류법이 나타났다는 것은 새로운 신화가 출현했다는 것이다.

주희는 어느 편에도 치우치지 않고 꼭 알맞은 것이 '중中'이며, 언제나 변함없이 일정하고 바른 것을 '용庸'이라고 했다. 그러나 중용의 실천은 어렵다. 공자는 천하를 다스릴 수 있고 작록爵祿을 사양할 수도 있으며 흰 칼날을 밟을 수도 있지만 중용은 능히 할 수 없다고 했다. 그래서 우리는 헤맨다. 이 길을 갔다 돌아오고 저 길을 갔다 또 돌아온다.

하지만 길이란 본래 그렇게 가는 것이다. 삶에서 목표물을 향해 직선으로 나아가는 길은 없다.

피드백

피드백 이론에서 배는 직선으로 나아가지 않는다. 키를 잡은 조타수는 목적지를 바라본다. 그리고 어느덧 배가 좌측으로 가고 있음을 발견한다. 조타수는 키를 우측으로 돌린다. 배는 우측으로 나아간다. 우측으로 기운 배의 방향을 바로잡기 위해서 조타수는 다시 좌측으로 키를 돌린다. 배는 다시 좌측으로 방향을 잡는다. 그러나 배가 다시 좌측으로 기울면 조타수는 키를 우측으로 돌릴 것이다. 이렇듯 배는 좌측과 우측을 오가며 목적지를 향해 나아간다. 하지만 여기서 좌와 우는 대립적인 관계가 아니다. 좌와 우가 있어 배는 목적지를 향해 제대로 나아갈 수 있다. 때문에 좌우는 서로를 돕는 상보적인 관계가 된다.

배는 목적지를 향해 가지만 좌와 우를 함께 포함한다. 좌와 우를 오가는 길이 곧 배의 여정이다. 그러나 서양에서는 이분법의 질서가 자리 잡고 있었다. 자크 데리다는 《관점(Positions)》에서 신화는 분화와 회귀, 질서와 무질서, 이성과 감성을 모두 포함한다고 말한다. 그래서 신화는 모순적이라는 것이다. 그러나 신화는 모순적 존재이기에 의미를 갖는다. 신화의 양단은 대립적 관계에 있지 않다. 예외가 없는 것은 아니지만, 인간이 세계를 바라볼 때 주와 객, 본질과 현상을 구분하는 것은 플라톤 이후 서구 인문학의 중심을 형성한 이항 대립적인 사고방식 때문이다. 이것에는 하나가 다른 것보다 우위를 차지하고 지배하는 폭력적 계층 질서가 존재한다.

그러나 동양 사상은 다르다. 노자는 '있음과 없음은 서로를 낳고, 어려움과 쉬움은 서로를 이루어주고, 긴 것과 짧은 것은 서로를 드러내주고, 높음과 낮음은 서로를 기울여주고, 음과 소리는 서로를 조화시키고, 앞과 뒤는 서로를 따른다'고 했다. 노자의 사상에서는 이항의 대립이나 대립된 이항의 폭력적 계층 질서, 선악의 판단이 존재하지 않는다. 두 존재는 서로의 관계 속에서 의미를 생성하게 된다.

이는 엘리아데의 사상과도 일맥상통한다. 엘리아데 사상의 가장 두드러진 특징 중 하나는 반대되는 개념들이 서로 만난다는 것이다. 황필호는 《신화와 역사》 중 〈엘리아데의 '역의 합일'에 대하여〉에서 이런 현상을 '역逆의 합일'이라고 표현한다. 일반적으로 우리는 흰색과 검은색, 역사와 신화, 성과 속은 서로 반대된다고 믿는다. 그러나 엘리아데는 그것들이 서로 반대됨에도 불구하고 결국 하나의 본질에서 나온 것이라고 말한다.

우리는 순수함에 대한 신화를 가지고 있는 듯하다. 강아지를 기르고자 해도 순종을 찾고 먹거리도 순 우리의 것이 좋다고 생각한다. 그러나 세상에 오직 순수한 존재가 있을까? 지금 순종이라고 여기는 강아지들 도 사실은 교배되고 개량된 종들이다. 과실을 수확하기 위해서는 접을 붙인다. 문화라고 다르지 않다. 문화는 서로 다른 것들이 만나 풍부해 진다. 사람도 다르지 않다. 우리에게는 이질적인 속성이 함께한다. 선과 악이 있고 사랑과 증오가 있다. 우리는 이것과 저것을 모두 가지고 있다. 특히 신화에서는 이런 존재들이 의미있게 받아들여졌다.

매개항

에드먼드 리치는 《성서의 구조인류학》에서 레비스트로스에 대해 설명한다. 그에 따르면 레비스트로스가 생각하는 신화에서 의미 있는 요소들이란 모순 그 자체이며 신화의 결정적 가치는 대립, 곧 모순 대칭되는 두 항목을 매개하는 상징에 달려 있다고 한다. 이게 무슨 말인가? 간단히 생각해보자.

그리스 신화에서 괴물을 물리치고 인간에게 평화를 가져다주는 존재는 제우스, 헤라, 포세이돈, 하데스 등과 같은 신이 아니다. 그들은 오히려 갈등을 조장하고 인간에게 벌을 내린다. 혼란의 시대에 인간을 구원하는 존재는 신과 인간의 피를 동시에 물려받은 반인반신의 영웅들이다.

괴물 메두사의 머리카락은 뱀의 형상을 하고 있었다. 메두사를 본 사람은 누구나 돌로 변했다. 그 메두사의 목을 벤 인물이 페르세우스다. 페르세우스는 올림포스의 주신인 제우스와 아르고스의 왕녀 다나에 사이에서 태어났다. 헤라클레스의 아버지 역시 제우스였고 어머니는 인간 알크메네였다. 불사의 영웅으로 불렸던 아킬레우스는 바다의 여신 테티스와 팔레우스 왕의 아들이었다. 이렇듯 그리스 신화에서의 영웅은 신과 인간 사이에서 태어난 반신반인이었다.

신화를 이끌어가는 인물에게는 두 가지 성질, 즉 양가성이 부여되어 있다. 서로 반대되는 듯한 두 가지 속성이 한 인물에 내재되어 있는 것이다. 그런 예는 고대의 신화뿐만 아니라 우리에게 익숙한 작품에서도 찾아볼 수 있다. 《해리포터》에 그 단서가 있다.

소설 《해리포터》에서 두 축을 이루는 인물은 주인공인 해리포터와 악의 화신 볼드모트다. 해리포터의 아버지 제임스 포터는 마법사다. 하지만 어머니 릴리는 머글 출신이다. 머글은 마법사들과 반대되는 일반 사람을 지칭한다. 반대로 볼드모트의 아버지는 머글이지만 어머니는 마법사다. 그런데 왜 마법사와 머글의 속성을 가진 해리포터와 볼드모트가 이야기의 주인공이 되었을까?

다시 레비스트로스의 말을 떠올려보자. 신화에서 의미 있는 요소는 모순이며 결정적 가치는 대립과 모순의 결합에 있다. 신과 같은 절대자가 괴물을 퇴치하거나 그냥 놓아둔다면 인간은 무력한 존재가 된다. 하지만 보통 인간이 신의 영역을 침범할 수는 없다. 인간에게 결정적 영향을 미치며 신과 같은 힘을 발휘하기 위해서는 신과 인간의 성질을 가진 자가 있어야 한다. 그처럼 그 두 가지 성질을 매개할 수 있는 존재가 매개항이다. 영화 〈황야의 무법자〉에서도 이런 매개항을 발견할 수 있다.

황야의 무법자

미국 웨스턴 영화의 한 장면을 떠올려보자. 황야에서 한 사내가 터벅터벅 걸어온다. 바람이 불자 사내의 닳고 해진 망토 사이로 모래가 날린다. 저 멀리 마을이 보인다. 인간의 집단거주지인 마을은 문명의 상징이다. 그러나 마을은 온전하지 않다. 야만적인 악당이 마을을 휘젓고 있기 때문이다. 사람들은 영웅이 나타나 이 무법의 시대를 끝내주기를 갈구한다.

황야에서 온 사내가 마을에 도착한다. 그는 바람처럼 빠르게 총을 뽑는다. 그의 총이 불을 뿜을 때마다 악당들은 쓰러진다. 악당들이 쓰러질 때마다 문명은 조금씩 질서를 되찾는다. 결국 사내는 악당들을 모두 해치우고 마을에 문명과 평화를 선사한다. 하지만 사내는 그곳에 머무르지 않고 다시 황야로 길을 떠난다.

고대 그리스에는 '로고스'란 말이 있었다. 로고스는 법칙이고 준칙이며 그것을 따르게 만드는 이성과 분별을 의미한다. 로고스는 일종의 질서라고 할 수 있다. 로고스의 반대말은 아마도 '파토스'일 것이다. 파토스는 일시적인 격정이나 열정, 충동 등으로 이해되며 흔히 감성을 지칭한다.

웨스턴 영화에서 마을을 지배하는 악당들은 파토스적 존재다. 그들은 문명과 질서, 이성을 거부한다. 그들은 마음 내키는 대로 약탈을 일삼는다. 파토스의 힘 앞에 로고스는 숨을 죽이고 있다. 마을에는 악당에 대적할 자가 존재하지 않는다. 그럼 황야에서 온 사내는 누구인가?

황야는 마을과 반대된다. 자연의 공간이다. 그는 황야, 즉 자연에서 문명의 마을로 걸어들어온다. 그에게는 두 가지 속성이 동시에 존재하고 있다. 자연에서 왔지만 그는 악당들처럼 격정과 충동에 사로잡혀 약탈을 일삼는 존재가 아니다. 그는 문명을 내재하고 있다. 그는 문명적 존재이면서 자연적 힘을 가진 인물이다. 그는 두 가지 성질을 동시에 가지고 있는 매개항인 것이다. 때문에 황야에서 온 그가 마을을 구할 수 있는 것이다.

매개항은 두 가지 성질을 동시에 가진 존재다. 이런 세계는 거룩한 종교나 작품에만 있는 것이 아니다. 우리는 살면서 끊임없이 양가적인 상황에 놓인다. 그 상황에서 벗어날 때 또 다른 세계에 진입하게 된다. 통과의례는 그것을 보여준다.

통과의례

《통과의례》는 프랑스의 인류학자인 반 겐넵의 저술이다. 사람의 삶은 고정되어 있지 않다. 태어나고 자라 성인이 되고 결혼해서 아이를 낳는다. 누구의 자식에서 누구의 친구가 되고 또 누구의 배우자가 되며 또다시 누구의 부모가 된다. 한 사람은 살면서 많은 이름으로 불리게 된다. 그것은 또한 위치의 변화, 즉 지위의 변화다. 특히 인생에서 지위가 변화되는 중요한 고비는 출생, 성인, 결혼, 죽음 등이다. 인간이 새로운 지위를 얻을 때는 의례가 수반된다. 그냥 얻어지는 것이 아니라는 말이다. 반 겐넵은 인간의 이러한 인생의례를 통과의례라고 했다.

반 겐넵에 따르면 통과의례에는 세 단계가 있다. 첫 번째는 분리다. 새로운 세계에 진입하기 위해서는 기존 세계에서 분리되어야 한다. 분리는 기존 세계에서 본다면 죽음과 같다. 이를 이렇게 표현할 수도 있다. 결혼은 총각의 죽음이다. 결혼을 하기 위해서 총각은 결혼하지 않은 세계와 이별해야 한다. 그러나 분리되었다고 해서 바로 결혼의 세계에 다다르는 것은 아니다. 이전의 세계와는 분리되었으나 아직 새로운 단계에 편입하지 못한 어중간한 단계를 지나야 한다. 그 단계로 약혼을 들 수 있다. 약혼을 한 사람은 결혼을 하지 않은 총각이지만 그냥 총각과는 다르다. 그렇다고 기혼자도 아니다. 총각이지만 총각이 아니고 결혼에 근접했으나 아직 결혼하지 않은 단계가 전이다. 그리고 마지막으로 결혼을 함으로써 총각은 기혼자가 된다.

성직자가 되고 싶다고 해서 바로 성직자가 되는 것은 아니다. 성직자는 일반 사람들과는 다르다. 그들은 일반인의 지위에서 벗어난다. 하지만 바로 성직자가 되지는 못한다. 일정한 기간 전이의 시기를 거쳐야 비로소 성직자가 된다.

우리의 민속의례 중에 삼칠일이 있다. 삼칠일은 세 번의 칠일, 즉 21일이다. 예전에는 아이가 태어나면 삼칠일 동안 대문에 금줄을 치고 사람들의 출입을 막았다. 특히 부정한 곳에 다녀온 사람들의 출입은 철저히 금했다. 아이가 아직 완전히 이 세계에 편입하지 못했기 때문이다.

통과의례는 신화에서도 찾아볼 수 있다. 단군신화에서 곰과 호랑이는 환웅을 찾아가 인간이 되게 해달라고 애원한다. 환웅은

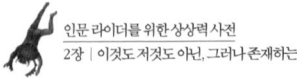

그들에게 햇빛이 들지 않는 곳에서 100일 동안 쑥과 마늘만을 먹고 살라고 이야기한다. 호랑이는 버티지 못했지만 곰은 21일 만에 여자의 몸으로 변했다. 이 과정 역시 일종의 통과의례라고 할 수 있다.

곰과 호랑이는 기존 세계에서 벗어나 새로운 세계에 편입하고자 했다. 새로운 지위를 획득하고자 한 것이다. 신화에서는 인간이 되는 것으로 표현되었지만, 그것은 환웅과 같은 세계로의 편입이었을 것이다. 이를 위해 호랑이와 곰은 기존 세계와 결별해야 했다. 이전의 세계에서 분리되었지만 그들은 아직 환웅의 세계에 편입하지 못한 상태다. 그들은 전이의 과정을 거쳐야 했다. 햇빛이 들지 않는 곳에서 쑥과 마늘만 먹는 것은 환웅의 세계로 가기 위한 의례다. 호랑이는 그 과정을 견디지 못하고 달아나지만 곰은 여자가 되어 환웅과 결혼한다. 결혼이란 환웅의 세계와의 완벽한 통합을 뜻한다. 그리고 환웅과 웅녀는 단군을 낳는다.

통과의례의 과정은 분명히 드러나지 않을 수도 있다. 예전엔 있었지만 지금은 희미해진 것도 있다. 또 각각의 의례에 따라 강조되는 단계도 다르다. 하지만 인지하지 못했다고 하더라도 그 단계는 이루어지고 있다.

우리는 양가적인 존재다. 또한 필연적으로 그런 상황에 맞부딪히게

된다. 하지만 대부분의 사람들은 통과의례에서처럼 전의를 거쳐 새로운 세계에 편입된다. 그런데 양가적인 상황에 그대로 놓여 있는 사물이 있다. 그리고 그런 양가적인 사물을 지독히 싫어하는 인물이 있었다. 그는 피타고라스다.

피타고라스 교단

'직각삼각형의 빗변을 한 변으로 하는 정사각형의 넓이는 나머지 두 변을 각각 한 변으로 하는 정사각형 두 개의 넓이의 합과 같다.' 이것이 피타고라스의 정리다. 대부분의 사람들이 피타고라스의 정리는 잊었어도 피타고라스라는 이름만은 똑똑히 기억할 것이다.

피타고라스는 기원전 6세기경 그리스의 사모스 섬에서 태어났다. 피타고라스의 아버지는 무네사르코스라는 이름을 가진 상인이었다. 무네사르코스는 아내와 함께 델포이 신전을 참배하고 아들 피타고라스를 낳게 된다. 그래서 아들에게 '아폴론의 대변자'라는 뜻을 가진 피타고라스라는 이름을 지어주었다.

피타고라스는 만물의 근원이 숫자라고 주장했다. 피타고라스학파는 무한 앞에서, 그리고 한계 지을 수 없는 것 앞에서 일종의 신성한 공포를 느꼈다. 그래서 현실의 경계를 정하고 질서를 부여하며 현실을 이해할 수 있는 규칙을 숫자에서 찾았다.

피타고라스는 서른 살 전후부터 30년간 이집트, 페르시아, 중앙아시아, 인도 등을 돌아다녔다. 그리고 이탈리아 남부 크로토나^{crotona}(지금의 크로토네)에 정착해 피타고라스 교단을 설립했다. 피타고라스 교단은 밀의密議를 기본으로 한다. 밀의는 그리스어로 '미스테리온'이고 영어로는 '미스터리'나 '미스티시즘'인데, 이는 '눈과 입을 막는다'는 뜻의 그리스어 '미에인^{myein}'에서 유래했다. 말 그대로 피타고라스 교단은 같은 종교의 신도들만이 공유하는 비밀스럽고 신비로운 의례를 거행하는 미스터리한 집단이었다.

피타고라스 교단의 교리는 크게 두 가지다. 첫 번째는 윤회다. 피타고라스 교단에서는 인간의 영혼이 윤회를 한다고 믿었다. 두 번째는 콩을 먹으면 안 된다는 것이었다. 도대체 피타고라스는 왜 교도들에게 콩을 먹지 못하게 했을까? 피타고라스가 콩 알레르기가 있었다는 설도 있다. 하지만 그것만이었을까? 분명 다른 이유가 있었을 것이다.

일단 콩으로 돌아가보자. 콩은 쌍떡잎식물 장미목 콩과의 한해살이풀이다. 특별할 게 없다. 하지만 콩은 대표적인 식물성 단백질이다. 단백질이란 동물의 영역에 있다. 그런데 콩은 식물이면서 단백질을 가지고 있다. 식물이면서 동물적인 성격을 가지고 있는 셈이다. 그뿐만이 아니다. 클리토리스는 '콩'으로 비유되며,

여성의 성기 중에 가장 남성적인 모습을 띠고 있다. 여성이면서 남성의 모습을 하고 있는 것이다. 의미를 부여하면 콩은 매개항의 성질을 가지고 있다. 그것 때문에 피타고라스는 콩을 먹지 말라고 한 것은 아닐까?

피타고라스의 개인적 성향과 관계없이 매개항은 중요하다. 신화가 상상력의 원천이 될 수 있었던 것은 신화의 양가적인 면과도 관련이 있다. 신화는 미분화된 혼돈의 상태에서 분화된 질서의 상태로 나아가는 과정을 이야기한다. 그래서 신화에는 미분화의 카오스와 질서의 로고스가 동시에 담겨 있다. 하나의 몸에 두 가지 성격을 담고 있는 것이다. 이런 상태를 동양에서는 어떻게 설명할까?

도생일

중국 송대의 학자 장횡거는 《정몽正蒙》에서 하나의 물物에 두 개의 몸(體)이라는 '일물양체一物兩體'를 이야기한다. 그는 '일물양체는 기氣다. 하나인 까닭에 신神하고, 둘인 까닭에 화化한다'고 말한다. 중국의 철학자 펑요우란은 이를 '하나의 기에 음양의 두 성질이 있는 까닭에 일물양체라 한다'고 설명한다. 하나에 음과 양이 동시에 존재하는 것은 무엇일까? 바로 '태극太極'이다.

노자의 《도덕경》 42장에는 '도道가 하나를 낳는다. 하나는 둘을 낳고, 둘은 셋을 낳으며, 셋은 만물을 낳는다'고 했다. 도라는 형용할 수 없는 진리에서 하나가 나오고 그 하나는 둘이 되고 둘은 셋이 된다. 둘이 셋이 되고 셋이 만물이 되는 과정은 정반합적 논리와도 유사하다.

정正이라는 개념이 있으면 그에 반하는 반反이 생긴다. 정과 반이 합쳐져 새로운 정반합이 만들어진다. 정반합이 하나의 정이 되면 여기에 또 다른 반이 생기고 그 반은 다시 정반합이 되어 새로운 것을 만들어낸다. 이런 과정을 토론에 비유할 수 있다.

어떤 문제에 대해 다수의 지지를 받는 주장이 있다. 여기에 반대되는 주장도 있다. 하지만 다수의 지지를 받는다고 해서 그것이 모두 옳은 것은 아니다. 어떤 부분에서는 반대되는 주장을 수용해야 한다. 그럼 다수의 주장에 반대되는 의견이 합쳐진다. 그렇게 해서 정과 반의 절충점이 만들어진다. 이는 정과 반이 합해진 정반합이라고 할 수 있다. 하지만 시간이 흐르면 그 주장에 또 다른 반대가 생겨난다. 그럼 또 다른 절충을 시도해야 한다. 때로는 반대되는 개념이 그전의 주장을 포괄할 수도 있다. 그렇지만 반대가 전부가 될 수는 없다. 이전의 생각과 새롭게 나타나는 반대되는 생각은 타협점을 찾아야 한다. 그렇게 생각은 조금씩 바뀌어간다.

어느 때부터인가 서양의 과학은 동양의 사상을 받아들이기 시작했다. 동양의 사상에서 과학적 이론을 설명할 근거를 발견했기 때문이다. 그중에서 태극을 사랑한 과학자가 있었다. 바로 닐스 보어다.

코펜하겐의 해석

1927년 과학사에서 가장 뜨거운 관심을 받았던 제5차 솔베이 회의가 개최되었다. 이 회의에서 아인슈타인과 닐스 보어 사이에 격론이 벌어졌다. 아인슈타인은 '코펜하겐의 해석'을 정면으로 반박했다.

1921년 코펜하겐 대학에 이론물리학 연구소가 설립되었다. 이 연구소의 핵심 인물은 닐스 보어였다. 여기에는 보어뿐만 아니라 독일의 물리학자 베르너 하이젠베르크, 빅뱅이론을 창시한 러시아의 조지 가모프도 있었다. 코펜하겐 연구소에서 발표한 현대물리학의 이론이 코펜하겐의 해석이다. 코펜하겐의 해석은 보어의 상보성의 원리와 하이젠베르크의 불확정성의 원리를 기반으로 했다.

20세기 초 덴마크 출신의 물리학자 닐스 보어가 빛의 이중성을 설명하면서 상보성의 원리를 제시했고, 이를 수학적으로 설명하기 위해 하이젠베르크가 불확정성의 원리를 내놓으면서 양자역학이 태동했다. 상보성의 원리란 서로 상반되어 보이는 것 간에 상보적 관계가 존재한다는 것이다. 양자역학에서 한 입자의 위치와 운동량의 정확성은 반비례한다. 운동량의 정확성을 높이면 위치의 정확성이 떨어지고 위치의 정확성을 높이면 운동량의 정확성이 떨어진다. 즉 하나의 값이 정확해지면 다른 값이 부정확해지는 개념이다. 보어는 태극이 상보성 원리를 가장 잘 구현하고 있다고 생각했다.

보어는 기사 작위를 받으면서 자신의 문장을 직접 디자인했다. 문장은 어떤 단체니 집인을 상상하는 표지다. 그런데 보어가 직접 만든 문장이 태극이었다. 그는 태극이 자신의 상보성의 원리를 가장 잘 표현한다고 생각했다. 상보성의 원리에서는 어느 하나가 배제되지 않는다. 입자와 파동은 모두 필요하다. 빛이나 입자는 이중성을 가지고 있고 상보적인 관계에 놓여 있다.

―――― ∽•∽ ――――

삶과 죽음이 상보적이라면 어떨까? 죽음은 생명을 상징한다. 스러지고 멸한 자리에 새로운 생명이 태어나고 그 생명은 다시 스러지고 멸하여 또 다른 생명을 예비한다. 죽음은 끝이 아니다. 이집트의 왕인 파라오는 죽어 오시리스가 된다고 믿었다.

오시리스

오시리스는 하늘의 신 누트와 땅의 신 게브의 아들이다. 오시리스는 누이동생 이시스와 결혼한다. 그러나 오시리스는 형의 자리를 노리던 동생 세트에게 살해당한다. 세트는 오시리스를 죽인 것도 모자라 오시리스의 몸을 14조각으로 나누어 던져버렸다.

오시리스를 살린 것은 아내 이시스와 세트의 아내이자 오시리스의 또 다른 여동생이었던 네프티스였다. 이시스와 네프티스는 오시리스의 시체 조각을 모아 한 곳에 묻어주었다. 하지만 남근만은 찾지 못했다. 결국 이시스는 진흙으로 남근을 만들어 시체에 붙인 후 생명을 불어넣어 오시리스를 다시 살려냈다.

이후 오시리스는 지하 세계의 통치자가 되었다. 오시리스는 죽은 자뿐만 아니라 지하 세계로부터 이어지는 모든 생명을 관장했다. 그것은 마치 곡식이 땅속에 뿌리를 딛고 자라는 것과 같았다. 오시리스는 지하 세계에 생명을 불어넣었던 것이다.

세트는 왜 오시리스를 죽여 몸을 조각조각 내어 던졌을까? 세트는 사이코패스가 아니다. 죽어야 살 수 있는 과정을 보여주기 위해 없어서는 안 될 존재가 세트다. 오시리스의 시체 조각을 뿌리는 행위는 땅에 씨앗을 뿌리는 행위와 닮았다. 씨앗은 수확을 통해 얻어진다. 수확된 곡식에서 새로운 씨앗이 나고 그 씨앗은 또 다른 곡식이 된다. 죽었지만 죽지 않고 또다시 살아나는 생명의 표현인 것이다. 이집트의 정치적 종교적 지도자이며 최고 통치권자인 파라오는 죽어서 오시리스가 된다고 믿었다. 오시리스가 된다는 것은 영원히 죽지 않는 영생을 의미했다.

사람은 영원을 꿈꾼다. 퍼도 퍼도 마르지 않는 샘물과 같은 생명을 원한다. 하지만 생명은 스러지게 되어 있다. 땅에 묻힌 육신은 세월과 함께 분해되어 형체를 남기지 않는다. 형체가 없어졌다고 해서 그것이 세상에서 완전히 사라지는 것은 아니다. 다른 것으로 변했을 뿐이다. 에너지도 그렇다. 사람들은 써도 써도 마르지 않는 에너지를 원하지만 한번 쓴 에너지는 돌아오지 않는다. 하지만 에너지도 변할 뿐 사라지는 것은 아니다.

엔트로피

'에너지의 총량은 보존된다.' 이것이 열역학 제1법칙이다. 한 에너지가 다른 에너지로 바뀌어도 그 에너지의 총량에는 변함이 없다. 그렇다면 지금 에너지가 고갈될지도 모른다는 우리의 걱정은 기우에 불과한 것일까? 에너지의 총량이 보존된다면 마르지 않는 샘처럼 에너지를 쓰면 될 것이 아닌가. 마치 세트가 오시리스의 시체를 조각내도 다시 살아나는 것처럼 에너지도 다시 생겨날 것이 아닌가. 그러나 현실은 그렇지 않다.

형태가 변해도 에너지의 총량은 보존되지만 쓸 수 있는 에너지는 줄어든다. 그것이 또한 열역학 제2의 법칙인 엔트로피 법칙이다. 쓸 수 있는 에너지가 줄어드는 것은 엔트로피가 증가하기 때문이다.

기름이 떨어지면 차는 가지 못한다. 운전자는 차를 움직이기 위해 주유소를 찾아야 한다. 에너지의 총량이 같다면 그것을 모아 다시 기름을 만들 수 있어야 한다. 하지만 기름이 연소되며 차를 움직였던 그 에너지는 흩어져 쓸 수 없는 것으로 변한다. 배기통에서 새어나가는 가스처럼 다시 기름이 될 수 없는 물질로 바뀌는 것이다.

엔트로피는 열을 받았을 때 변화하는 물질의 변화량이다. 미국의 행동주의 철학자이며 문명 비판가인 제레미 리프킨은 《엔트로피》에서 '모든 물질과 에너지는 사용이 가능한 것에서 사용이 불가능한 것으로, 혹은 이용이 가능한 것에서 이용이 불가능한 것으로, 또는 질서 있는 것에서 무질서한 것으로 변화한다'고 말한다.

에너지를 사용하는 우리의 삶이란 엔트로피를 증가시키는 삶이다. 결국 세상엔 쓸 수 없는 에너지로 가득해질 것이다. 이는 단지 물질만이 아니라 정신과도 연결된다. 인간은 항상 질서를 지향해왔다. 하지만 질서와 규범을 만들고 건물을 세우는 것은 에너지를 사용하는 일과 같다. 그럼 엔트로피는 증가할 수밖에 없다.

엔트로피를 증가시키지 않는 삶을 무엇에서 찾아야 할까? 신화에서 이야기하는 재생은 에너지의 무한한 사용이 아니라 순환이다. 써서 없애는 것이 아니라 쓴 것이 더 큰 것을 만들어내는 구조이다. 신화에서 시체를 묻는다는 것은 새로운 생명을 얻는 과정을 표현한다. 씨를 뿌리고 수확하고 다시 씨를 뿌리는 순환적인 재생을 말하는 것이다. 경주의 오릉에도 그런 생각이 녹아 있다.

오릉

경주 탑동에 위치한 오릉五陵에는 다섯 개의 무덤이 한데 어우러져 있다. 다섯 무덤의 주인은 신라의 시조인 박혁거세와 그의 부인 알영, 남해왕, 유리왕, 파사왕이라고 전해진다. 하지만 일연은 《삼국유사》〈혁거세왕〉에서 오릉에 대한 다른 이야기를 남겼다.

기원전 100년부터 기원후 300년까지 지금의 경상북도 지역은 진한辰韓 땅이었다. 그곳엔 여섯 마을과 여섯 우두머리가 있었는데, 왕이 없었다. 하루는 양산의 나정 우물가에 번개 같은 이상한 기운이 드리워지더니 흰말이 엎드려 절을 하는 것이 아닌가. 사람들이 그곳을 살피니 자줏빛 알이 있었다. 사람들이 알을 발견하자 흰말은 길게 울더니 하늘로 올라갔다. 그 알에서 사내아이가 나왔다. 사내아이를 목욕시키니 몸에서 빛이 뿜어져나왔다. 사람들은 그를 혁거세라 이름 짓고 알이 박과 같은 모양이라 하여 성을 박씨라 했다.

같은 날 사량리 알영 우물가에 계룡이 나타났다. 계룡의 왼쪽 겨드랑이에서 여자아이가 나왔는데, 입술이 닭 부리와 같았다. 목욕을 시키자 부리가 떨어지고 온전한 사람의 모습이 되었다. 알영 우물가에서 나왔으니 알영이라 이름 짓고 혁거세의 부인으로 삼았다. 그들이 나이 열셋이 되었을 때, 왕과 왕후가 되어 신라를 개국했다.

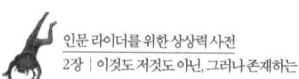

혁거세왕이 예순한 해 동안 나라를 다스리다 하늘에 올라갔는데, 7일 뒤에 시체가 땅에 떨어져 흩어졌다. 뒤이어 왕후가 죽자 사람들이 두 사람을 함께 묻으려 했으나 큰 뱀이 나타나 방해했다. 사람들은 할 수 없이 오체五體를 다섯 능에 나누어 묻고 사릉蛇陵이라 이름 지었다.

혁거세의 시체가 하늘에서 흩어져 떨어지는 모습은 씨를 뿌리는 것과 닮았다. 게다가 시체를 한곳에 모으지 못하게 한 동물이 뱀이다. 허물을 벗는 뱀은 죽음에서 다시 살아나는 존재처럼 여겨졌다. 또한 한꺼번에 여러 개의 알을 낳기도 하여 풍요와 다산의 상징으로 여겨지기도 했다. 시체는 씨앗처럼 뿌려지고 씨앗으로 다시 태어난다. 그럼 죽어도 죽은 것이 아니라 허물을 벗듯 다시 태어나는 것이다. 풍요와 다산을 상징하는 뱀이 시체가 합쳐지는 것을 방해하는 것은 신화의 세계에서는 당연한 일이 된다.

상상력은 하나로 끝나지 않는다. 죽은 자의 몸에서 생명이 이어진다는 상상력은 또 다른 세계관의 출발점이 된다. 〈에누마 엘리시〉는 그런 상상력의 메소포타미아판이라고 할 수 있다.

에누마 엘리시

질서가 부여되지 않은 상태, 음과 양이 뒤섞인 알과 같은 상태에서 반고가 태어났다. 그러나 반고는 또 다른 세상의 창조를 위해서 죽어야 했다. 한편 북구 신화에는 오딘, 빌리, 베가의 세 신이 거인 위미르를 죽여 대지를 만든다. 위미르의 피로는 바다와 호수와 강을, 뼈로는 바위를, 머리카락으로는 나무와 풀을, 두개골로는 하늘을, 뇌를 던져 구름을 만들었다.

창조는 한 번에 끝나지 않는다. 혼돈에서 거인이나 신이 태어나고 신은 다시 또 다른 신을 낳는다. 여기에서 거인은 죽음을 맞아야 한다. 죽은 거인의 몸에서 이번엔 다른 자연과 생물이 태어난다. 여기에는 최초의 질서와 또 다른 새로운 질서의 탄생이라는 상상력이 숨어 있다.

한번 부여된 질서로 세상은 완벽해지지 않는다. 세상은 파괴와 창조를 거듭해야 한다. 그것은 마치 종말과 재탄생의 순환적 상상력과 같다. 대부분의 신화에서 인류는 대홍수에 의해 파국을 맞는다. 그렇지만 인류가 완전히 멸망하는 것은 아니다. 그 속에서도 살아남은 생존자가 있고, 그들에 의해 인류는 다시 생명을 이어가게 된다.

메소포타미아에는 창조의 시라 불리는 서사시 〈에누마 엘리시〉가 전한다. 영국의 고고학자 오스틴 헨리 레이어드는 19세기 지금의 이라크 모술 지방(옛날 아시리아의 수도인 니네베)에서 유적을 발굴하다가 아카드어로 기록된 일곱 개의 점토판을 발견한다. 바로 〈에누마 엘리시〉다.

〈에누마 엘리시〉에는 신들의 전쟁과 천지창조의 비밀이 담겨 있다. 천지가 창조되기 이전 담수의 신 압수와 짠물의 신인 티아마트가 있었다. 부부인 압수와 티아마트는 계속해서 자식을 낳는다. 그런데 그들은 자신들이 낳은 신들에 분노한다. 신들이 많아질수록 소음은 심해졌고 결국 부부는 젊은 신들을 멸하기로 마음먹는다. 그러나 이를 알아챈 지혜의 신 에아는 압수를 깊은 잠에 빠뜨린 후 죽인다. 이에 격분한 티아마트는 전쟁을 선포한다. 한편 지혜의 신 에아와 아내 담키나 사이에서 훗날 신들의 왕이 될 마르둑이 탄생한다.

처음 전쟁에서 에아는 티아마트에게 패배한다. 하지만 용맹한 마르둑이 나서자 전세는 역전된다. 마르둑은 용을 타고 바람과 번개를 무기로 삼는다. 결국 티아마트는 마르둑의 그물에 갇히게 된다. 마르둑은 티아마트의 몸을 갈라 상반신으로는 하늘과 별을 만들고 하반신으로는 땅을 만든다. 티아마트의 가슴은 산이 되고 눈에서 흘러내린 물은 티그리스 강과 유프라테스 강이 된다. 그리고 티아마트를 부추겼던 킹구의 피와 흙을 섞어 인간을 창조한다.

〈에누마 엘리시〉는 고대적 세계관과 당시 정치세력의 결합으로 나타났다고 할 수 있다. 천지창조와 관련한 상상력은 이전부터 있어왔겠지만, 마르둑이라는 신의 왕이 탄생한 것은 함무라비 왕의 통치에 대한 정당성을 부여하기 위해서였을 것이다. 그러나 티아마트의 몸이 하늘과 땅, 산과 강으로 연장되는 상상력을 포함하고 있는 것만은 틀림없다.

거대한 신의 몸이 자연으로 변한다. 그러나 몸이 아무렇게나 변하는 것은 아니다. 몸에는 다양한 속성이 있다. 몸의 속성과 자연의 속성은 자연스럽게 연결된다. 몸에서 딱딱한 뼈는 바위와 같은 딱딱한 자연물로, 부드러운 피부는 부드러운 대지로, 빛나는 눈은 빛을 내는 해와 달과 별이 되고 피와 같은 액체는 강과 같은 자연으로 변한다. 이는 비슷한 것이 비슷한 것을 낳는다는 유사의 법칙을 보여준다. 여기에 또 다른 상상력이 숨어 있다.

연장

반고나 위미르의 몸은 자연으로 변했지만 그것은 일종의 연장이었다. 연장은 다른 곳에서도 발견된다. 세계적인 미디어 비평가인 마셜 맥루한은 《미디어의 이해》에서 기술, 즉 미디어를 세계 역사의 원동력으로 꼽는다. 맥루한은 미디어를 인간의 연장이라고 생각했다. 그에 따르면 우리가 입는 옷은 피부의 연장이고 타자기나 컴퓨터의 자판은 손의 연장이라고 할 수 있다. 그렇다면 자동차는 발의 연장이 된다.

여기에서 특이할 만한 사실은 자연이 인간으로 소급되는 것이 아니라 인간이 자연으로 확장된다는 점이다. 소우주로서의 인간, 삼라만상의 이치를 품고 있는 인간, 인간은 어느덧 자연보다 우위에 있는 존재처럼 여겨지게 되었다.

그 이유는 무엇일까? 인간이 자연과 소통하는 존재에서 자연을 정복하는 존재로 바뀌었기 때문이다. 자연은 나와 같은 존재에서 나의 종속물로 변질되었다. 물론 고대인들도 동물을 사냥해서 생명을 유지했다. 하지만 지금과 같지는 않았다. 사냥당한 동물은 자신에게 생명을 주는 고귀한 존재였다. 그 고귀한 존재를 모시고 받들었다. 그것이 예의였고 문화였다.

나카자와 신이치는 《곰에서 왕으로: 국가, 그리고 야만의 탄생》에서 인간과 동물이 대칭적인 관계를 형성했다고 말한다. 지금처럼 초식동물인 소에게 육식의 사료를 먹이고 소나 돼지를 끔찍하게 도살하여 불도저로 밀어버리는 그런 야만은 없었다는 것이다. 그에 따르면 아메리카 인디언들은 연어를 잡아 살과 내장을 깨끗이 먹은 후에 남은 뼈와 껍질도 매우 정성스럽게 다루었다.

신화적 사고란 존중이며 공존이다. 이 세상은 인간이 독점해야 할 것이 아니라 나누어 써야 할 공간이다. 하지만 균형은 깨졌다. 인간과 다르다는 사실만으로 하등한 존재로 취급받고 정복과 착취의 대상이 되었다.

3장

차지하려는 자,
차별하는 마음

재레드 다이아몬드는 《제3의 침팬지》에서 인간과 침팬지의 유전자는 98.4퍼센트가 동일하다고 말한다. 하지만 지금 침팬지는 인간에 의해 멸종될 위기에 처해 있다. 인간은 지구의 주인 행세를 하고 있다. 자연과 동물에 대한 존중을 잊은 것이다. 이제 다른 세계관, 다른 관점이 필요하다. 제임스 러브록은 조화와 공존을 위한 관점을 가이아에서 찾았다.

가이아

그리스 신화에 따르면 태초에는 카오스(혼돈)만이 있었다. 얼마 후 대지의 여신인 가이아(대지)가 생겨나고 곧 이어 에로스, 즉 사랑이 생겨나 물질을 결합하고 생성시켰다. 카오스에서 닉스(밤)와 에레보스(어둠)가 태어났으며 이들이 어울려 아이테르(창공)와 헤메라(낮)를 낳았다. 가이아는 자신과 크기가 같은 우라노스(하늘)를 낳아 자신을 덮게 했고 오레(산맥)와 폰토스(바다)를 낳았다. 크로노스는 우라노스의 막내아들이고 제우스는 크로노스의 아들이다. 그리스 신화는 세상이 이렇게 만들어졌다고 이야기한다.

카오스에서 생겨난 가이아는 모든 신과 세상을 낳은 세계의 어머니다. 이런 가이아의 모습은 혼돈에서 나와 하늘과 땅을 분리하고 모든 세상의 만물로 변한 반고와 겹친다. 신화 속의 가이아가 다시 세상의 주목을 받게 된 것은 영국의 과학자 제임스 러브록에 의해서다.

1978년 러브록은 《가이아: 지구상의 생명을 보는 새로운 관점》이라는 저서에서 '가이아 이론'을 주장한다. 러브록에 따르면 지구는 하나의 유기체이자 생명체다. 동물과 식물을 비롯한 온갖 생물과 대기, 바다와 땅 등 지구를 구성하는 모든 존재는 서로에게 영향을 미치면서 지구라는 하나의 생명체를 조절하고 유지한다. 그리고 그 유기체를 러브록은 '가이아'라고 불렀다.

가이아 이론은 유기체적 세계관의 소산이다. 유기체적 세계관은 이전의 기계론적 세계관과 대립된다. 사실 대부분의 사상이 어느 한순간 뚝 떨어져나온 것이 아니다. 기계론적 세계관은 고대 그리스의 데모크리토스나 에피쿠로스에서도 찾아볼 수 있다. 기계론적 세계관이 득세하기 이전에는 사물의 존재와 발생에는 목적이 있다는 목적론적 세계관이 있었다. 목적론적 세계관은 신의 의지와 목적에 따라 세상이 창조되었고 신의 뜻에 따라 세상이 움직인다는 종교적 근거가 되기도 했다. 하지만 목적론적 세계관도 근대에 등장한 사상가와 과학자들에 의해 힘을 잃게 된다. 홉스, 데카르트, 스피노자, 뉴턴 등은 신성을 배제하고 자연을 설명하려 했다.

기계론적 세계관의 요체는 자연을 물질적으로만 바라본다는 데 있다. 자연은 생명이 없는 기계와 같은 존재다. 기계가 그러하듯 자연은 필연적인 인과법칙에 따라 움직인다. 때문에 인간의 이성은 그것을 파악할 수 있다.

물론 기계론적 세계관은 과학적인 탐구에 유용한 수단을 제공했다. 하지만 그로써 자연은 인간에게 종속되는 존재이자 인간의 소유물로 변질되었다. 그것은 자연과 인간 모두에게 위험성을 알리는 신호였다.

16세기 영국에서는 인클로저 운동이 일어났다. 인클로저 운동은 양과 관련이 있었다. 더 정확히 말하면 양털이 원인이었다. 모직물 산업이 발달하자 양털 값이 폭등했다. 돈이 되는 산업은 농업이 아니었다. 귀족과 지주들은 농경지를 양을 키우는 목장으로 바꾸었다. 그뿐만이 아니었다. 개간되지 않은 땅이나 공유지에도 울타리를 치기 시작했다. 그리고 그 땅은 힘 있는 귀족이나 지주들의 차지가 되었다. 터전을 잃은 농민들은 도시로 몰려갔다. 이런 인클로저 운동의 배경에는 기계론적 세계관이 도사리고 있었다.

자연과 인간을 이분법적으로 분리하고 자연에 대한 인간의 우위를 인정하는 기계론적 세계관에서 토지의 사유화는 어쩌면 당연한 일이었다. 그러나 불행은 여기에서 끝나지 않았다. 기계론적 세계관은 그 후 막대한 자연의 파괴를 불러왔다. 개발이라는 목적, 인간을 위한다는 목적으로 자연이 파괴되었고 생태계의 붕괴가 일어나기 시작했다. 재레드 다이아몬드는 《제3의 침팬지》에서 세계의 종말이 다가오는 조짐이 분명하다고 이야기한다. 그에 따르면 굶주림, 오염, 파괴적인 기술은 점점 커지고 이용 가능한 농지, 바다의 식량 자원, 그 밖의 자연 산물, 그리고 폐기물을 흡수하는 자연의 능력은 점점 줄어들고 있다. 사람들이 늘어감에 따라 자원은 부족해지고 그러다 자원을 놓고 싸우게 된다면 무엇인가 희생되리라는 것은 자명한 이치라고 재레드 다이아몬드는 설파한다.

이 모든 일은 자연과 인간을 분리해서 생각하는 이분법적 세계관에 근거한다. 이에 대한 대안으로 지구를 유기체로 바라보는 유기체적 세계관이 등장한다. 이 이론의 기원에 신화가 있다. 반고, 가이아, 오시리스 등은 유기체적 세계관의 반영이다. 반고의 몸에서, 가이아에 의해 만들어진 세상, 본래 세상은 한 몸이었다고 신화는 말한다. 같은 몸에서 태어났기에 서로가 보호해야 할 존재가 된다.

현실은 고단하다. 착취하는 자와 착취를 당하는 자가 동시에 존재한다. 그렇지 않은 세상은 없을까? 그래서 사람들은 이상향을 그려왔다. 이상향은 말 그대로 이상적인 공간, 완전한 공간을 말한다. 과연 그런 곳이 존재할까? 중국 원난성 쿤룬 산맥 서쪽에는 향격리랍香格里拉, 즉 샹그릴라 불리는 곳이 있다. 그러나 그곳은 제임스 힐튼이 《잃어버린 지평선》에서 말한 이상향의 샹그릴라가 아니다. 제임스 힐튼의 샹그릴라에는 인간을 구원해줄 지혜가 있고 인간은 늙지도 죽지도 않는다. 하지만 그런 곳은 존재하지 않는다. 그럼에도 사람들은 이상향을 계속 꿈꾸었다. 서양엔 유토피아가 있고 동양엔 무릉도원이 있다.

유토피아

이상향은 현실에 없었다. 그러나 사람들은 끊임없이 이상향을 추구했다. 토머스 모어가 쓴 《유토피아》에서 '유토피아'는 그런 아이러니한 현실을 반영한다. 그리스어 'Ou'는 '없다'의 뜻이고 'Topos'는 '장소'라는 의미를 지니고 있다. 그 둘이 만나면 어디에도 없는 곳, 유토피아가 된다. 사람들이 끊임없이 갈망했지만 존재하지 않는 곳이 유토피아다.

사실 《유토피아》의 원래 제목은 '사회생활의 최선의 상태에 대한, 그리고 유토피아라고 불리는 새로운 섬에 대한 유익하고 즐거운 저서'다. 여기에서 모어의 유토피아에 대한 관념을 알 수 있다. 모어는 사회생활에 있어 최선의 상태를 유지할 수 있는 곳을 유토피아로 보았다. 그것은 모어가 살던 시대가 사람이 고통스러운 최악의 사회 구주에 놓여 있었기 때문이다. 이 서서의 배경에는 앞서 말한 인클로저 운동이 있다.

인클로저 운동의 가장 큰 특징은 양을 기르기 위한 토지의 사유화다. 힘 있는 자들은 보상금 몇 푼을 주고 농민들을 내쫓는다. 쫓겨나지 않으려 해도 갖은 협박과 회유에 땅을 떠날 수밖에 없다. 그럼 땅에는 울타리가 쳐진다. 그곳에서 농사를 지으며 살던 농민은 졸지에 쫓겨나 거지가 되거나 도둑이 된다. 그것으로 끝이 아니다. 물건을 훔치다 걸리면 교수형에 처해진다. 모어가 살던 시대의 모습이다. 죽어가는 것은 힘없는 농민들뿐이다. 귀족들은 일을 하지 않는다. 그런 현실에서 모어는 부조리하지 않은 행복한 사회를 그린다. 때문에 《유토피아》는 사회경제와 밀접한 관련을 맺을 수밖에 없었다.

유토피아에서 사람들은 하루 여섯 시간을 노동한다. 육아와 의료의 혜택을 받는다. 모든 것은 공동의 소유이며 분배 또한 공정하게 이루어진다. 때문에 가난한 자나 거지가 없다. 또한 노후의 혜택도 누릴 수 있다.

모어가 그린 유토피아는 현대의 사회복지 모델과 흡사하다. 사유재산과 공동 노동을 제외하면 말이다. 하지만 모어는 그곳을 없는 곳이라 했다. 그럼 현실에 없는 곳이기 때문에 잊어야 할까? 아니다. 포기하지 않고 계속 찾아 나갈 때 그곳은 좀더 가까이 다가올 것이다.

자연과 인간 사이의 불평등은 인간과 인간 사이의 불평등으로 전환된다. 세상엔 지배받는 인간과 지배하는 인간이 생긴다. 하나의 사회 안에서 차등적 인간관계가 형성된 것이다. 같은 사회에서도 차별이 존재하는 데, 하물며 다른 사회의 사람들에게는 어떻겠는가? 야만을 넘어 학살이 벌어졌다.

콘키스타도르

1492년 콜럼버스는 서인도제도를 발견한다. 일부 사람들은 콜럼버스의 항해를 미지의 대륙에 대한 인간의 도전과 모험이라고 생각할지 모르지만 그것은 순진한 생각이다. 콜럼버스의 항해에 돈을 대준 것은 스페인 왕실이다. 당시 재정난에 빠져 있던 왕실이 개인의 도전과 모험이라는 낭만적인 항해에 막대한 비용을 댈 이유는 없었다. 그것은 일종의 투자였다.

콜럼버스는 왕실에 원정을 통해 식민지를 만들고 그 식민지에서 나는 물건으로 막대한 부를 얻게 될 거라고 침을 튀기며 이야기했을 것이다. 콜럼버스가 찾고자 하는 땅은 황금의 섬이었다. 설령 그것을 찾지 못한다고 해도 금값에 맞먹는 향신료를 통해 막대한 부를 축적할 수 있을 것이라고 믿었다. 하지만 콜럼버스는 네 번의 항해에도 불구하고 황금의 땅을 찾지 못했다.

하지만 이미 황금의 땅 엘도라도에 대한 이야기는 스페인 전역을 휩쓸고 있었다. 콜럼버스의 항해는 도화선에 당긴 불이었다. 황금의 땅을 찾기 위한 항해가 봇물을 이루었다. 그들에게 황금의 땅은 희망 없는 삶에 일확천금을 가져다줄 로또 복권이었을지도 모른다. 하지만 남미 원주민들에게 그들은 재앙 그 자체였다.

백인들이 지나간 자리마다 대학살이 벌어졌다. 원주민들에게는 총도, 철로 만든 무기도 없었다. 그리고 말(馬)도 없었다. 말을 타고 철제 무기를 휘두르는 백인들의 칼날에 원주민들은 힘없이 쓰러졌다. 살아남은 사람들은 노예가 되어 노역에 시달렸다. 하지만 그것보다 더 큰 재앙은 전염병이었다. 서양 유럽인들에게는 있었지만 남미의 원주민들에게는 없는 가장 치명적인 무기는 '바이러스'였다. 남미의 원주민에게는 새로운 바이러스에 대한 면역력이 없었다. 바이러스성 전염병은 순식간에 대륙을 휩쓸었고 수백만 명의 목숨을 앗아갔다.

1519년 에르난도 코르테스는 지금의 멕시코인 아즈텍 땅에 발을 디뎠다. 그가 그곳에 온 지 1년 만에 아즈텍은 멸망했다. 황금에 눈이 먼 사람들 때문이었다. 남미의 불행은 아직 끝나지 않았다. 악명 높은 프란시스코 피사로가 아직 잉카 땅을 밟지 않았기 때문이다. 정복자 피사로는 원래 비천한 신분이었다. '돼지치기'라는 별명이 붙은 것도 사생아였던 그가 어린 시절 돼지 치는 일을 했기 때문이다. 피사로는 스페인 안달루시아 지방의 세비아에서 코르테스를 만난 후 식민지 정복에 대한 확신을 갖게 된다.

1531년 피사로는 180명의 병사와 37두의 말을 이끌고 페루로 떠난다. 1년 뒤에는 잉카제국의 왕 아타우알파와 만난다. 이때 피사로는 계략을 꾸민다. 피사로는 왕에게 성경을 건네며 개종하라고 말한다. 순진한 왕은 그것이 피사로의 계략인지 꿈에도 몰랐을 것이다. 왕의 손에서 성경이 팽개쳐지는 순간 피사로의 병사들의 습격이 시작되었고 왕은 순식간에 포로가 되었다. 피사로는 신하들에게 황금을 가져오면 왕을 풀어주겠다고 약속했다. 하지만 그는 황금을 받고 왕을 처형했다. 무자비한 살인자 피사로도 비참한 최후를 맞는다. 황금을 쫓는 또 다른 동료의 손에 피살된 것이다.

황금을 찾아 남아메리카에 간 정복자들을 콘키스타도르conquistador라고 부른다. 그들은 황금을 손에 넣기 위해 원주민을 고문하고 학살했다. 그들에게 그것은 아무렇지도 않은 일이었을 것이다. 황금을 손에 넣을 수만 있다면 말이다.

콘셉시온호

신대륙을 가장 먼저 정복한 스페인은 잉카와 마야로부터 엄청난 양의 금은보화를 실어 날랐다. 그러나 중앙아메리카에서 유럽으로 가는 길은 허리케인이 자주 일어나고 암초가 많아서 종종 배가 난파되는 사고가 발생했다.

1641년 멕시코를 떠나 스페인으로 향하던 선단이 있었다. 그 선단의 사령선은 보물을 가득 실은 콘셉시온호였다. 그러나 이 배는 폭풍우를 만나 현재의 도미니카공화국에서 북쪽으로 130킬로미터 떨어진 아브로호스 산호초 근처에 침몰했다. 1687년 윌리엄 핍스가 콘셉시온호의 보물을 일부 인양했지만 배를 찾아내지는 못했다. 그러다가 시간이 많이 흐른 1962년에 버트 웨버라는 인물이 다시 보물선 인양 작업에 뛰어들었다. 그러나 그는 보물의 흔적조차 발견하지 못했다. 무려 16년간 콘셉시온호를 찾아다녔지만 그에게 남은 것이라곤 파산과 풍비박산 난 가족뿐이었다. 그럼에도 그는 포기하지 않고 마침내 1978년에 콘셉시온호를 찾아내는 데 성공했다. 20세기 최고의 보물선이 비로소 모습을 드러낸 것이다.

보물을 찾기 위해서, 새로운 거주지를 확보하기 위해서, 물건을 팔기 위해서 서구 문명은 신대륙을 유린했다. 이제 새로운 세계관으로 다시 관계를 회복해야 한다. 관계의 회복은 대상을 다르게 인식하는 데서 시작한다. 정복자에게 미개한 원주민은 아무런 거리낌 없이 밟아도 괜찮은 벌레 같은 존재였다. 하지만 원주민이 인격이 되는 순간, 관계는 달라진다. 벌레에 대한 시각도 마찬가지다. 사람들은 벌레를 끔찍이 싫어한다. 그래서 곤충이나 기생충과 같은 하등동물을 일컬을 때, 사람을 비하하여 욕을 할 때, '버러지'라고 한다. 벌레에는 하등이라는 낙인이 찍혀 있다. 그러나 옛이야기는 그렇지 않다고 말한다.

벌레

서울시 성북구 성북동에는 선잠단지先蠶壇址가 있다. 선잠先蠶에게 제사를 지냈던 곳이다. 선잠은 사람에게 처음으로 누에를 길러 고치를 얻는 양잠을 가르친 신이다. 중국 고대 황제의 부인인 서릉씨가 그 신이라고도 한다.

양잠을 통해 인간은 전혀 새로운 직물인 비단을 얻게 되었다. 우리는 벌레의 겉모습만 볼 뿐이다. 징그럽다고 느끼는 감정도 주관적이다. 그 주관적인 감정에 벌레의 행동과 삶은 가려져 있다.

반고 신화에서는 반고의 몸에서 나온 벌레가 바람과 감응하여 인간이 된다. 우리의 창세신화인 '창세가'에서도 인간이 벌레에서 탄생했다고 이야기한다. '창세가'에 따르면 하늘과 땅이 만들어질 때 미륵이 탄생했다. 그때는 하늘과 땅이 붙어 있었는데, 미륵이 하늘을 가마솥 뚜껑처럼 돋우고 땅의 네 귀퉁이에 구리 기둥을 세웠다. 미륵은 다시 금쟁반, 은쟁반을 들고 하늘에 축사를 했는데, 하늘에서 금벌레와 은벌레가 떨어져 금벌레는 남자가 되고 은벌레는 여자가 되었다.

벌레가 또 다른 생명으로 변하는 예는 더 있다. 북구 신화에서 난쟁이들은 번쩍이는 장식품과 좀처럼 무뎌지지 않는 날카로운 무기를 만드는 종족이다. 난쟁이도 벌레로부터 비롯되었다. 신들은 위미르의 살 속에서 나온 벌레로 난쟁이를 만들었다.

벌레는 알과 성충의 중간 단계다. 알에서 부화한 벌레는 탈피를 거쳐 성충이 된다. 땅이나 나무 위를 기어다니던 벌레가 단단한 껍질을 벗으면 나비가 되고 반딧불이가 된다. 벌레의 입장에서 탈피는 일종의 재생이며 부활의 과정이다.

브로니슬라프 말리노프스키Branislaw Kasper Malinowski는 《원시신화론》에서 탈피에 대해 이야기한다. 그에 따르면 고대인들은 지하의 동물이 그러했던 것처럼 탈피하고 재생하는 능력을 가지고 있었다. 하지만 어떤 운명적인 사건에 의해 인간은 그런 능력을 잃게 되었다. 이 이야기는 신화에 근거한다. 하지만 여기에는 놓치지 말아야 할 부분이 있다. 옛사람들은 벌레를 지저분한 하등의 존재로 여기지 않았다는 점이다. 벌레는 인간이 가지지 못한 경외한 능력을 가진 존재였다.

지구상에는 수많은 벌레들이 있다. 누에나방의 유충은 번데기다. 고대 이집트인은 쇠똥구리가 둥근 똥을 굴리는 모습에서 태양신이 태양을 움직이는 모습을 연상했다. 이집트에서 아침의 태양신은 케프리, 점심은 라, 저녁은 아툼이라 불린다. 그런데 이집트 벽화에 표현된 케프리의 얼굴이 바로 쇠똥구리의 모습이다. 고대 이집트인은 벌레가 똥이나 시체에 낳은 알에서 나오는 것을 부활의 상징이라 여겼다.

벌레는 열등한 존재가 아니다. 반고의 몸에서 인간이 만들어졌다. 위대한 자연에서 모든 것들은 살아갈 이유가 있기 때문이다. 이러한 사고관은 신화가 갖는 특성이다.

자연과 인간의 균형이 깨진 것은 인간이 자연의 주인이라고 생각했기 때문이다. 누군가가 누구의 주인이 되는 순간 둘 사이의 균형은 깨진다. 하나는 종속이 되고 하나는 주인이 된다. 세상도 마찬가지다. 우리 모두의 세상이 아니라 누구의 세상이 되는 순간, 세상은 우리 것이 아니라 누구의 것으로 변한다. 세상을 차지하기 위해 싸움을 벌인 신에게 중요한 것은 어떤 세상이 아니라 누구의 세상이냐였다.

신들은 생존을 위해 아버지를 죽인다. 생존은 곧 세상의 지배와 연결되어 있다. 세상을 차지하고 있는 아버지 신을 죽이면 그 세상은 아들의 것이 된다. 그리스 신화에서 처음으로 세상을 지배한 신이자 최초로 거세당한 아버지 신은 우라노스다.

우라노스 vs. 크로노스

우라노스는 가이아의 몸에서 태어나 가이아와 결혼한 천공의 신이다. 우라노스와 가이아는 크로노스를 비롯한 열두 명의 거인 신 티탄과 외눈박이 키클로페스 삼형제, 그리고 100개의 팔과 50개의 머리를 가진 헤카톤케이르 삼형제를 낳았다.

우라노스는 흉물스럽게 태어난 외눈박이 키클로페스 형제와 헤카톤케이르 형제를 못마땅하게 생각했다. 게다가 그들은 말썽꾸러기였다. 생각다 못해 우라노스는 대지의 가장 깊숙한 곳인 타르타로스에 그들을 가두었다.

그들이 갇힌 나락 타르타로스는 대지의 깊숙한 곳이다. 대지는 곧 가이아를 의미한다. 그렇다. 그들은 바로 가이아의 몸속 깊은 곳에 갇힌 것이었다. 타르타로스에 갇힌 거인 신들은 가만있지 않았다. 날뛰는 거인 신들 때문에 가이아 역시 마음이 편치 않았다. 게다가 그들 또한 자신의 자식들이 아닌가. 가이아는 자신의 몸속에 갇힌 자식을 구하고 우라노스를 제거하기 위해 티탄을 설득한다. 하지만 가이아의 말에 따른 것은 티탄 중 막내인 크로노스뿐이었다.

가이아와 우라노스가 만날 때, 크로노스는 가이아가 준 낫으로 우라노스의 성기를 잘라버렸다. 바다에 떨어진 우라노스의 성기에서 흰 거품이 일더니 미의 여신 아프로디테가 태어났다.

세상은 크로노스의 것이 되었다. 크로노스는 자신의 누이인 레아와 결혼했다. 둘 사이에 헤스티아, 데메테르, 헤라, 하데스, 포세이돈, 제우스가 태어났다. 하지만 아버지를 거세하고 세상을 차지한 크로노스는 불안했다. 게다가 우라노스는 아들에게 배반당한 자신처럼 크로노스도 자식에게 세상을 넘겨줄 것이라는 신탁을 내렸다. 크로노스는 불안해서 견딜 수가 없었다. 급기야 크로노스는 자신의 자식들을 삼키기 시작했다. 마지막으로 제우스를 삼키려 할 때 레아는 돌을 제우스인 것처럼 속였다. 크로노스는 돌을 삼켰고 제우스는 살아남을 수 있었다. 그리고 제우스를 비롯한 올림포스 신과 크로노스와의 전쟁이 벌어졌다. 결국 제우스가 승리했고 크로노스는 타르타로스에 갇히는 신세가 되었다.

세상을 차지하기 위한 신들의 싸움은 현실과 다르지 않다. 역사는 아버지를 폐한 왕, 형제를 죽인 수많은 왕들을 기록하고 있다. 신화는 현실을 변주한다. 신화와 현실, 신화와 역사는 서로 영향을 주고받는다. 허구라 믿었던 신화가 현실 깊숙이에서 인간의 삶에 관여하고 있는 것이다.

신들의 전쟁은 서양 신화에만 존재하는 것이 아니다. 동양에 전해지는 대표적인 신들의 전쟁은 황제와 치우의 싸움일 것이다. 그러나 인류에게 큰 재앙을 끼친 전쟁은 수신 공공과 황제의 손자인 전욱의 싸움이었다.

여와보천

중국 최고의 역사서인 사마천의 《사기史記》는 〈오제본기五帝本紀〉로 시작한다. 오제라 함은 다섯 명의 제왕을 말하는데, 그들은 황제, 전욱, 제곡, 요, 순이다. 오제는 전설의 제왕으로 알려져 있으며, 마지막 순 이후 왕위에 오른 우임금이 하나라를 건국한다.

황제의 손자인 전욱과 서북쪽 홍수의 신이었던 공공이 전쟁을 벌이게 된다. 세상의 패권을 차지하기 위한 싸움은 치열했다. 싸움은 지상에서도 이어졌다. 하지만 공공은 자신이 전욱을 이기기 힘들다는 것을 알고 화가 난 나머지 하늘을 떠받치고 있던 서북쪽 기둥인 부주산을 머리로 받아버린다. 부주산이 무너지면서 하늘이 기울어지기 시작한다.

신들의 싸움은 인간들에게 엄청난 재앙이었다. 한쪽에서는 온 숲이 불타는 대화재가 일어나 숲에 살던 사나운 짐승들이 뛰쳐나와 사람들을 공격했다. 다른 쪽에서는 동남쪽 땅이 가라앉으며 엄청난 물이 밀려왔다. 화재와 함께 대홍수도 시작되었다. 물은 하늘까지 차올랐다. 인간의 몰살이 눈앞에 다가왔다.

그러나 문제를 일으킨 신들은 인간의 생존 따위에는 관심이 없었다. 인간을 긍휼히 여긴 존재는 바로 인간을 창조한 여와였다. 여와는 인간을 창조했을 뿐만 아니라 남녀가 짝이 되는 혼인 제도를 만들기도 한 위대한 신이었다.

여와는 인간이 겪는 고통을 그대로 두고 볼 수 없었다. 그래서 강에서 구한 오색돌을 녹여 구멍 난 하늘을 수리하기 시작했다. 드디어 하늘의 구멍이 메워졌다. 하지만 여와는 또다시 하늘이 무너질까 걱정이 되었다. 여와는 커다란 거북 한 마리를 잡아 네 다리를 잘랐다. 그리고 그 다리를 하늘을 받치는 네 개의 기둥으로 삼았다. 여와의 노력으로 인간들은 다시 삶을 영위할 수 있게 되었다. '여와보천女媧補天'은 이렇게 여와가 하늘을 수리한 이야기를 다루고 있다.

중국의 신화학자인 위엔커는 공공과 전욱의 싸움이 여와보천 이후의 일이라고 주장한다. 그러나 그 선후에 관계없이 여와보천은 신들의 싸움으로 비롯되었다는 것이 학자들의 일관된 주장이다. 그리고 이 신화에는 패권주의적 세계관이 녹아 있다. 그들의 관심은 오직 세상의 패권이다. 대화재가 일어나든 대홍수가 일어나든 그들은 상관하지 않는다. 인간이 어떻게 사는 것도 관심 밖이다. 중요한 것은 누가 세상의 지배자가 되느냐다. 이는 오늘날의 독재자나 정치와도 닮았다.

세상을 소유하고 싶어 하는 독재자나 권력자의 관심은 세상이 어떠해야 하는지가 아니라 그것이 누구의 것인지에 있다. 그들에게는 국민이 어떤 삶을 영위하느냐가 중요하지 않다. 국민들의 신음을 뒤로 한 채 자신들의 배를 채울 뿐이다. 세상을 자신의 소유물로 여기기 때문이다. 그 상황에서 구원의 손길을 내밀어줄 존재는 누구일까? 신화에서 그 존재는 여와였다. 여와는 어쩌면 민중 자신인지도 모른다. 세상을 망가뜨린 저 높은 곳의 신이 아니라 인간을 만든 인간의 본성, 민중이 주체가 되어 세상을 바꾸는 것이다. 하지만 세상을 갖고자 하는 패권 경쟁은 아직도 계속되고 있다.

패권주의란 힘으로 세상을 지배하려는 생각이다. 패권은 무력으로 독점된 권력이다. 그러나 무력에 의한 통치는 오래가지 못한다. 무력은 또 다른 무력에 의해서 무너진다. 때문에 더 오래 권력을 유지하기 위해서는 무력보다 강한 논리가 필요하다. 이때 신을 끌어들이게 된다. 신에게 선택받은 자, 그것이 왕권신수설의 바탕이다.

기름 부음 받은 자

중세시대 왕은 권력자였다. 그런데 왜 사람들은 왕의 권력을 인정한 것일까? 왕을 신의 대리인, 즉 신의 분신으로 보았고 왕의 권력이 신에게서 나온다고 생각했기 때문이다. 여기엔 논리가 필요하다. 그러나 급조된 논리로는 사람들을 설득할 수 없다. 정교하고 오래된 논리로 왕이 신의 대리인임을 증명해야 한다.

사울이 왕이 되기 전까지 이스라엘에는 왕이 없었다. 이스라엘 사람들에게 왕의 자리는 신의 것이었다. 하지만 머지않아 이스라엘인들은 나라를 다스리는 데 왕이 필요하다고 생각하고 선지자 사무엘을 찾아갔다.

> "당신은 늙고 당신의 아들들은 당신의 행위를 따르지 아니하니 모든 나라와 같이 우리에게 왕을 세워 우리를 다스리게 하소서."
>
> — 〈사무엘 상〉 8:5

그러나 사무엘은 왕이 나타났을 때의 부작용을 경고한다.

> "그가 또 너희의 딸들을 데려다가 향료 만드는 자와 요리하는 자와 떡 굽는 자로 삼을 것이며, 그가 또 너희의 곡식과 포도원 소산의 십일조를 거두어 자기의 관리와 신하에게 줄 것이며, 그가 또 너희의 노비와 가장 아름다운 소년과 나귀들을 끌어다가 자기 일을 시킬 것이며……"
>
> — 〈사무엘 상〉 8:13~16

사람들은 사무엘의 말을 들으려 하지 않았다. 그들에게는 다른 나라처럼 자신들을 다스리고 그들 앞에 나가 싸워줄 왕이 필요했다. 사무엘은 사울을 왕으로 정하고 왕의 의식으로 사울의 이마에 기름을 부었다. 기름 부음을 받는다는 것은 그가 신의 선택을 받은 것을 의미했다. 성경에는 곳곳에 기름 부음의 의미를 설명하는 구절이 나온다.

"여호와는 저희의 힘이시요 그의 기름 부음 받은 자의 구원의 요새이시로다."

— 〈시편〉 28:8

"허물이 그치며 죄가 끝나며 죄악이 용서되며 영원한 의가 드러나며 환상과 예언이 응하며, 또 지극히 거룩한 이가 기름 부음을 받으리라."

— 〈다니엘〉 9:24

기름 부음을 받은 왕은 이제 신의 선택을 받은 신의 대리인이 되었다. 그리고 이 의식은 700년경부터 유럽에서 부활했다. 왕은 자신이 '신에게 기름 부음을 받은 자'임을 강조했다. 그리고 근세 유럽 초기 절대왕정들은 그것을 '왕권신수설'로 발전시킨다.

왕권신수설은 간단히 말하면 왕의 권력은 신에게서 받은 것이라는 뜻

이다. 이는 신성하여 감히 침범될 수 없다는 '신성불가침'으로 이어진다. 결국 왕은 신의 선택에 의한 것이고 왕의 권력은 신성불가침이라는 말이 된다. 그렇게 왕은 무소불위의 권력을 휘두르게 되었다. 하지만 왕의 역할을 중요하게 여긴 사상도 있었다. 단지 왕 개인의 영화를 위해서가 아니었다.

마키아벨리즘

목적을 위해서는 수단과 방법을 가리지 않아도 된다. 마키아벨리즘은 그렇게 알려져 있다. 물론 마키아벨리 역시 무자비한 폭력을 사용할 수 있다고 했다. 나아가 폭력을 사용할 때는 잔인해야 한다고까지 했다. 폭력과 기만을 사용할 수 있다는 그의 주장은 마키아벨리즘으로 확대되었다. 그래서 자신의 목적을 위해서 수단과 방법을 가리지 않는 사람은 마키아벨리스트라고 불렸다. 하지만 이것은 마키아벨리의 주장에 대한 표면적 해석일 뿐이다.

지금 마키아벨리즘은 마키아벨리의 뜻과 다른 의미로 사용되고 있다. 이는 왜 그런 이야기를 했는지에 대한 맥락이 사라지고 그가 말한 폭력만이 남아 마키아벨리의 상징이 되었기 때문이다.

대중에게 투사된 마키아벨리의 이미지와 마키아벨리의 사상에는 간극이 있다. 그 간극을 메우기 위해서는 마키아벨리를 다시 살펴보아야 한다.

가만히 생각해보자. 우리는 일제에 항거한 독립투사나 나치에 맞섰던 프랑스의 저항군인 레지스탕스를 테러리스트라고 부르지 않는다. 간디가 주창한 비폭력만이 독립을 위한 최선의 방법이라고도 생각하지 않는다. 무엇을 위해, 왜 행했는지에 따라 수단과 방법은 다른 의미를 부여받는다. 여기에서 중요한 것은 정당성이다. 마키아벨리가 폭력을 주장한 데는 적어도 그래야만 하는 이유가 있었다.

마키아벨리의 사상은 《군주론》에 잘 녹아 있다. 제목이 말해주듯 이 책은 민중을 위한 것이 아니라 군주를 위한 것이다. 마키아벨리에 대한 오해를 풀기 위해서는 먼저 그가 왜 이 책을 집필했는지에 대해 알아야 한다.

1469년에 태어난 마키아벨리는 르네상스 시대를 살았다. 르네상스 이전 유럽의 모든 권력은 신에게 있었다. 르네상스는 인간의 발견이었다. 그렇다. 마키아벨리는 르네상스를 통해 종교의 절대 권력을 부정할 근거를 가지고 있었다. 그래서 《군주론》이라는 정치 사상서를 저술할 수 있었던 것이다. 만일 종교의 절대 권력에 균열이 생기지 않았다면 이전처럼 정치와 종교, 그리고 윤리를 분리해서 생각할 수 없었을 것이다. 신이 모은 인간의 일을 관장하는 세상에서 정치 역시 예외일 수 없었다. 하지만 르네상스는 분리의 근거를 만들어주었다. 신이 개입되지 않은 인간의 정치를 말할 근거는 그렇게 만들어졌다.

다음은 당시 마키아벨리의 조국 이탈리아가 처한 상황을 살펴볼 필요가 있다. 허약한 작은 나라들은 존립을 위협받고 있었고 피렌체를 비롯한 곳곳에서는 혁명과 폭동이 반복되고 있었다. 거기에 외세는 이탈리아를 호시탐탐 노리고 있었다. 마키아벨리는 강력한 조국을 원했다. 강력한 조국을 만들 수 있는 방법은 무엇이었을까? 마키아벨리는 강력한 군주가 초인처럼 나타나길 바랐다. 마키아벨리는 《군주론》에서 이렇게 말한다.

> 군주는 권력을 유지하고 강화하기 위해 여우와 같은 간사한 지혜와 사자와 같은 힘을 사용할 필요가 있다. 겉으로는 신의가 두텁고 종교심도 많으며 인격도 고결한 것처럼 보여야 하지만 그럴 필요는 없다.

군주는 도덕적이지 않아도 괜찮다. 개인에게는 도덕이 필요할지 모르지만 군주가 나라를 다스리는 데 도덕은 불필요한 허울이다. 중요한 것은 대중이 확실히 군주에 충성하도록 하는 것이다. 그것의 바탕을 이루는 것은 폭력과 잔인함이었다. 마키아벨리가 폭력과 잔인함을 군주의 덕목으로 채택한 이면에는 대중에 대한 불신이 자리한다. 그는 대중을 믿지 않았다. 마키아벨리에게 있어 대중은 쉽게 변하는 본성을 가진 믿을 수 없는 존재였다. 마키아벨리는 대중이 두려워하는 사람보다 애정을 느끼는 사람을 더 쉽게 배반한다고 생각했다. 애정은 이해에 따라 쉽게 변하지만 공포에서는 쉽게 벗어날 수 없다고 생각했기 때문이다. 그렇다면 강력한 국가는 누가 만들 수 있을까? 다수의 믿지 못할 대중은 그런 국가를 세울 수 없다. 한 사람의 강력한 군주만 있다면 대중은 저절로 따라 올 것이고 나라는 강해질 것이었다.

시대에 따라 정의도 달라진다. 시대를 떼어놓고 사상을 이야기할 수 없다. 하나의 사상을 이해하기 위해서는 그 사상이 놓인 맥락에서 사상을 이해하고 그것을 자신의 시대에 다시 적용해야 한다.

마키아벨리의 《군주론》은 그가 살았을 때 출판되지 못했다. 출판되고 난 이후에도 교황청은 금서로 정하고 불태워버렸다. 그것은 마키아벨리가 로마 가톨릭과 교황을 비판하고, 선악과 윤리를 정치에서 분리했기 때문이었다.

마키아벨리즘을 목적을 위해 수단과 방법을 가리지 않는 사상으로 생각하는 것은 반만 이해한 것이다. 사실 군주는 마키아벨리가 이야기한 것보다 더 잔인한 폭력을 휘둘러왔다. 자신의 정적을 죽이고 백성들을 착취하고 전쟁을 일으켜 수많은 생명을 앗아갔다. 그것은 대부분 자신을 위해서였다. 그 폭력과 잔인함은 마키아벨리가 주장한 폭력을 능가하는 것이었다. 게다가 마키아벨리의 출발점은 개인의 권력에 있지 않다. 그는 강력한 조국의 건설을 희망했다. 그럼 더 많은 사람들이 잘살게 될 것이라고 믿었을 것이다.

흔히 한비자를 일컬어 동양의 마키아벨리라고 한다. 그러나 이 말은 수정되어야 한다. 한비자가 동양의 마키아벨리가 아니라 마키아벨리를 서양의 한비자로 불러야 한다. 그만큼 한비자의 사상은 깊고도 방대하다.

한비자

한비자가 《한비자韓非子》를 저술한 이유는 마키아벨리와 비슷하다. 한비자는 전국시대 한나라 사람이었다. 주나라는 기원전 770년 낙양으로 수도를 옮긴다. 이때를 기준으로 주나라는 서주와 동주로 나뉜다. 동주는 다시 춘추시대와 전국시대로 구분된다. 춘추시대의 춘추라는 명칭은 공자의 《춘추春秋》에서 유래하고 전국시대는 유향이 쓴 《전국책戰國策》에서 따온 이름이다.

전국시대는 춘추시대보다 더 혼란했고 더 잔인한 전쟁이 이어졌다. 한비자의 한나라는 전국시대를 주름잡았던 일곱 패권국인 전국칠웅의 하나였다. 하지만 전국칠웅의 명성은 유명무실해진 지 오래였다. 주변 강대국에 둘러싸인 것은 물론 후에 중국을 통일한 진나라 진시황의 위협을 받고 있었다. 한나라는 이미 멸망의 길을 걷고 있었다. 한비자는 그런 조국을 위해 《한비자》를 저술했다.

한비자 역시 자신의 조국이 강대국이 되기를 바랐다. 《한비자》의 내용은 강대국 건설의 방법이라고 할 수 있다. 한비자는 군주를 중요시한다. 강력한 군주가 나라의 중심이 되어 다스리면 강대한 나라를 만들 수 있을 것이라고 생각했다. 그럼 어떤 군주여야 할까? 한비자는 군주에게 많은 것을 요구한다. 한비자가 바라는 군주는 거의 완벽에 가까운 인간이다. 신하를 다스림에도 자신을 다스림에도 엄격해야 한다. 심지어 여자를 조심해야 한다. 그리고 가장 중요한 것은 원칙을 지키는 인물이다.

한비자의 원칙은 법이다. 법으로 나라를 다스리는 것이다. 그리고 그 법은 엄정하고 공정해야 한다. 한비자는 어떤 나라도 영원히 강할 수 없고 또 약할 수도 없다고 말한다. 한비자에게 있어 강함과 약함을 결정하는 것은 그 나라의 법을 지키는 것에 달려있다. 위로는 임금으로부터 아래로는 백성에 이르기까지 법을 지키겠다는 의지가 강하고 곧으면 강한 나라를 만들 수 있지만 그렇지 못하면 나라는 약해진다.

한비자는 법이라는 기준과 원칙으로 나라를 다스리라고 말한다. 이는 냉혹한 현실 인식에 기반한 것이다. 또한 세상을 분별하여 세상의 이치를 깨달으라고 한다. 한비자는 눈이 밝지 못하면 흑백을 판별하지 못하고, 귀가 밝지 못하면 소리의 청탁을 식별하지 못하며, 지력이 밝지 못하면 이해득실의 한계를 판단하지 못한다고 했다. 그는 눈이 흑백을 판별하지 못하는 상태를 맹盲이라 하고, 귀가 소리의 청탁을 식별하지 못하는 상태를 농聾이라고 하며, 지력이 사리분별을 바르게 할 수 없는 상태를 광狂이라 했다. 눈이 있어도 보지 못하고 귀가 있어도 듣지 못하고 이성이 있어도 사리판단을 못하는 상태인 것이다. 그럼 어떤 일이 벌어질까? 맹이 되면 낮이라 할지라도 앞을 보지 못하므로 위태한 곳을 피할 수 없고, 농이 되면 천둥소리도 듣지 못하며, 광이 되면 세상의 법령을 피할 만한 사고력이 없으므로 형벌의 화를 맞게 된다. 이것이 한비자가 나라를 다스리는 군주에게 요구하는 덕목이었다.

한비자가 생각하는 강력한 군주는 권력을 독점하여 철권을 휘두르는 무자비한 폭군이 아니다. 군주는 자신뿐만 아니라 신하와 첩을 비롯한 주위 사람을 완벽히 제어해야 한다. 스스로에게 엄격해야 하는 것은 두말할 나위도 없다. 부귀와 영화를 누리려는 군주는 강대한 나라를 만들 수 없다. 한비자가 원한 것은 훌륭한 군주가 다스리는 나라였다. 한비자는 주왕이 상아 젓가락을 만들었을 때의 일을 예로 든다. 상아 젓가락을 만든 주왕을 보고 기자가 두려워하며 말했다.

"상아로 젓가락을 만들었으니 국을 질그릇에 담는 것을 꺼려 주옥의 그릇을 만들 것이고, 그렇게 되면 손쉽게 구할 수 있는 음식은 어울리지 않을 것이니 개 발바닥이나 코끼리 고기나 표범 고기를 구하게 될 것이며, 음식이 그와 같이 사치스러우면 아무래도 띠 풀을 엮은 집으로는 안 될 것이니 반드시 비단옷을 입고 고대광실에서 살아야 할 것입니다. 이것을 다 충족시키려면 천하의 재물을 모두 동원해도 모자랄 것입니다."

기자가 두려워한 것은 상아 젓가락 하나가 아니었다. 성인은 사소한 것을 보고도 앞일을 알 수 있으며, 단서를 보고 결과를 짐작한다. 따라서 기자가 상아 젓가락을 보고 결과를 두려워한 것은 결국 그러한 욕망을 충족시키기 위하여 천하를 바꾸게 될 것이라고 짐작했기 때문이다.

한비자는 높은 이상을 가졌지만 뜻을 이루지 못하고 죽음을 당했다. 그것도 친구의 손에 말이다. 진나라의 침략을 막기 위해 한비자는 진시황을 찾았다. 진시황은 한비자를 무척 높게 평가했다. 한비자의 글을 읽고 만나길 바랐다. 하지만 진나라에는 같은 스승인 순자 밑에서 동문수학한 이사가 있었다. 이사와 다른 신하들은 한비자가 진나라가 대업을 이루는 데 방해가 될 거라 여겨 한비자를 가두라고 말한다. 진시황은 그 의견을 받아들여 한비자를 가둔다. 그러나 진시황은 곧 자신의 결정을 후회하고 한비자를 다시 찾는다. 하지만 한비자는 이미 이사가 보낸 약을 먹고 죽은 뒤였다.

한비자는 한나라를 구할 방법을 찾았고 법이라는 원칙을 내세웠다. 그 사상은 다시 후대에 영향을 미친다. 위대한 사상은 그것으로 끝나지 않고 또 다른 사상을 잉태한다. 그렇게 생각은 심화된다. 민주주의라는 사상도 그렇게 잉태된 것이다. 루소는 '자유롭게 태어난 인간이여, 쇠사슬을 끊어라'라고 외친다.

사회계약설

권력을 왕에서 민중으로 되돌릴 방법은 없을까? 왕권의 신화를 무너뜨릴 방법은 무엇일까? 자연과 인간의 조화로움이 깨지고 인간 사이에서조차 차별이 생겨났다. 계급과 빈부, 노예가 생겨났다. 이런 차별적 세계의 정점에는 왕이 존재했고 그 권위는 신이 부여한 것이었다.

모든 것은 근본에서 비롯된다. 새로운 신화는 기존의 신화를 무너뜨리면서 시작된다. 이를 위해서는 최초의 단계에서 다시 시작해야 한다. 17~18세기 유럽에는 새로운 사상의 흐름이 감지되었는데 홉스, 로크, 루소로 이어지는 사상가들의 사회계약설이었다.

이들의 사상은 시민혁명의 토대가 된다. 생각해보자. 당시 세상은 왕의 것이었다. 앞서 말한 것처럼 중요한 것은 민중의 삶이 아니라 누가 세상을 차지했느냐였다. 그런데 사회계약설을 주장한 사상가들은 '왕권신수설'의 정반대 개념인 '주권재민설'을 들고 나왔다. 주권재민설의 요체는 주권이 국민에게 있다는 것이다.

국민에게 주권을 돌려주자는 그들의 논리는 어디에서 시작되는 것일까? 그들은 근본으로 회귀한다. 인간은 본래 '자연 상태'에 있었다. 이 자연 상태에는 국가나 사회가 존재하지 않았다. 물론 세 사람이 인식하는 자연 상태는 조금씩 다르다. 홉스는 만인의 만인에 대한 투쟁의 상태로, 로크는 어느 정도 평화로운 상태로, 루소는 자연 상태를 평화롭고 행복한 상태로 보았다. 자연 상태를 투쟁의 상황으로 본 홉스는 평화를 유지하기 위해서는 권력이 필요했고 그 때문에 국가가 등장했다고 본다. 로크는 군주제를 옹호했다. 하지만 로크가 생각하는 국가의 탄생 이유는 사람들의 생명과 재산을 보호할 장치가 필요했기 때문이다. 로크에 의하면 사람들은 필요에 의해 계약을 맺어 국가를 만들게 된다.

루소의 사상은 홉스와 로크와는 조금 다르다. 루소도 계약에 의해 국가가 생겨난다고 말한다. 하지만 사람들이 자신들의 재산과 생명과 같은 권리를 위임하는 대상은 국가가 아니라 '일반의

지'라고 주장한다. 일반의지는 사람들이 원하는 상태를 만들기 위한 의지다. 국가란 일반의지를 구현하는 집행 조직일 뿐이다. 때문에 국가가 국민의 생명과 재산을 보호하지 못하거나 국민에게 해악을 끼치면 국가의 책임자는 물러나야 한다.

홉스, 로크, 루소는 왕의 권력이 신에게서 나오는 것이 아니라고 말한다. 국가란 사람들의 계약에 의해서 만들어진 제도일 뿐이며 주권은 국민에게 있다는 것이다. 왕권의 신화는 주권의 신화로 무너진다. 이를 위해서 세 사상가는 '자연 상태'라는 국가 이전의 상태를 상정했다. 때문에 왕권이라는 전혀 다른 프레임에서 주권재민이라는 새로운 사상을 만들어낼 수 있었던 것이다.

사회계약설의 등장은 민주주의의 신호탄이라고 할 수 있었다. 하지만 중국은 오랫동안 천명天命에 의존해왔다. 여기에서 의문이 든다. 역사에서 기존의 왕조는 새로운 왕조로 대체되었는데, 어떻게 천명을 받은 왕조가 바뀔 수 있었을까? 천명을 신으로 대체한다면 중국에서도 왕은 신에게 선택된 자였다. 신의 선택을 바꾸기 위해서 또 다른 논리가 필요했음은 물론이다. 논리를 이야기하기에 앞서 먼저 중국의 성군이라 일컬어지는 요순우탕의 계보를 살펴보자.

요순우탕

중국 최고의 성군을 일컬을 때 흔히 '요순우탕堯舜禹湯'이라는 말을 쓴다. 요는 중국 신화에 등장하는 제곡 고신의 후손으로 알려져 있으며, 덕치와 공명정대함으로 나라를 다스렸다고 한다. 순은 요를 이어 왕이 된 인물이다.

요와 순은 중국 하나라 이전의 왕으로 알려져 있다. 특히 유가에서는 요와 순을 성인으로 칭송했다. 요가 성인의 반열에 오른 이유 중 하나는 국가를 자신의 것으로 생각하지 않았기 때문이다. 나라와 백성을 자신의 것이라고 생각했다면 요는 자식에게 왕위를 물려주었을지도 모른다. 하지만 요는 자식이 아닌 인품이 뛰어나고 능력이 있는 순에게 왕위를 물려주는 선양을 실천했다.

순은 효의 표본이라 일컬어진다. 《사기》〈오제본기〉에 따르면 순의 아버지인 고수는 장님이었다. 고수가 새로 아내를 얻어 아들을 낳으니 그가 상이다. 고수와 후처, 그리고 상은 한편이 되어 순을 죽이려고 했다. 하지만 순은 모진 구박을 받으면서도 아버지는 물론 새어머니와 동생에게도 마음을 다했다. 한번은 고수가 순에게 창고 수리를 맡기고는 불을 질러 순을 죽이려고 했다. 순은 도롱이를 낙하산 삼아 내려와 무사할 수 있었다. 또 한번은 고수가 순에게 우물 파는 일을 시켰다. 우물에 흙을 메워 순을 생매장하려 했던 것이다. 순은 우물 옆에 길을 내어 살 수 있었다. 이런 효행 덕분에 순은 요의 선택을 받을 수 있었고 천자의 수업을 훌륭히 마쳤다. 순은 왕이 되어 고수를 찾아갔다. 그의 아버지에 대한 태도는 변함이 없었다. 순은 다시 우에게 왕위를 양보했고 우는 하나라의 시조가 된다. 그리고 시간이 흘러 탕이 나와 하나라를 멸망시키고 상나라를 세우게 된다.

요순이라는 말은 이후 태평성대의 대명사가 되었다. 특히 '요고순목堯鼓舜木'이라는 말은 요순의 정치가 어떠했는지를 보여준다. '요고순목'이란 요의 북과 순의 나무란 뜻이다. 《회남지淮南子》 〈주술훈主術訓〉에는 '요는 감히 간언하는 북을 설치했고, 순은 잘못된 정치를 꾸짖는 나무를 세웠다'는 기록이 있다. 요의 시대에 백성들은 언제든 북을 쳐 자신의 마음을 이야기할 수 있었다. 요가 북을 이용했다면 순은 나무를 이용했다. 궁 앞에 나무를 세워 언제든 백성들이 말을 할 수 있도록 했다. 어떻게 보면 요순은 최초로 언론의 자유를 허락한 왕이었는지도 모른다.

중국 최초의 국가는 하나라로 알려져 있다. 요순의 시대는 기록으로 전할 뿐 고고학적으로 증명되지 않았다. 하지만 요순은 중국 역사에서 중요한 위치를 차지할 뿐만 아니라 유가 사상에서 하나의 전범을 제공한다. 유가를 떠받치는 중요한 기둥인 덕과 효를 실천한 인물이 바로 요와 순이기 때문이다.

공자께서 말씀하셨다. "위대하도다. 요의 임금다움이여! 거룩하도다. 오직 하늘만이 위대하거늘, 오직 요임금만이 견줄 수 있다! 넓도다! 백성은 말로 다 표현할 수 없었다. 거룩하도다! 그 성공이여! 빛나도다. 그 문장이여!"

- 《논어》〈태백〉

공자는 자신이 할 수 있는 찬사를 다하여 요를 표현했다. 그리고 또 순을 칭송했다.

공자께서 말씀하시길 "아무것도 하지 않으면서 천하를 잘 다스린 사람은 순임금이신가? 그분이 무엇을 하셨으리오. 자신을 공손히 하고 남쪽을 향해 앉아 계셨을 뿐이지."

- 《논어》〈위령공〉

맹자는 순을 효의 표상으로 꼽았다. 요와 순은 단지 신화 속의 성군이 아니라 유가라는 사상을 통해서 사상을 실천했던 실체적 존재로 변신했다. 이는 신화 속의 요순이 신화를 벗어나 유가 속에서 하나의 신화가 되었음을 의미한다.

새로운 신화가 나타나기 위해서는 기존의 신화가 깨어져야 한다. 요순에 이어 우가 왕이 된다. 우는 하나라를 세운다. 하지만 우의 하나라는 걸임금에 이르러 탕에 멸망한다. 탕은 상나라를 세운다. 하지만 탕이 세운 상나라도 주임금에 이르러 멸망하고 만다.

걸주

걸桀과 주紂는 최악의 폭군으로 꼽힌다. 걸과 주에게는 '주지육림酒池肉林'이라는 공통분모가 있다. '주지'는 술의 연못이고 '육림'은 고기의 숲이다. 원나라의 증선지가 편찬한 《십팔사략十八史略》에 따르면 고기를 산처럼 쌓아두고 포는 나무에 걸었으며 술로 만든 못에는 배를 띄울 수 있을 정도였다고 한다.

여기에 한 가지 더 공통점이 있다면 여사나. 설에게는 말희라는 여자가 있었다. 걸은 말희의 말이라면 무엇이든 들어주었는데, 주지육림을 만든 것도 말희가 그것을 좋아했기 때문이었다. 그러나 말희도 쫓아가지 못할 여자가 있었으니 주가 좋아했던 달기다. 특히 달기는 잔인하기로 유명했다. 숯불 위에 기름을 바른 구리기둥을 걸어두고 죄인을 걷게 했는데, 죄인이 기둥에서 떨어져 불타 죽는 것을 좋아하며 보았다. 충신 비간을 잔인하게 죽인 사건도 유명하다. 달기는 자신의 심장병을 고치기 위해서는 비간의 심장을 먹어야 한다고 했다. 그러자 주는 비간을 죽여 달기에게 심장을 주었다. 술로 못을 만들고 고기를 달아 숲을 만든 것은 물론이었다.

결국 걸과 주는 비참한 최후를 맞는다. 그런데 다른 측면에서 이들은 또 다른 중요한 역할을 하고 있다. 스스로의 미혹함과 여자로 인해 폭군이 된 걸과 주는 폭군의 전형이 되었다. 또 이들은 폭군의 최후를 적나라하게 보여준다. 요순이 성군의 상징이었다면 걸주는 폭군의 상징이었다. 임금에게 간하는 신하는 요와 순을 예로 들며 성군이 돼라 이야기하고 걸과 주와 같은 폭군이 되어서는 안 된다고 경고한다. 요순이 성군의 신화가 되었다면 걸주는 폭군의 신화가 된 것이다.

임금이 지켜야 할 도리는 인간의 도리로 확대된다. 아니면 인간의 도리를 임금에게 소급한 것인지도 모른다. 중요한 것은 새로운 세계, 이상향의 단계가 설정된다는 것이다. 유가는 일관되게 사람이 추구해야 할 가치가 있음을 역설한다. 그 중심이 인仁이다.

하루는 자공이 공자에게 인에 대해 물었다.

"만약 널리 은혜를 베풀어 뭇 사람을 구제할 수 있다면 어떻습니까? 어질다(仁)고 할 수 있습니까?"

공자가 대답했다.

"어찌 어질다 뿐이겠느냐? 필시 성인일 것이다! 요순 임금도 다하지 못한 바가 아니더냐! 어진 사람은 자기가 서고 싶으면 남도 세워주고 자기가 통하고 싶으면 남도 통해주는 것이다. 자기 처지로부터 남의 처지를 유추해내는 것이 어짊(仁)을 실천하는 방법이다."

기독교가 사랑, 불교가 자비, 도가가 도, 묵가가 겸애라면 유가는 인이다. 인은 유가가 지향하는 최고의 경지다. 요순과 걸주가 현실의 실체로서 이상적인 지향점을 보여준다면 인은 현실적 실체를 넘어 추구해야 할 경지가 된다. 성인도 다하지 못한 경지를 향해 끝없이 나아가야 한다. 그런데 성인도 이루지 못한 경지라면 그것은 신화적인 경지가 된다. 신화의 인물을 현실로 끌어들여 현실의 신화로 만들고 다시 그 신화를 통해 이상의 신화를 추구하고 있는 것이다. 여기에서 우리는 신화의 또 다른 모습을 살펴보아야 한다.

왕은 신이 내린 사람이다. 신은 거역할 수 없는 존재다. 그럼 어떻게 신이 내린 왕을 폐하고 새로운 왕조를 만들 수 있었을까? 문제는 여기에서 시작된다. 기존의 패러다임, 기존의 세계관으로는 왕을 폐할 수 없다.

인문학적 질서

상나라는 신권 사회였으며, 왕은 하늘에서 내린 신의 대리인이었다. 왕을 폐한다는 것은 하늘의 권위에 도전하는 일이었다. 그러나 무왕은 상나라를 멸하고 주나라를 세웠다. 어떻게 그것을 이룰 수 있었을까? 기존의 세계관과 패러다임으로 어찌 할 수 없다면 새로운 세계관과 패러다임을 만들어야 한다. 그렇게 하면 또 다른 역사를 써내려가는 것이 가능해진다. 그럼 주나라 무왕은 상나라 주왕을 벌할 근거를 어떻게 마련했을까? 신의 의지에 반하는 행동을 정당화시켰던 논리는 무엇이었을까? 그 단서는 《상서》〈태서〉에서 찾을 수 있다.

무왕은 하늘이 백성을 가엾게 여겨 백성이 하고자 하는 바를 하늘이 반드시 따른다고 말한다. 하늘이 백성을 따른다는 말은 민심이 곧 천심이라는 뜻이다. 그전까지 하늘의 뜻은 내려오는 것이었다. 하늘이 왕을 내리고 왕은 하늘의 뜻을 받들어 백성을 다스린다. 왕은 하늘의 또 다른 이름이다. 때문에 신하와 백성은 왕을 거역할 수 없다. 상나라의 왕은 하늘의 뜻과 백성을 소유했다. 하늘의 뜻을 소유했으니 백성을 소유한 것은 당연하다.

무왕이 주왕을 벌한 이유는 크게 두 가지다. 첫 번째는 하늘을 공경하지 않았기 때문이다. 하늘의 뜻을 받았으면서도 하늘을 공경하지 않았으니 죄가 된다. 하지만 이것만으로는 부족하다. 하늘의 뜻을 받은 것은 주왕이다. 하늘의 뜻을 증거하지 않으면 주

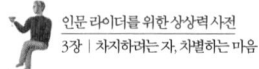

왕을 벌할 수 없다. 그래서 두 번째 이유가 등장한다. 이것이 기존과는 다른 새로운 패러다임이다. 무왕은 주왕이 백성에게 재앙을 내리고 있다고 말한다. 백성을 해하니 그는 벌을 받아야 한다. 여기에서 백성은 하늘만큼 중요한 존재로 부각된다. 백성은 단순한 통치의 대상이나 왕의 소유물이 아니라 하늘의 뜻과 통하는 존재로 바뀌게 된다. 그전까지 하늘의 뜻인 천심은 왕의 뜻인 왕심이었고 왕심이 곧 천심이었다. 그런데 그런 생각에 전복이 일어났다. 천심이 민심이고 민심이 천심이 된 것이다. 하늘의 뜻이 왕에서 백성으로 옮겨진다. 그렇다면 이제 백성에게 재앙을 내리는 무왕은 더 이상 하늘의 뜻을 받든 자가 아니다. 그렇게 무왕은 주왕을 벌할 근거를 마련한다.

무왕이 제기하는 질서는 주나라의 질서다. 상나라의 질서는 주나라의 새로운 담론으로 무력화되고 무왕은 새로운 질서를 이끌어 나갈 주인이 된다. 그것은 그가 백성의 뜻을 가지고 있기 때문이다. 이처럼 백성을 등에 업으면 왕을 폐할 수 있는 근거가 마련된다.

새로운 왕조를 일으키기 위해서는 힘이 필요하다. 새로운 정권이 들어서기 위해서도 마찬가지다. 그리고 그 힘은 민심에서 얻어진다. 민심을 얻기 위해서는 명분이 필요하다. 민심이 납득할 수 있는 논리가 있어야 한다는 말이다. 그 논리는 이전의 논리와 달라야 하는 동시에 이전의 논리를 무력화시킬 수 있어야 한다.

'역易'이라고 하면 우리는 흔히 《주역》을 떠올린다. 하지만 《주역》역시 변해왔다. 《주역》은 주나라의 역을 말한다. 주나라의 역이 지금까지 이어져 역은 모두 주역이라고 생각하게 되었다. 그런데 주나라 이전 상나라에는 《귀장역歸藏易》이 있었고 상나라 이전 하나라에는 《연산역連山易》이 있었다고 한다.

하나라를 멸한 상나라는 《귀장역》을 쓰지 않고 자신의 역인 《연산역》을 썼고, 상나라를 멸한 주나라는 《연산역》대신 《주역》을 썼다. 천지자연의 변화를 설명하는 방법을 달리했다는 것은 인식의 기본 논리를 바꾸었다는 것과 같다. 그것은 세계의 표준시가 바뀌거나 천동설이 지동설로 바뀌는 것과 같은 이치다. 역의 변화는 그래서 세계관의 리셋과 같다.

코페르니쿠스적 전환

생각이 크게 달라졌을 때, 크게 무엇인가를 바꿔야 할 때 코페르니쿠스적 전환이 필요하다고 말한다. 코페르니쿠스적 전환은 세계관이 변했을 때도 사용된다. 그렇다. 이 말은 큰 전환을 의미한다. 하지만 엄밀하게 말하면 모든 전환에 코페르니쿠스적 전환이 적용되는 것은 아니다.

코페르니쿠스적 전환은 임마누엘 칸트에 의해서 정립되었다. 칸트 이전 인식은 대상에 의거한다고 여겨졌다. 이는 내가 대상을 인식하는 것이 아니라 대상이 있기에 내가 그것을 인식한다는 것이다. 하지만 칸트는 이를 역전시킨다. 칸트는 대상에 대한 인식이 주관에 의거한다고 생각했다. 칸트에 의해 인식의 근거는 객관에서 주관으로 옮겨진다. 때문에 칸트의 코페르니쿠스적 전환은 공전이 아니라 자전에 의거한다.

공전이란 지구가 태양의 주위를 도는 것을 의미한다. 자전은 지구가 스스로 고정된 중심축을 중심으로 회전하는 것이다. 공전이냐 자전이냐는 중요한 의미를 갖는다. 만일 지구와 같은 천체를 자신이라고 생각한다면 공전은 태양이라는 중심을 돌며 관찰하는 것이 된다. 그러나 자전에서 움직이는 것은 자기 자신이다. 공전에서 지구가 태양을 도는 주변이라면 자전에서 지구는 그 스스로가 중심이 된다. 무엇이 중심이고 어떻게 도느냐에 따라 생각은 180도 달라진다.

이것을 주관과 인식, 사물에 대입하면 어떻게 될까? 공전은 태양이 중심이고 자전은 지구가 중심이다. 어떠한 대상이 있고 그를 바라보고 인식하는 내가 있다. 그런데 칸트 이전에는 대상이 중심이었다. 대상이 있기에 나는 그것을 관찰하는 주변으로 밀려난다. 하지만 자전이 중심이 되면 자연 법칙은 주변부의 자신이 관찰하고 발견하는 것이 아니다. 중심인 내가 인식하고 부과하는 것이다. 그렇게 인식의 중심을 대상에서 자신으로 전환하는 것이다.

코페르니쿠스적 전환을 다른 말로 하면 수동에서 능동으로의 전환이라 하겠다. 수동적인 존재는 늘 외부에서 핑계를 찾는다. 자신의 변하려 하지 않고 바깥만을 탓한다. 물론 외부의 문제가 있을 수 있다. 하지만 자신이 변하지 않으면 세상도 달라지지 않는다. 능동적인 자아는 다르다. 자신의 중심으로 세상을 바라본다. 이는 독선과 아집이 아니다. 중심을 잃지 않는다는 것이다. 그리고 자신을 먼저 변혁하려 한다. 변혁된 자신이 세상을 바꿀 수 있을 것이라고 믿는다. 수동적인 삶에서 능동적인 삶으로 이행한다면 그것 역시 코페르니쿠스적 변환이라 할 것이다

왕권신수설의 시대에 등장한 사회계약론, 하늘의 뜻이 백성에 있다는 민심과 천심의 등가적 생각은 당시로서는 코페르니쿠스적 전환과 같은 것이었다. 그러나 새로운 패러다임이 아무런 저항 없이 받아들여지는 것은 아니다. 특히 왕권신수설은 또 다른 논리로 반격을 준비했다. 그것이 가부장의 신화다.

가부장의 신화

존 로크의 《통치론》은 〈로버트 필머 경과 그 일파의 잘못된 논거의 발견과 논박〉과 〈시민정부의 참된 기원과 범위 및 목적에 관한 소론〉이라는 두 개의 논문으로 구성되어 있다. 그중 두 번째가 우리에게 알려진 《통치론》이다. 왜 로크는 로버트 필머의 주장을 반박해야 했을까?

1680년 로버트 필머가 쓴 책 《가부장권론(Patriarcha)》이 출판된다. 필머는 왕권신수설을 신봉한 대표적인 논객이었다. 그는 가부장의 권리를 왕권으로 전환시키려 했다. 필머의 주장은 인간의 창조에서부터 시작한다. '신은 최초의 인류인 아담을 창조했다. 그런데 신이 아담에게 가족과 자손을 다스리는 권리를 주었다. 그리고 그 권리는 장자^{長子}에게 상속되었다.' 필머의 논리에 따르면 아버지가 가정을 다스리듯 왕이 나라를 다스려야 한다. 왜냐하면 신이 아담에게 가족과 자손을 다스릴 권리를 주었듯 왕의 권력도 신에게서 받은 것이기 때문이다. 또한 그는 왕이 아담의 권력을 계승했다고 주장한다.

로크는 네 가지 이유를 들어 로버트 필머의 주장을 반박한다. 첫째, 신이 아담에게 그런 권리를 부여했는지가 분명하지 않다. 둘째, 아담에게 그와 같은 지배권이 있었다고 가정해도 아담의 상속자들에게는 그런 권리가 없다. 셋째, 아담의 상속자에게 그런 권리가 있었다고 해도 상속자가 누구인지 알 수 없고 그런 명문의 법이 존재하지 않는다. 그리고 마지막 이유는 도대체 누가 아담의 직계 자손이며 장자냐는 것이다.

필머는 가정의 질서를 국가의 질서로 확대했다. 물론 그곳에 신의 의지라는 양념을 첨가했지만 말이다. 하지만 그가 가정의 질서를 왕권과 연결시킨 것은 언뜻 보면 꽤 괜찮은 발상으로 보인다. 그것은 가정이 사회의 최소 단위이고 무한한 확장성을 갖기 때문이다.

가정의 질서는 왜 그런 확장성을 갖는 것일까? 흔히 가정을 사회의 축소판이라고 말한다. 하지만 반대로 생각하면 사회는 가정의 확대판이다. 앞서 〈서괘전〉에서 '천지 → 만물 → 남녀 → 부부 → 부자 → 군신 → 상하 → 예의'의 순서를 이야기했다. 이 간단해 보이는 구분과 순서에서 복잡한 사회의 작동 원리가 도출된다. 이는 이진법으로 모든 계산을 해낼 수 있는 것과 비슷하다. 가정의 질서는 사회로 확대된다. 그래서 또한 가정의 질서는 사회의 근간이 되는 것이다. 여기에서 한 가지 짚고 넘어가야 할 부분이 있다. 바로 효다.

효

《성경》〈출애굽기〉에는 다음과 같은 구절이 나온다.

"네 부모를 공경하라. 그리하면 네 하나님 여호와가 네게 준 땅에서 네 생명이 길리라."

- 〈출애굽기〉 20:12

효는 십계명에서 다섯 번째 자리에 있다. 효는 동서고금을 막론하고 사람이 지켜야 할 중요한 도리다. 효를 가장 강조한 인물은 공자라고 할 수 있다. 공자에게 효는 인간의 기본이며 사회의 근간이다. 공자는 부모에게 효성스럽고 형에게 공손한 사람 가운데 윗사람을 범하는 사람이 없다고 말한다. 사회의 질서를 해치지 않는다는 것이다.

공자가 사회 질서의 유지를 위해서만 효를 강조했을까? 아니다. 앞서 말한 것처럼 공자에게 효는 인간의 기본이다. 공자는 효의 본질을 이야기한다. 단지 흉내 내는 것이 아닌 마음에서 우러나온 것이어야 한다.

공자는 효를 말함에 있어 봉양을 강조하지 않았다. 좋은 집, 좋은 옷, 좋은 음식으로 봉양을 잘하는 것이 효의 전부는 아니다. 중요한 것은 마음이다. 공자는 그 마음으로 세상을 살아가라고 가르친다.

춘추시대 노나라에 맹무백이라는 대신이 있었다. 맹무백이 공자에게 효를 물었다. 그러자 공자는 이렇게 대답한다.

"부모는 오직 그 자식이 아플까 걱정한다."

맹무백은 아마도 자식이 부모를 어떻게 대해야 하는지를 물었을 것이다. 그런데 공자는 자식이 아니라 부모를 이야기한다. 여기엔 공자의 깊은 뜻이 숨어 있다. 부모는 다른 것을 걱정하지 않는다. 오직 그 자식만을 걱정할 뿐이다. 그 마음을 안다면 자신을 함부로 하지 못할 것이다. 결국 부모에 대한 효는 자신에게 돌아온다. 공자의 제자인 증자는 효성이 깊은 것으로 유명했다.

증자는 병이 깊어 죽음이 가까워오자 제자들을 불러 말했다.

"이불을 걷고 나의 발과 손을 보아라. 《시경》에 이르기를 전전하고 긍긍하며 깊은 연못에 임한 듯하고 얇은 얼음을 밟는 듯하라 했으니 나는 이제야 면한 것을 알겠구나. 제자들아!"

증자는 죽음에 이르기까지 전전긍긍戰戰兢兢, 여임심연如臨深淵, 여리박빙如履薄氷했다. 전전戰戰은 겁을 먹고 몸을 떠는 것이고 긍긍兢兢은 몸을 움츠리며 조심하는 모양을 말한다. 거기에 깊은 못에 임하는 것처럼 여임심연했고 얇은 얼음을 밟는 여리박빙처럼 조심했다. 증자는 무엇을 그토록 조심했다는 것인가? 그리고 마지막에 무엇을 면했다는 것인가? 그것은 자신의 몸을 훼상하여 효를 다하지 못할 것을 조심했고 죽음으로써 그 근심에서 벗어나게 되었음을 말한다.

증자가 그토록 조심했던 것은 몸을 다쳐 아프지나 않을까 염려해서가 아니었다. 자신의 몸이 부모님에게 받은 것이기에 그것을 손상하는 불효를 저지르지 않으려 했던 것이다. 효란 단순히 부모라는 대상에 대한 것이 아니다. 나의 몸은 부모로부터 왔다. 나와 부모는 연결되어 있다.

효는 마음에서 우러나야 한다. 어떤 시늉이나 물질로 이루어지지 않는다. 하지만 가정의 질서가 확대될 때는 위계질서가 있어야 한다. 위계질서에 의한 정치 체제를 구현한 나라가 중국의 주나라였다.

공후백자남

공자에 대한 오해 중 하나가 옛것, 형식, 예의만을 중요시하는 요즘 말로 꼰대라는 것이다. 그러나 그것이 전부가 아니다. 공자는 혼란한 천하를 바로잡고자 했다. 공자가 노나라를 떠나 정나라에 다다랐을 때, 제자들과 길이 엇갈렸다. 자공이 스승을 찾으러 다닐 때, 한 사람이 공자를 이렇게 묘사했다.

"이마는 요임금처럼 생겼고 목은 순과 우 임금 때의 재상 고요 같고 어깨는 자산을 닮았더이다. 그런데 허리 아래가 우임금보다 세 치나 짧은데다가 초췌한 모습이 상갓집 개와 같았소."

― 《사기》〈공자세가〉

공자가 상갓집 개와 같은 초췌한 몰골로 세상을 주유한 것은 혼란한 천하를 바로잡기 위함이었다. 잘못된 무언가를 바로잡기 위해서는 먼저 그 근본적인 이유를 알아야 한다. 춘추시대가 그토록 혼란스러웠던 것은 주나라의 제도와 질서, 법도가 망가졌기 때문이었다. 아들이 어버이를 섬기지 않고 신하가 임금을 섬기지 않았다. 사회관계의 근간이 흔들리고 있었던 것이다. 그 근간을 바로잡기 위해서는 주나라의 질서와 예의를 회복해야 했다. 공자는 주나라의 기틀을 세운 주공을 흠모했다.

공자가 말했다. "심하구나! 나의 노쇠함이여! 오래도다! 내가 꿈에 주공을 뵙지 못한 것이."

― 《논어》〈술이〉

주공은 무왕의 아들이며 상을 멸하고 주를 세운 주문왕의 동생이다. 그는 주나라의 예악과 법도, 그리고 문물과 제도를 세웠다. 그것의 뼈대가 봉건제와 종법제다. 봉건제와 종법제는 가부장 사

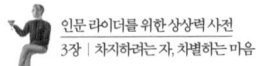

회와 다시 연결된다.

중세 유럽의 귀족들은 자신들의 신분을 세습했다. 그들의 신분은 이름에 따라 서열이 나뉘는데, 프랑크 왕국에서는 헤르초크, 팔츠그라프, 마르크그라프, 그라프, 프라이에르 헤르라 불렸다. 영국에서는 듀크, 마키스, 얼, 바이카운트, 배런이었다. 이들 이름은 작위를 나타낸다. 하지만 우리에게 더 익숙한 명칭은 공작(듀크), 후작(마키스), 백작(얼), 자작(바이카운트), 남작(배런)이다.

공후백자남公侯伯子男은 고대 중국에서 제후의 계급을 나타낸 말이었다. 공후백자남의 등급을 확실히 한 인물이 주공이다. 주나라가 건국된 후 주공은 종친과 공신들을 제후로 봉했는데, 그 수가 수백에 이르렀다. 제후들은 자신들의 땅을 다스리면서 주나라 왕, 즉 천자를 보위해야 했다. 자신의 땅에서는 사치권을 인정받았지만 천자에게 공물을 바치고 유사시 군대를 동원하며 주나라의 시조에게 제사를 지내야 했다. 이것이 바로 주공의 봉건제다. 주공이 봉건제를 만든 것은 나라를 효율적으로 다스리기 위해서였다.

다음으로 주공이 창안한 제도가 종법제다. 종법제란 간단히 말하면 정실부인에게서 태어난 적자 중의 장자가 천자의 보위를 이어받는 것이다. 적자의 장자란 천자와 정실부인 사이에서 태어난 큰아들을 말한다. 이러한 종법제는 제후국에도 적용되었다. 종법제 역시 국가의 안정과 경영을 위해서 실시했다.

　종법제는 엄격한 위계질서를 바탕으로 한다. 맨 아래에는 백성이 있고 백성 위에는 사士의 계급이 있으며 그 위에 경대부가 존재한다. 경대부 위에는 제후가 있는데, 제후 역시 공후백자남의 계급으로 나뉜다. 이들의 숫자는 위로 갈수록 좁아지는 피라미드 구조다. 결국 피라미드의 꼭짓점에 있는 천자는 효율적으로 나라를 다스릴 수 있게 되는 것이다.

　여기에서 중요한 것은 봉건제와 종법제가 예禮의 바탕 위에서 구현된다는 사실이다. 그리고 그 예의 중심에 가정이라는 사회의 최소 단위가 존재한다. 천자는 아버지와 같다. 아버지를 공경하는 것은 가정의 기본 질서다. 그리고 형이 있다. 형 역시 공경해야 한다. 아버지의 권위는 막강하지만 또한 아버지는 아내와 자식에게 지켜야 할 예의가 있다. 이를 국가 단위로 확대하면 제후와 천자, 천자와 백성, 신하와 왕의 관계가 된다.

　춘추전국시대에는 주나라의 예가 무너졌다. 예를 대신한 것은 힘이었다. 힘이 있는 제후는 천자를 무시했고 대부가 힘이 있으면 제후도 두려워하지 않았다. 힘이 지배하는 사회, 때문에 폭력과 전쟁이 난무하는 천하를 구할 방법은 예를 회복하는 것이었다. 기본 질서, 기본의 예를 회복하지 않으면 천하는 구할 수 없었다. 그래서 공자는 예를 강조했다. 《논어》〈팔일〉에는 무너진 예의 한 대목이 나온다.

팔일

공자가 크게 화를 내는 일은 많지 않았다. 그런데 《논어》〈팔일八佾〉에 성난 공자의 모습이 보인다. 춘추시대 노나라는 계씨가 실권을 잡고 있었다. 공자는 계씨에 대해 이렇게 말한다.

"팔일무八佾舞를 그의 마당에서 추니 장차 무엇인들 하지 않는 바가 있겠는가?"

공사는 무척이나 격앙되어 있다. 마당에서 춤을 추는 게 뭐 그리 대단할까 싶지만 속사정은 그렇지 않다. 공자가 분노한 이유는 계씨의 계급과 춤의 관계에 있다. 먼저 계씨는 노나라의 대부다. 대부란 제후를 보좌하는 계급이다. 그런데 그런 계씨가 팔일무를 자신의 집 마당에서 추도록 했다.

팔일무란 8열로 늘어서서 춤을 추는 것을 말한다. 그런데 8열로 늘어서서 추는 춤은 천자의 춤이었다. 6열은 제후, 4열은 대부, 2열은 사士의 춤이었는데, 일개 대부인 계씨가 천자의 춤을 자신의 마당에서 추게 한 것이었다. 그것은 천자의 권위를 부정하는 짓이었고 예를 무시한 처사였다.

춘추시대는 힘이 지배하는 사회였다. 힘이 있으면 무슨 일이든 할 수 있었다. 공자는 그 근본을 해결하고 싶었던 것이다. 그것은 주공이 세운 제도와 법도였고, 주공의 법도는 가부장의 개념에 근거하고 있었다.

하지만 세상을 변혁시키는 방법은 과거의 회복에만 있는 것은 아니다. 새로운 담론으로 새로운 질서를 만들 수도 있다. 철학자들은 사유의 측면에서뿐만 아니라 사회 정치적인 측면에서도 그런 노력을 꾸준히 이어왔다.

공자는 제자들이 세상을 바로잡는 동량으로 쓰이길 바랐을 것이다. 하지만 공자가 유일하게 인정했던 제자 안회는 일찍 세상을 떠났다. 괄괄한 성격에 강직하고 우직했던 제자 자로는 내란 중에 목숨을 잃었다. 하지만 또 훌륭한 제자들이 있었기에 공자의 사상이 금까지 전해져왔다. 그렇다고 공자의 제자가 모두 뛰어난 것은 아니었다. 공자에게 파문당한 제자가 있었다. 그가 백성이 아닌 권력자를 배부르게 했기 때문이었다.

파문

스승과 제자의 관계를 끊고 문하에서 쫓겨나는 것을 파문破門이라고 한다. 공자의 제자 중에 염구라는 인물이 있었다. 공자도 인정하는 제자였다. 노나라의 계강자가 염구에게 정치를 맡겨도 괜찮은가를 물었을 때, 공자는 그가 정치를 할 재주와 능력을 갖추었다고 이야기했다. 하지만 염구는 공자를 자주 실망시켰다. 염구가 공자에게 이렇게 자신의 마음을 토로했다.

"선생님, 저는 선생님의 가르침을 싫어하는 것은 아닙니다. 다만 힘이 부족합니다."

공자의 대답은 싸늘했다.

"힘이 부족한 사람은 중도에 포기한다. 그런데 너는 지금 스스로 한계를 긋고 있다."

포기는 더 이상 할 수 없을 때 하는 최후의 선택이다. 그런데 염구는 스스로 자신이 어디까지밖에 할 수 없다고 한계를 정해놓았다. 공자는 그것을 꾸짖은 것이었다. 하지만 이는 파문의 전조였을 뿐이다.

그럼에도 공자는 염구를 아꼈다. 노나라의 실권자였던 계강자가 정치를 할 제자를 추천해달라고 했을 때 선뜻 염구를 추천했다. 하지만 그 후가 문제였다. 공자가 염구를 추천한 이유는 군주를 도리로 섬기고 올바르게 나아가게 하라는 의미였다. 그러나 염구는 공자의 바람과 다른 행동을 했다. 공자는 염구가 "머릿수나 채우는 신하일 뿐이라고 혹평한다." 신하의 도리를 다하지 못하고 올바르지 않은 길에 앞장섰기 때문이다.

《논어》〈선진〉에는 그 상황이 잘 나와 있다. 계강자는 권력자인 데다 부유하기 이를 데 없었다. 그런데도 염구는 그를 더욱 부유하게 하기 위해 백성들에게 가혹하리만큼 세금을 걷었다. 공자는 제자들에게 말한다.

"염구는 내 제자가 아니다. 제자들아, 북을 울려 그를 공격하라."

공자는 염구가 자신의 도리를 다하지 못하고 세상을 어지럽히자 제자를 파문했다.

조문도석사가의^{朝聞道夕死可矣}. 아침에 도를 들으면 저녁에 죽어도 가하다는 뜻이다. 공자의 말이다. 그렇다면 공자의 도는 무엇이었을까? 그것은 멀리 있지 않다. 바로 자기 자신에게 있는 것이다. 충서^{忠恕}에 해답이 있다.

충서

신라 진평왕 22년(600) 수나라에서 돌아온

원광법사에게 두 화랑이 찾아와 가르침을 청했다. 원광법사는 그들에게 다섯 가지 가르침을 내리니 그것이 바로 사군이충事君以忠(군을 섬김에 충으로써 한다)·사친이효事親以孝(부모를 섬김에 효로써 한다)·교우이신交友以信(벗을 사귐에 믿음으로써 한다)·임전무퇴臨戰無退(전장에 임하여 물러서지 않는다)·살생유택殺生有擇(살아 있는 것을 죽임에 가림이 있다)의 '세속오계世俗五戒'였다. 원광법사에게 가르침을 받은 두 사람은 화랑이 되어 장렬히 싸우다 전사했고 세속오계는 신라 화랑이 지켜야 하는 계율이 되었다.

'사군이충'은 세속오계의 첫머리에 놓인다. 그렇다면 충으로써 섬긴다는 것은 무슨 뜻일까. 우리는 충忠을 임금에 대한 맹목적 충성으로 이해한다. 때문에 충신이라 하면 두 임금을 섬기지 않는다는 '충신불사이군忠臣不事二君'이라는 말을 먼저 떠올린다. 충이 임금에 대한 무조건적인 복종과 헌신과 경애에 국한되어 있다면 역사 속의 왕조 교체나 임금의 폐위는 일어날 수 없다. 하지만 그것이 모두 충의 의미를 설명하는 것은 아니다. 충은 보다 큰 의미를 지니고 있다.

공자가 증자에게 말했다.

"삼아, 나의 도는 하나로 꿰어져 있다."

삼은 증자의 이름이다. 증자는 그저 "예, 그렇습니다" 하고 대답했다. 공자가 밖으로 나가자 옆에 있던 문인이 증자에게 물었다. 공자가 한 말이 무슨 뜻이냐는 것이었다. 증자는 짧게 대답했다.

"선생님의 도는 충忠과 서恕일 따름입니다."

공자는 자신의 도가 하나로 꿰어져 있고 증자는 그 꿰어진 하나가 충서라고 했다. 공자가 말하는 충서에서 '충'은 임금에 대한 충성이 아니다. 충은 참된 마음으로 자신에게 정성을 다하는 것이다. 즉 자신을 참되게 하고 그런 자신을 정성스럽게 하여 긍정한다는 것이다. '서'는 그것이 밖으로 확장되는 것이다. 참된 자신이 다른 이를 헤아리고 참된 마음을 베푸는 것 말이다. 하지만 충은 서가 아닌 성誠과 결합하여 충성忠誠이라는 말로 보편화되었다.

충이 임금에 대한 충성만을 의미하는 것이 아님이 명백해졌다. 그런데 왜 충은 충성이라는 의미를 강하게 발산하게 되었을까? 그것은 사회적인 맥락에 있다. 특히 권력자들은 자신들의 권력 유지를 위해 충의 의미를 강조했다. 맹자는 이런 생각에 반대했다.

제나라 선왕이 맹자에게 상나라의 탕임금이 하나라의 걸을 몰아내고 주나라의 무왕이 상나라의 주를 쫓아낸 일이 있느냐고 물었다. 여기에는 맹자의 속을 떠보려는 의도가 있었다. 상나라를 세운 탕임금이나 주나라를 세운 무왕은 유가에서 높이 떠받드는 인물이었다. 그런데 유가는 신하의 예를 중요시하는 학문이었다. 그런데 어찌 신하가 왕을 해할 수 있느냐는 것이었다. 맹자는 담담히 그런 기록이 있다고 말한다. 그러자 제나라 선왕은 다시 신하가 임금을 죽여도 괜찮느냐고 물었다. 그때 맹자의 일갈이 터져나온다.

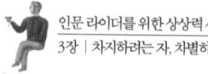

"인을 해치는 자를 포악하다 하고 의를 해치는 자를 잔학하다 합니다. 이 잔학하고 포악한 사람을 일개 필부라고 합니다. 나는 주나라 무왕이 일개 필부인 주를 죽였다는 말은 들었어도 자신의 임금을 죽였다는 말은 듣지 못했습니다."

맹자는 아무리 임금이라 할지라도 인의를 해친다면 일개 필부에 지나지 않는다고 말한다. 결국 유가에서도 충성은 절대적인 요소가 아니었다. 하지만 충이 가진 많은 의미 중에서 어떤 시대에는 충성이 강조되고 어떤 시대에는 충서가 강조되며 또 어떤 시대에는 충성에 또 다른 의미가 강조되어 다른 의미를 발산하게 된다.

어떤 의미가 강조되고 발산되느냐에 따라서 그 시대의 주류 담론이 결정된다. 봉건사회에서는 충성이 중요했을 것이다. 하지만 지금 유가의 충이 갖는 의미를 꼽으라면 그것은 충성보다는 충서일 것이다. 봉건주의 사회나 지금이나 충에는 충성과 충서의 의미가 함께 내포되어 있다. 다만 어떤 사회냐에 따라서 그 의미가 조금씩 달라질 뿐이다.

공자는 사람이 해야 할 바를 말한다. 그리고 사람이 해야 할 바를 세워 세상을 바로잡고자 했다. 학문은 세상과 떨어져 있지 않다. 수많은 이론들은 세상이 어떻게 움직여야 하는지에 대한 의견이었다. 한비자도 마키아벨리도 자신의 정치사상을 펼쳤다. 사회계약론 역시 새로운 사회체제에 대한 논리였다. 여기 또 한 명의 철학자가 있다. 철인이 국가를 통치해야 한다고 주장했던 철학자의 이름은 플라톤이다.

철인 통치

기존의 세계관으로 현실의 문제를 해결할 수 없을 때 새로운 세계관이 등장한다.

기원전 431년부터 기원전 404년까지 아테네와 스파르타는 전쟁을 벌였다. 펠레폰네소스 전쟁이다. 아테네는 스파르타에게 항복했고 그 결과로 30명의 참주가 국가를 지배하는 참주정이 들어섰다. 그러나 참주정은 오래가지 못했다. 시민들의 봉기로 아테네에는 다시 민주정이 들어섰다. 민주정은 아테네 사람들에게 행복을 가져다주었을까? 그렇지 않았다. 아테네는 극심한 혼란에 빠졌고 선동에 휩쓸린 대중은 소크라테스에게 사형을 내렸다.

민주정은 완성된 체제가 아니었다. 그렇다면 어떤 국가를 만들어야 할까? 귀족 케팔로스의 집에서 대토론회가 벌어졌다. 참가자는 글라우콘과 아데이만토스, 트라시마코스, 폴레마르코스, 케팔로스, 그리고 소크라테스였다. 글라우콘과 아데이만토스는 플라톤의 형제였고 트라시마코스와 폴레마르코스, 케팔로스는 소피스트였다. 그렇다면 소크라테스는 어떻게 이 토론회에 참가하게 되었을까?

케팔로스의 집에서 벌어진 토론은 플라톤의 저서 《국가론》의 내용이다. 이 저서에서 플라톤은 새로운 이상 국가의 모델을 제시하려고 했다. 플라톤에게 민주정은 우매한 대중이 지배하는 중우정치에 지나지 않았다. 게다가 그의 스승인 소크라테스는 우매한 대중에 의해 죽음을 맞이한 터였다. 플라톤은 《국가론》에 소크라테스를 등장시켜 자신의 사상을 설파했다.

민주정은 국민이 국가의 지도자를 뽑는 정치체제다. 그런데 국민이 올바른 판단을 할 수 없다면 국민에게 지도자를 뽑게 할 수 없다. 플라톤은 대중을 믿지 않았다. 대중은 실체를 보지 않는다. 그들은 정치가들이 내뱉는 달콤한 말에 휘둘리고 눈앞의 이익에 급급하다. 때문에 그들은 진실 대신 허상을 보고 지도자를 뽑는다.

플라톤은 이상 국가를 건설하기 위해서는 철인哲人이 나라를 다스려야 한다고 주장했다. 그리고 《국가론》에서 철인을 기르는 방법을 자세히 기술했다. 그 시작은 백지 상태의 아이들에게 균등한 기회를 주는 것이다. 아이들을 어른과 격리시켜 10년간 건강을 위한 체육 교육은 물론 정서 함양을 위한 음악 교육, 그리고 수학, 역사, 과학 등을 가르친다. 단, 공부를 강제하지 않는다. 공부는 자연스럽게 배우는 것이기 때문이다. 10년이 지나 아이가 청년이 되면 시험을 치른다. 시험에서 떨어진 청년은 통치자가 될 수 없다. 그러나 자신의 선택에 의해서 직업을 가질 수는 있다. 시험에 합격한 청년들에게 다시 10년의 교육이 더해지고 또 다른 시험을 치른다. 시험에 떨어진 사람들은 행정이나 군사 업무를 맡는다. 이제 통치자 후보는 소수다. 이 소수의 후보가 서른이 되었다. 그들은 이제야 철학을 배울 수 있다. 이렇게 하는 이유는 그들이 자만하거나 쉽게 생각하지 않게 하기 위해서다. 그들이 주로 배우는 것은 이데아론이다.

이데아는 현실에 존재하는 사물이 아니라 인식되는 관념이다. 나무를 예로 들어보자. 우리 앞에 나무가 있다. 그러나 이 나무는 영원하지 않다. 태워질 수도 있고 베어질 수도 있다. 현실의 나무는 그렇게 사라진다. 하지만 관념의 나무는 그렇게 사라지지 않는다. 베어지지도 태워지지도 않는 인식의 나무가 이데아다.

5년간의 철학 교육으로 통치자가 결정되지 않는다. 그들은 다시 15년을 더 배워야 한다. 그렇게 해서 통치자가 탄생한다.

이렇게 탄생한 통치자는 무소불위의 권력을 휘두를까? 그렇지 않다. 통치자는 집도 없고 금전적인 혜택도 없다. 술도 마시지 못하고 사유재산도 없을뿐더러 결혼도 하지 못한다. 통치자는 오직 국가에 헌신해야 한다. 플라톤은 철인이 통치하는 국가를 이상적이라고 생각했다. 이곳에서는 모두가 조화롭고 다툼이 없으며 정의가 구현된다.

동굴에 갇혀 있던 죄수는 촛불이 만든 그림자를 사물의 실체라고 생각했다. 그리고 동굴 밖에 나왔을 때는 따가운 햇빛 때문에 또 실체를 볼 수 없었다. 베이컨은 플라톤의 동굴의 비유에 착안하여 동굴의 우상을 이야기했다. 동굴에서 그림자를 실체로 여기는 것처럼 사람들에게는 자신만의 동굴이 있고 그 동굴에서 본 그림자를 진실로 여긴다는 것이다. 플라톤과 베이컨이 공통적으로 이야기하는 것은 그림자가 아니라 실체를 보라는 것이다. 그런 그림자 중에 독사가 있다.

독사

독사^{doxa}는 '억견^{臆見}'으로 번역된다. 억견이라는 말도 어렵다. 억견은 사전에서 '어떤 근거에 의하지 아니하고 자기 나름대로 상상하는 소견'으로 풀이된다. 이렇게 풀이되는 것은 플라톤과 관련이 있다.

플라톤은 이데아의 세계를 추구했다. 이데아는 감각으로 포착할 수 없다. 그런데 인간은 감각으로 포착한 것을 안다고 말한다. 그 앎이 영원불변한 것일까? 그 앎이 객관적일까? 그렇지 않을 것이다. 상황이나 상태에 따라 달라지게 마련이다.

자신이 아름답다고 여기는 것은 스스로의 감각기관이 그렇게 인지하기 때문이다. 다른 사람에게도 아름답게 보일까? 오늘 아름답게 느껴지던 광경이 내일도 아름다울 수 있을까? 바다를 보며 아름답다고 생각했는데, 사랑하는 사람과 비극적 헤어짐을 경험한 바다도 아름다울 수 있을까? 감각으로 포착된 앎은 변화한다. 하지만 바다라는 관념은 변하지 않는다. 더구나 바다는 모두 같지 않다. 세상의 물질은 변화한다. 그런데 변화하는 감각으로 포착한 변화하는 사물에 대한 지각이 완벽할 수 있을까? 이처럼 개인의 감각에 의해 지각되는 것을 플라톤은 독사라고 했다.

그렇다면 플라톤에게 있어 참지식이란 무엇이었을까? 독사의 반대라면 되지 않겠는가? 그것은 눈, 코, 귀와 같은 감각기관으로 포착되지 않는 변화하지 않는 지식이다. 변화하지 않는 이데아를 지각하는 그런 지식을 플라톤은 에피스테메^{episteme}라고 불렀다.

플라톤의 독사는 롤랑 바르트에 의해 다른 의미를 부여받는다. 바르트는 독사를 '세간의 통념', '여론', '다수의 정신', '소시민의 합의' 등으로 풀이했다. 이런 것들은 모두 변할 수 있다. 하지만 또한 쉽게 변하지 않고 다른 사람들에게 폭력을 행사할 수 있는 것들이기도 하다. 여론이기 때문에, 다수이기 때문에 다른 생각과 말을 원천 봉쇄하는 모습을 우리는 종종 본다.

독사는 새로운 것을 가로막는다. 기존의 통념이 굳건하면 새로운 창조는 반동이 된다. 그래서 바르트는 독사를 뒤집을 것을 천명했다. 낡은 통념인 독사를 전복하고 해체하여 새로운 것을 이뤄내려 했다. 독사를 뒤집는 것, 그것은 바로 패러독스다.

제논의 패러독스

그리스 신화에 등장하는 영웅 아킬레우스와 거북이 달리기 경주를 하면 누가 이길까? 알다시피 아킬레우스는 최고의 달리기 선수이고 거북은 최고의 느림보다. 당연히 아킬레우스가 이길 것이다. 하지만 제논의 이야기를 들으면 고개를 갸우뚱하게 된다. 전제는 거북과 아킬레우스의 출발선상이 다르다는 것이다.

만약 아킬레우스가 거북보다 10배 빠르다면 거북은 10미터 앞에서 출발한다. 거북이 1미터를 가는 동안 아킬레우스는 10미터에 도달했을 것이다. 하지만 둘은 아직 1미터의 차이가 있다. 거북이 다시 10센티미터를 가면 아킬레우스도 다시 1미터를 갔을 것이다. 둘의 차이는 10센티미터다. 이렇게 반복하다보면 아킬레우스는 1센티미터 차이로, 1밀리미터 차이로 거리를 좁히지만 거북을 따라잡을 수는 없다.

이러한 논리를 주장한 사람이 제논이다. 그는 아킬레우스가 거북을 영원히 따라잡지 못할 것이라고 했다. 그러나 그가 한 가지 간과한 사실이 있다. 바로 속력이다. 이것을 제논의 패러독스라고 한다.

패러독스는 사전에서 '일반적으로는 모순을 야기하지 아니하나 특정한 경우에 논리적 모순을 일으키는 논증'으로 풀이된다. 하나의 명제에서 모순된 결론을 낳는 것을 패러독스라고 한다. 그런데 이 패러독스는 뒤집는다는 'para'와 의견을 뜻하는 'doxa'의 결합으로 만들어졌다.

패러독스는 사람들에게 생각을 하게 만들어준다. 그것이 정말 옳은가를 논리적으로 따지게 만듦으로써 진리를 찾아나가게 돕는다. 물론 시대에 따라 진리라고 불리는 것들도 변해왔다. 이 말에도 역설이 있다. 변하는 것은 진리라 부를 수 없기 때문이다. 그러나 역설적인 시대는 언제나 있어왔다.

지금에 와서 돌이켜보면 말이 안 되는 이야기도 있었고, 황당한 이론도 있었다. 불합리하고 부조리해 보이는 사상이 세상을 지배할 때도 있었다. 그러나 그것은 역설이다. 당시에는 그것들의 존재 이유가 있었다. 반면에 당시에는 부정당하거나 배척받았던 사상이나 이론이 지금에 와서는 옳은 것으로 판명되기도 한다. 갈릴레이가 살았던 시대로 돌아가보자.

두개의 우주 체계에 관한 대화

코페르니쿠스는 지동설을 주장했다. 그것은 세계관의 격변이었다. 그전까지 지구는 우주의 중심이었고 우주의 중심인 지구는 움직이지 않아야 했다. 그러나 코페르니쿠스는 지구 중심의 우주관을 뒤집었다.

천동설은 오래된 우주관이었다. 그것은 어쩌면 당연한 것일지도 모른다. 고대인들은 자신이 밟고 서 있는 땅의 움직임을 감지할 수 없었다. 움직이는 것은 하늘에 떠 있는 별이었다. 땅이 고정되어 있고 하늘의 별이 움직이니 지구가 우주의 중심으로 움직이지 않는다는 천체관은 자연스럽게 받아들여졌을 것이다. 그리고 그리스의 천체학자 프톨레마이오스의 《알마게스트》에 의해 천동설은 확립된다.

코페르니쿠스가 지동설을 주장했지만 아직 불완전했다. 현재 우리가 알고 있는 천체의 모습과도 달랐다. 지동설을 더욱 확고

하게 만든 인물은 갈릴레이다. 갈릴레이는 지동설을 주장하다 많은 고초를 겪었다. 그는 1613년 《태양의 흑점에 관한 서신》을 통해 지동설을 옹호했다가 비록 약식이었지만 종교재판에 회부되었다. 재판에서 갈릴레이는 지동설을 포기하는 것은 물론 그것을 가르칠 수도 말할 수도 없다는 판결을 받는다. 그러나 갈릴레이는 1632년 《두 개의 우주 체계에 관한 대화》를 발표했고 다시 종교재판에 회부되어 유죄 선고를 받는다. 갈릴레이는 연금되었다.

갈릴레이의 주장이 왜 그처럼 큰 파장을 불러왔을까. 그는 지동설이라는 단순히 새로운 과학의 학설을 주장한 것이 아니었다. 갈릴레이의 주장에는 기존의 세계관을 부정하는 주장이 담겨 있었다. 게다가 그것은 당시 신성불가침이라고 여겨지던 아리스토텔레스의 학설을 반박하는 것이었다.

《두 개의 우주 체계에 관한 대화》는 지동설을 주장하는 살비아티, 천동설을 신봉하는 심플리치오, 그리고 이들의 대화를 중립적으로 조정하는 사그레도가 나흘간 나눈 대화로 구성된다. 이들의 대화를 통해 갈릴레이는 지동설을 논증하고 천동설을 반박한다. 그런데 천동설에 대한 반박은 아리스토텔레스의 운동 법칙과 정의를 부정할 수밖에 없다. 결국 지동설은 당시의 세계를 지배하고 있던 세계관에 대한 반동이 되었던 것이다.

새로운 세계관은 기존의 세계관을 파괴해야 하고 그 파괴에는 필연적으로 대립이 따른다. 하지만 지배 구조가 모든 것을 완전히 장악하고 있는 것은 아니다. 코페르니쿠스 이전 이미 기원전 3세기 알렉산드리아의 천문학자 아리스타르코스는 지동설을 비롯하여 지구의 공전과 자전을 주장했다. 하지만 프톨레마이오스 이후 1400년까지 지동설은 수면 위로 드러나지 않았다.

천동설이 지배하던 시대에도 지동설은 숨을 쉬고 있었다. 세상에 사라지는 것은 없다. 숨을 죽이고 좀처럼 모습을 드러내지 않을 뿐 분명 존재하고 있다. 어떤 사상은 드러나 위력을 발휘하고 어떤 사상은 숨는다. 프랑스의 사회학자 질베르 뒤랑은 이를 물줄기에 비유한다.

의미의 물줄기

질베르 뒤랑은 사회·역사적인 맥락 속에서 특정 신화가 강화되기도 하고 약화되기도 한다고 말한다. 그는 신화의 해석은 사회·역사적 맥락 속에서 이루어져야 한다고 주장한다. 한 시기의 문화는 인류가 만들어낸 문화 요소 속에서 특정한 것이 강조되고 강화된 문화이며 이들은 사라졌다 다시 나타나는 과정을 반복한다.

뒤랑은 또한 신화 비평이라는 용어를 사용하는데, 이는 다양한 예술 비평의 구조적 종합을 꾀한다는 의미를 내포하고 있다. 신화 비평은 심리 비평과는 달리 개인에서 집단의 심리라는 시선의 확장을 시도하여 개인적 신화, 역사적 상황, 사회적 의미를 총괄한다. 뒤랑은 다양한 사회·역사적 맥락 안에서의 신화에 대한 해석을 시도하고 있다.

한 시대에는 그 시대를 지배하는 지배적인 구조가 있다. 물론 그것은 완전한 지배도 항구적인 지배도 아니다. 뒤랑은 이를 '의미의 물줄기'라는 개념으로 설명한다. 강에는 원천이 있다. 원천으로부터 스며나온 물은 또 다른 물줄기를 만나 커다란 흐름을 형성한다. 그럼 그 강은 이름을 갖게 된다. 뒤랑이 이야기하는 의미의 물줄기는 크게 6단계로 나뉜다.

❶ 스며나옴

하나의 문화에는 여러 가지 흐름이 존재한다. 그것들은 오래된 것일 수도 있고 새로 만들어진 것일 수도 있다. 오래전 역사적 사건일 수도 있고 신화일 수도 있으며 철 지난 유행일 수도 있다.

❷ 분수기

스며나온 물줄기들이 결합하면 하나의 흐름을 만든다. 문예사조나 학파가 여기에 해당한다. 그런데 세상엔 하나의 물줄기만 있는 것이 아니다. 대립되는 물줄기와 새로운 물줄기는 서로 싸움을 벌인다.

❸ 합류기

대립에서 하나의 물줄기가 형성된다. 공신력을 획득하는 것이다.

❹ 강의 이름

이제 물줄기는 하나의 역사나 신화, 학설이 된다.

❺ 연안 구획

하나의 역사나 신화, 학설은 확고한 이론적 뒷받침으로 공고화된다.

❻ 곡류와 삼각주 곡류

물줄기는 영원하지 않다. 다른 물줄기에 흡수되거나 나뉜다.

물론 이러한 현상이 항상 시간적 배열에 따르는 것은 아니다. 또한 하나의 물줄기, 하나의 강이 된 하나의 지배 구조에 놓여 있는 것도 아니다. 흐르는 강에는 또 다른 흐름이 존재한다. 물이 마른 곳은 새로운 강을 준비하고 흐르는 강은 또 흡수될 수 있는 것이다.

뒤랑이 중요하게 생각한 것은 연결이다. 인간이 홀로 존재할 수 없는 것처럼 인간의 문화도 모두 연결되어 있다. 따로 떼어낼 수 있는 것은 없다. 그들은 서로에게 끊임없이 운동성을 가하고 있다.

4장

진실을 믿는가, 믿는 것이 진실인가

보이지만 사실이 아닌 것이 있고 보이지 않지만 사실인 것이 있다. 우리는 보이는 이미지에 쉽게 현혹된다. 정치가가 사진을 찍는다. 시장에서 모락모락 김이 나는 국밥을 말아 먹으며 스스럼없이 옆에 앉은 사람과 대화를 한다. 참으로 서민적인 모습이다. 하지만 그 정치가가 정말 국밥을 좋아하는지, 평소에도 시장을 찾는지, 서민과의 대화를 즐기는지는 사진으로 알 수 없다. 사진은 사실과 상관없이 그 정치가의 이미지를 생산하고 전달할 뿐이다. 이미지는 사실을 조작할 수 있다. 롤랑 바르트는 그것을 파헤친다.

파리마치

신화는 역사가 된다. 역사는 또한 신화가 된다. 이를 못마땅하게 생각한 학자가 있었다. 바로 롤랑 바르트였다. 기호언어학의 대가였던 롤랑 바르트는 현실과 신화, 그리고 이데올로기에 많은 관심을 가졌다.

1954년부터 알제리는 프랑스와 8년간 독립전쟁을 벌였다. 아프리카 대륙 북서부에 위치한 알제리는 1830년대부터 프랑스의 식민지였다. 그 긴 식민지 생활을 끝내기 위해 '민족해방전선(FLN)'이 봉기했고 결국 알제리는 1962년에 독립을 이루었다.

알제리 녹립전쟁이 벌어지던 당시 롤랑 바르트는 이발소에 들르게 되었다. 이발소에는 프랑스의 대표적인 주간지였던 『파리마치』가 놓여 있었다. 그리고 바르트는 그 잡지의 표지 사진에서 신화와 현실이라는 문제에 직면하게 되었다. 사진은 펄럭이는 프랑스의 국기를 올려다보며 경례를 하는 흑인 병사의 모습을 담고 있었다. 사진엔 아무 이상이 없다. 흑인 병사가 있을 수 있고 그 흑인 병사는 프랑스군일 수도 있다. 그가 프랑스 국기에 손바닥을 앞으로 뒤집어 보이게 하는 프랑스식 경례를 하는 것도 이상하지 않다. 하지만 그 이면을 들여다보면 그것이 얼마나 순진한 생각인지를 알게 된다.

문제는 맥락이다. 당시는 알제리 독립전쟁 시기였다. 프랑스를 비롯한 서구 열강은 아프리카를 무참히 짓밟았고 식민지로 삼았다. 그리고 알제리의 민족해방전선이 봉기했다. 프랑스와 아프리카는 제국주의와 식민지라는 양 극단에 놓여 있었다. 그런데 『파리마치』의 표지 사진은 전혀 다른 이미지를 생산한다.

프랑스 국기는 프랑스를, 흑인 병사는 아프리카를 상징한다. 흑인 병사는 프랑스 국기에 프랑스식 경례를 하고 있다. 바르트는 《신화학》에서 이를 기호학적으로 해석한다. 사진이 보여주는 것은 기표다. 기표는 보이는 것, 들리는 것이라고 할 수 있다. 기표는 의미를 전달하는 방식이다. 그리고 기표가 전달하는 의미는 기의가 된다. 주간지 표지 사진의 기표는 '흑인 병사가 프랑스 국기에 경례를 한다'이다. 그러나 사진은 다른 의미를 내포한다.

위대한 제국주의 프랑스에는 흑인 병사가 있다. 그는 아프리카 출신이다. 그러나 그도 프랑스에 충성을 다한다. 프랑스 국기 아래 모두가 복무한다. 알제리 독립전쟁은 잘못된 것이다. 의미는 이렇게 확산된다.

사진을 통해 프랑스의 식민제국주의는 정당화되고 알제리의 독립전쟁은 정당하지 못한 행위로 인식된다. 사진은 제국주의라는 잘못된 역사, 독립전쟁이라는 정당한 현실을 부정하고 새로운 의미를 만들어낸다.

바르트는 그것을 신화라고 생각했다. 그래서 역사와 현실을 부정하고 새로운 이데올로기의 생산을 통해 다른 역사와 현실을 만들어내는 신화를 못마땅해했다. 신화의 힘은 신화가 최초를 이야기한다는 데 있다. 신화는 최초의 사건을 이야기한다. 최초란 근본을 말한다. 그래서 신화가 말해지거나 행위된다는 것은 근본을 재연하는 것이다. 그 근본에서 다시 시작하기 때문에 신화는 새로운 역사를 쓸 수 있다. 하지만 신화는 신화로서만 존재하지 않는다. 동시대에 하나의 신화만 존재하는 것도 아니다.

신화가 확고한 믿음의 체계로 정착하면 신화는 역사로 변모한다. 그럼 두 개의 역사가 존재하게 된다. 하나는 실체로서의 사건인 실체적 역사다. 다른 하나는 그렇다고 믿는 믿음으로써의 역사다. 그것은 역사가가 이야기하는 역사와 사람들이 기억하는 역사가 다름을 의미한다. 또한 역사가가 이야기하는 역사 역시 시간의 흐름에 따라 실체적 사실이 오도되었을 경우 신화가 역사가 될 수 있음을 뜻하는 것이기도 하다.

진실과 믿음이 항상 일치하는 것은 아니다. 그것은 사람들이 진실이기 때문에 믿는 것이 아니라 믿는 것을 진실이라 여긴다는 말이다. 그렇게 본다면 진실과 믿음은 혼돈 속에 놓이게 된다. 기독교인은 야훼의 천지창조를 부정할 수 없는 진실이라 여긴다. 게다가 그들에게 있어 야훼의 일은 야훼의 역사가 된다. 여기에서 역사는 현실에서 발생한 사실에 대한 기록이 아닌 믿음의 역사이며 관념의 역사다. 더욱이 이러한 믿음 체계에서 신앙에 의거한 역사는 새로운 판단 영역이 된다.

패러히스토리

객관성은 역사의 근간이다. 의문은 여기에서 시작된다. 절대가 있는가? 우리는 이미 절대적인 객관이 존재하지 않음을 알고 있다. 그렇다면 역사가가 기록한 역사의 텍스트는 객관적일까? 우리는 객관적으로 과거를 회상할 수 있을까? 하나의 사건을 기록할 때 역사가는 필연적으로 시대의 패러다임을 비롯한 자신의 가치관, 계급, 국가, 민족 등의 요인에 영향을 받게 된다. 그래서 역사가의 역사는 역사가의 선택에 의한 서술이 된다. 역사에 주관이 개입되는 것은 막을 수 없다.

일반적으로 신화는 로고스의 반대편인 미토스의 영역에 놓인다. 그러나 신화의 존재 이유는 논리적이다. 지금의 우리에게 신화가 이야기하는 내용은 비논리적이고 황당해 보인다. 하지만 신화는 설명할 수 없는 것들, 그것이 어떻게 생겨났는지를 이야기하기 위해 존재한다. 내용을 떠나 그 존재 자체에는 논리적이고 당위적인 이유가 있다. 게다가 신화는 자신만의 논리 구조를 가지고 있다. 그것은 《반지의 제왕》이 허구의 상상계를 그리고 있지만 그 속에 정밀한 논리가 숨어 있는 것과 마찬가지다. 때문에 우리는 그 소설을 읽으며 고개를 끄덕이는 것이다. 그렇다면 신화는 비논리적인 상상의 세계에 있지만 논리적인 구조를 가지고 있다는 말이 된다. 그래서 신화는 미토스의 영역에서 로고스를 포함한다.

역사는 로고스라는 이성의 영역에 있다. 하지만 역사에는 역사가의 주관과 상상력이 개입되어 있다. 그래서 역사는 로고스의 영역에서 미토스를 함유하고 신화는 미토스의 영역에서 로고스를 함유한다.

맨체스터대학의 비평용어 시리즈 중 《신화》를 집필한 루스번K.K.Ruthven은 실세로 발생한 사건은 그 사건의 기술을 통해서 인식되기 때문에 역사가는 신화의 창조자가 될 수밖에 없다고 말한다. 그는 '패러히스토리'라는 말을 쓴다. 패러히스토리는 역사의 모습을 한 신화이며 신화의 모습을 한 역사다. 마이클 그랜트는 《고대 신화 사전Who's who in Classical Mythology》에서 또 이렇게 이야기한다.

많은 심리학자와 문화인류학자가 이미 인정하고 있듯이 이 이야기들 속에는 인간 일반의 상황과 사례에 대한 심오한 통찰로 가득

차 있다. 말할 나위 없이 그 이야기들이 우리에게 전해주는 것은 역사적 진실이 아니다. 그것은 다른 종류의 진실이다. 말하자면 패러히스토리라고 불릴 수 있는 것이다.

건국신화는 이러한 패러히스토리가 가장 잘 드러나는 장이다. 중국은 하나라, 상나라, 주나라의 정확한 시기와 실체를 밝히기 위해 '하상주단대공정'을 벌였다. 여기에 더하여 삼황오제의 신화를 역사에 편입하기 위한 시도를 하고 있다. 왜 중국은 신화를 역사화하려는 것일까? 신화가 허구가 아닌 사실이라는 역사의 영역에 들어설 때 또 다른 기능을 수행하기 때문이다.

우리가 역사에서 찾는 것이 과연 과거의 사실뿐일까? 역사가 있음으로 인해 우리는 새로운 현재와 미래를 열 수 있다. 역사는 우리에게 하지 말아야 할 것과 해야 할 것을 알려준다. 고대 동양에서는 역사를 통치자의 거울이라고 여겼다. 역사는 가르침을 줄 뿐만 아니라 도덕의 틀까지 제공한다. 사람이 하늘과 하늘의 신이 주재하는 세상을 믿을 때, 역사를 기록한다는 것은 바로 신성한 임무가 된다. 또한 역사는 정치권력의 정통성과도 연결된다. 역사가 있음으로 인해 권위가 생겨난다. 어떤 경우 신화는 역사의 시작이 되기도 한다. 그것은 신화가 신성한 것이고 신성한 신화로부터 시작된 역사는 신성함을 획득하기 때문이다. 신화는 역사로만 바뀌는 것이 아니다. 때로는 역사가 신화로 바뀌기도 한다.

고려를 건국한 왕건은 원래 개성의 호족이었다. 하지만 왕이 되면서 선조를 신화화할 필요를 느끼고 새로운 신화를 만들어냈다. 6대조 호경이 산신과 부부가 된다거나 왕건이 아버지 작제건과 서해 용왕의 딸 사이에서 태어났다는 식으로 말이다. 이렇게 하여 왕건은 신성한 핏줄을 가진 이미 왕으로 점지되었던 인물이 된다. 〈용비어천가〉 역시 이성계의 조선 건국이 하늘의 천명을 받아 이루어진 것임을 밝히고 있다. 건국신화는 이처럼 이미 일어난 역사를 신화화한다.

하지만 신화가 무서운 것은 신화에 의해 부여된 정당성이 어느 곳으로 향할지 모른다는 사실이다. 신화는 광기를 만들기도 한다. 광기가 만들어지는 것은 그것이 논리적 정당성을 부여받았기 때문이다.

중요한 것은 어떤 의미를 부여하느냐다. 그 다음은 부여된 의미가 사람들에게 믿음을 줄 수 있느냐다. 사람들은 전쟁을 싫어한다. 하지만 곧잘 전쟁의 광기에 빠진다. 전쟁은 의미가 부여되고 그것이 필요한 일이라고 인식되면 발발한다. 그러나 그 속에는 수많은 사람들의 이해관계가 얽혀 있다. 역사에서 어처구니없는 전쟁이 계속 이어졌다. 십자군 전쟁도 마찬가지다.

은자 피에르

어깨와 가슴에 십자가 표시를 한 기사들을 십자군이라고 불렀다. 그들이 11세기 말에서 13세기 말까지 벌인 전쟁을 십자군 전쟁이라고 한다. 전쟁의 이유는 단순했다. 그리스도교의 성지 예루살렘을 이교도인 무슬림으로부터 탈환하려는 것이었다. 그러나 이 전쟁의 원인이 종교적 원인으로부터 출발했다고 보는 것은 순진한 생각이다.

교황 우르바노 2세는 황제보다 강한 권력을 갖고자 했다. 영주들은 더 많은 영지가 필요했다. 그것은 하급 기사들도 마찬가지였다. 여기에 이슬람 땅에서 엄청난 부를 얻고자 하는 상인들과 희망을 잃고 방황하던 농민들이 가담했다. 그런데 이들이 바라는 것은 모두 달랐다. 이들을 하나로 엮어줄 명분이 필요했다. 그 명분을 제공해준 인물이 은자 피에르였다.

처음 사람들은 그를 그저 광신도라 생각했다. 그도 그럴 법한 게, 그는 당나귀를 타고 다니며 항상 이슬람과 전쟁을 해서 예루살렘을 탈환해야 한다고 말했다. 그리고 허황되게도 그 말은 자신의 뜻이 아니라 꿈에 나타난 베드로의 계시라고 했다. 아무도 피에르의 말을 곧이곧대로 믿지 않았다. 사람들은 그를 미치광이로 취급했다. 하지만 사건은 생각지도 않은 데서 터지는 법이다.

한 장의 사진, 한 장의 글이 세상을 바꾸기도 한다. 중요한 것은 그것이 어떤 맥락에 놓이느냐다. 어린아이의 전쟁 선언과 국가 지도자의 전쟁 선언은 전혀 다른 의미다. 사람들이 미치광이 취급을 하는 피에르의 말은 어린아이의 말과 다르지 않았다. 하지만 교황 우르바노 2세의 생각은 달랐다.

교황에게는 전쟁이 필요했다. 전쟁을 원하는 사람들도 있었다. 하지만 명분이 부족했다. 그 명분을 피에르가 제공하게 된다. 게다가 피에르는 자신의 말이 베드로의 계시라고 했다. 교황이 피에르의 말을 이용하고 그것이 계시임을 인정하자 모든 상황은 변했다. 그렇게 은자 피에르는 전쟁의 도화선이 되었다.

신화는 믿음을 바탕으로 한다. 전쟁이라는 광기를 만든 것은 은자 피에르의 말이 신화가 되면서부터다. 은자 피에르는 우쭐했을지 모른다. 그래서일까? 그는 정식으로 군대가 출발하기에 앞서 일반 민중들을 이끌고 나아갔다. 광기에 휩싸인 십자군은 가는 곳마다 학살과 약탈을 일삼았다. 그들은 스스로를 신이며 정의라고 생각했다. 하지만 그들은 이슬람 군대를 만나기 전에 만신창이가 된다. 헝가리 기병에게 치명타를 입고 베오그라드의 중장보병을 만나 궤멸 직전에 이른다. 그리고 이슬람 군대를 만나 전멸한다. 이것이 은자 피에르가 이끌었던 군중 십자군의 말로였다. 하지만 십자군 전쟁은 그 후 오랫동안 계속되었다.

십자군 전쟁은 성지 예루살렘을 이슬람으로부터 탈환하자는 것이었

다. 침략에는 명분이 필요하다. 상대를 악으로 규정하지 않으면 전쟁의 잔혹성을 발휘하기 힘들다. 이슬람은 십자군에게 분명 종교적인 악이었을 것이다. 하지만 종교보다 더 현실적인 악의 모습을 보여줄 필요가 있었을 것이다. 이때 이미지가 조작된다. 이슬람의 이미지를 조작한 대표적인 말이 '한 손에는 꾸란, 한 손에는 칼'이다.

꾸란과 칼

무슬림은 하루에 다섯 번 메카를 향해 예배를 올린다. 예배는 무슬림이 지켜야 할 다섯 가지 기둥 중 하나다. 무슬림은 알라를 유일신으로 믿으며 하루에 다섯 번 예배를 올리고 헌납하고 단식하고 순례해야 한다. 그리고 그들은 라마단 기간에 단식을 한다. 라마단은 이슬람력의 아홉 번째 달로 '더운 달'이라는 뜻을 가지고 있다. 이 기간에는 해가 떠서 질 때까지 음식과 물을 먹지 않는다. 그것은 천사 가브리엘이 아라비아의 한 동굴에서 이슬람을 창시한 무함마드에게 꾸란을 가르친 것을 기념하기 위해서다.

이슬람의 성전인 꾸란은 무함마드가 동굴에서 천사의 음성을 들은 610년부터 632년까지 알라의 가르침을 기록한 경전이다.

그런데 꾸란을 이야기할 때마다 같이 말해지는 구절이 있다. '한 손에는 칼, 한 손에는 꾸란'이다. 여기에서 칼은 학살을, 꾸란은 종교를 가리킨다. 한 손에는 꾸란을 들고 이슬람을 믿으라 했다가 믿지 않으면 칼로 죽음을 내렸다는 것이다. 그러나 이 말 역시 거짓된 신화다. 문명 교류를 연구하는 정수일에 따르면 이 말을 처음 한 사람은 십자군이 마지막 패배를 당할 때 활동했던 토머스 아퀴나스다. 그렇다. 이 말은 이슬람에 대한 악의적인 선동이며 거짓이다.

사실 이슬람은 종교를 강요하지 않았다. 꾸란 또한 신앙을 강요하라고 하지 않았다. 대신 그들은 세금을 걷었을 뿐이다. 세금만 내면 어떤 종교를 갖든 상관없었다. 점령지의 사람들을 학살하거나 노예로 삼던 당시에 이슬람의 태도는 파격 그 자체였다. 하지만 지금 우리의 기억 속에 꾸란과 같은 함께 있다.

조작된 이미지, 예언자의 허황된 말, 이를 이용하는 지배 세력의 교묘한 선전전과 이해관계가 얽힌 사람들에 의해 십자군 전쟁이 일어났다. 그리스 신화에는 이보다 더 황당한 이유로 일어난 희대의 전쟁이 있다.

파리스의 심판

인간들은 전쟁을 신의 탓으로 돌린다. 신을 위해서 전쟁을 했다는 것도 어쩌면 자신들의 행위를 정당화하기 위해서였는지 모른다. 신의 탓이든 신을 위해서든 인간들은 끊임없이 전쟁을 이어왔다. 특히 그리스인에게 신은 어떤 사건이 일어나게 된 중요한 모티프였다. 그것엔 말할 것도 없이 전쟁도 포함된다.

크라나흐, 로랭, 루벤스, 부셰, 워츠의 공통점은 무엇일까? 첫 번째는 이들이 화가라는 점이다. 그럼 두 번째 공통점은 무엇일까? 이들은 모두 동일한 주제의 작품을 그렸다. 세 여신과 목동으로 표현되는 그림의 주제는 파리스의 심판이었다.

파리스는 트로이의 왕자다. 그런데 그는 왜 그림에서 목동의 모습을 하고 있을까? 파리스의 어머니이자 트로이의 왕비였던 헤카베가 꾼 꿈 때문이었다. 파리스를 낳을 무렵 헤카베는 횃불이 트로이를 불태우는 꿈을 꾸었다. 그것은 트로이의 멸망을 암시하는 불길한 전조였다.

나라를 파멸시킬 운명을 타고 태어난 파리스는 이데산에 버려진다. 터키 북서부에 위치한 이데산은 제우스가 태어나고 헤라와 결혼식을 올린 그리스 신화의 성소라고 할 수 있다. 이데산에 버려진 파리스는 양치기들에게 구조되어 살아난다. 그리고 이곳에서 심판을 내린다.

그 심판은 불화의 여신인 에리스가 던진 사과에서 비롯된다. 에리스는 바다의 여신인 테티스와 테살리아 프티아의 왕인 펠레우스의 결혼식에 초대받지 못한다. 불화의 여신이 결혼식에 초대받지 못하는 것은 당연한 일이다. 하지만 그로 인해 더욱 큰 불화가 일어난다.

에리스는 헤라와 아프로디테, 아테네의 앞에 사과를 던지며 '가장 아름다운 여신에게'라는 말을 남긴다. 자신이 가장 아름다운 여신이라고 자부하던 세 여신은 사과를 놓고 다툰다. 여신들의 다툼에 당대 최고의 미남이었던 파리스가 심판을 보게 된다.

여신들은 파리스에게 귀가 솔깃할 제안을 한다. 헤라는 지혜를, 아테네는 최고의 권력을, 아프로디테는 세상에서 가장 아름다운 여인을 주겠다고 한다. 파리스는 아름다운 여인을 선택한다. 그것은 아프로디테를 가장 아름다운 여신으로 인정한 것이자 나머지 두 여신이 아프로디테보다 아름답지 않다는 것을 선언하는 것이었다.

아프로디테는 약속대로 파리스에게 가장 아름다운 여인인 스파르타의 헬레네를 준다. 그러나 그것은 거대한 전쟁의 서곡이었다. 헬레네는 스파르타의 왕 메넬라오스의 부인이었다. 아내를 빼앗긴 메넬라오스는 분노하여 그리스의 영웅들을 불렀다. 형인 아가멤논, 아킬레우스, 오디세우스, 아이아스가 합류했다. 헤라와 아테네도 이들을 도왔다.

그러나 이에 맞서는 트로이군도 만만치 않았다. 트로이에는 용맹스러운 왕자 헥토르가 있었다. 그리고 헥토르의 사촌이자 아프로디테의 아들인 아이네이아스, 에티오피아의 왕 멤논도 가세했다. 트로이 전쟁은 10년이나 계속되었다. 하지만 오디세우스가 만든 목마에 의해 트로이는 함락된다.

이 트로이 전쟁과 전쟁 이후 오디세우스의 모험을 그린 그리스의 장편 대서사시가 호메로스의 《일리아스》와 《오디세이아》다. 그러나 사람들은 트로이 전쟁을 시인이 그려낸 허구의 신화라고 생각했다. 허구의 신화가 역사의 반열에 오른 것은 한 인물 때문이다. 트로이 전쟁을 역사라 믿었던 고고학자 하인리히 슐리만은 트로이 유적을 발굴함으로써 신화를 역사로 바꾸어놓았다.

트로이 전쟁은 영웅과 신들이 함께 어우러진 전쟁이었다. 신과 영웅이 등장하는 동양의 전쟁 이야기를 꼽으라면 단연 《봉신연의》일 것이다.

봉신연의

《봉신연의封神演義》는 중국 명나라의 허중림이 지었다는 설이 가장 유력하지만 육서성이라는 설도 있다.《봉신연의》의 줄거리는 역사적 사실에 바탕을 두고 있다. 그리고 그 역사적 사실에 작가의 상상력이 덧붙여져 있다.

동학 사상을 사람들에게 알리기 위해 동학 교단에서는 암송하거나 읊조릴 수 있는 가사를 만들었다. 그것을 동학 가사라고 하는데,《수운가사水雲歌辭》10편 중 제5편인〈남조선 뱃노래〉에는 이런 구절이 나온다.

> 천지로 배를 모아 요순우탕으로 채를 잡아 문무주공文武周公으로 돛을 달고 안증사맹顔曾思孟으로 노를 지어 노니, 이러한 배가 어찌 파선하겠느냐.

이 가사에는 중국의 전설 속 임금인 요순에서 하나라와 상나라를 창건한 우탕이 먼저 등장한다. 요순우탕의 뒤를 잇는 것은 문무주공이다. 문무주공이란 주나라의 기틀을 세운 문왕과 주나라를 창건한 무왕, 그리고 문왕의 아들이자 무왕의 동생으로 주나라의 예악과 법도를 제정한 주공을 이른다. 다음으로 이어지는 안증사맹은 공자가 인정했던 최고의 제자 안회를 비롯한 증자, 자사, 맹자를 말한다.《봉신연의》가 주목하는 것은 문무주공이다.

문왕과 무왕의 시기 상나라는 주임금의 통치를 받고 있었다. 무왕이 상나라의 주임금을 벌하고 주나라를 세운다. 이를 '무왕벌주武王罰紂'라고 한다. 그 무왕벌주의 과정을 풍부한 상상력으로 그린 소설이 《봉신연의》다.

주인공은 강자아란 인물이다. 강자아는 우리가 알고 있는 강태공이다. 강태공의 본명은 강상이며, 그의 선조가 하나라 시대에 여呂라는 땅을 분봉받았기에 여상이라고도 불린다. 낚시를 하던 강태공이 주나라 문왕을 만나게 되고 문왕과 무왕을 도와 주나라를 세운다. 여기에서 '위빈지기渭濱之器'라는 고사성어가 나온다. 위빈지기는 위수의 그릇이란 뜻인데, 강태공이 위수에서 낚시를 하다 등용된 것을 말한다. 그래서 큰일을 이룰 인물이라는 뜻을 갖게 되었다. 내용을 살펴보자.

여와궁에 향을 피우던 상나라 주왕은 신을 모독하는 시를 짓는다. 자신을 모독하는 인간을 신이 가만둘 리 없다. 신은 세 요괴를 시켜 주왕을 미혹하게 만든다. 그리고 폭정이 시작된다. 강자아는 문왕 서백과 서백의 뒤를 이어 왕위에 오른 무왕을 도와 상나라를 정벌한다.

그런데 여기에 인간이 아닌 신선의 무리가 등장한다. 천교와 절교, 그리고 서방교 사람들이다. 천교의 인물들은 무왕을 돕는데 대부분이 득도한 신선들이다. 교주는 원시천존元始天尊인데 교주의 사형이 바로 노자다. 이에 대항하여 상나라 주왕을 돕는 무리가 절교다. 절교는 교주인 통천교주通天教主를 비롯한 요마들로 이루어져 있다. 그리고 마지막은 천교에 가깝지만 인연이 있는 자는 모두 서방정토로 인도하는 서방교다.

이들이 쓰는 무기와 술법은 혀를 내두를 정도다. 건곤권乾坤圈, 혼천릉混天綾, 타신편打神鞭, 정해주定海珠, 음양경陰陽鏡 등을 휘두르며 변신술에 지행술 등을 펼치며 하늘을 날고 물을 움직이고 땅을 뒤엎는 전투를 펼친다. 어떻게 보면 인간이 상상할 수 있는 모든 초능력과 무기들이 망라되었다고 할 수 있다.

《봉신연의》는 '무왕벌주'라는 역사적 사실을 작가의 상상력으로 재구성한 소설이다. 선과 악도 분명하다. 악은 상나라 주왕이고 선은 주나라 무왕이다. 주나라는 중국 문화의 시작이다. 그런 의미에서 주나라가 선이 되는 것은 당연한 설정이라고 할 수 있다.

트로이 전쟁과 무왕벌주에는 수많은 신들의 이야기가 숨어 있다. 트로이 전쟁은 인간의 싸움인 동시에 신들의 전쟁이기도 했다. 그래서 트로이 전쟁은 신화와 역사의 두 축을 아우르게 된다. 그리고 이 이야기들은 또 다른 이름을 남기게 된다.

아킬레스건

종골건이라고 불리는 아킬레스건은 장딴지에서 발뒤꿈치뼈로 이어지는 힘줄을 말한다. 발의 운동에 있어서 이 힘줄은 대단히 중요한 역할을 한다. 아킬레스건은 또한 상처받을 수 있는 몸의 유일한 곳 또는 치명적인 약점이라는 의미도 갖고 있다. 아킬레스건이 이런 의미를 획득하게 된 것은 신화에 의해서다.

아킬레스건은 그리스 신화의 영웅인 아킬레우스에서 비롯되었다. 트로이 전쟁은 불화의 여신인 에리스가 던진 사과로부터 시작되었는데, 에리스가 사과를 던진 이유는 테티스와 펠레우스의 결혼식에 초대받지 못했기 때문이다. 그런데 테티스와 펠레우스의 아들이 아킬레우스다.

테티스는 자신의 아들이 불사의 영웅이 되길 바랐다. 그래서 아킬레우스를 저승을 일곱 바퀴 돌아 흐른다는 황천의 강인 스틱스에 담갔다. 하지만 유일하게 스틱스의 물길이 닿지 않는 부위가 있었다. 테티스가 잡은 발뒤꿈치였다. 강물이 닿지 않은 발뒤꿈치는 아킬레우스의 유일한 약점이 되었다.

테티스는 아들을 트로이 전쟁에 나가게 하고 싶지 않았다. 하지만 신탁은 아킬레우스가 있어야만 트로이 전쟁에서 승리할 수 있다고 했다. 테티스는 아킬레우스에게 여자 옷을 입혀 숨겼다. 그러나 오디세우스에게 발각되어 아킬레우스는 전쟁에 나가게 되었다.

아킬레우스는 처음에 전쟁에 소극적이었다. 그리스군은 계속해서 패배했다. 그러자 참다못한 아킬레우스의 친구 파트로클로스가 아킬레우스의 갑옷을 입고 전쟁에 나간다. 하지만 그는 헥토르에게 목숨을 잃고 만다. 분노한 아킬레우스는 적장 헥토르를 죽여 자신의 전차에 매달고 돌아왔다. 하지만 아킬레우스는 불사의 영웅이 아니었다. 파리스의 화살이 아킬레우스의 발뒤꿈치로 날아왔고 아킬레우스는 죽고 만다.

신화는 사물의 유래를 설명한다. 왜 그것이 그렇게 불리게 되었는지를 설명하는 것이다. 아킬레우스에게서 비롯된 아킬레스건도 마찬가지다.

인간의 삶에 관여하는 또 다른 신화가 있다. 기본적으로 이야기는 사람의 심리를 반영한다. 무의식의 깊숙한 곳에서 모습을 드러내지 않았던 심리들이 이야기에서는 단서로 비춰진다. 프로이트는 그 단서를 포착해 정신분석학을 일궈낸다.

오이디푸스

여자의 얼굴에 사자의 몸을 하고 날개를 단 스핑크스가 테베로 향하는 길목을 가로막고는 수수께끼를 냈다. 수수께끼를 푼 자는 아무도 없었고 모두 스핑크스에게 잡아먹혔다. 한 사나이가 테베를 향해 왔다. 스핑크스는 그 사나이에게 수수께끼를 냈다.

"아침에는 네 발, 낮에는 두 발, 밤에는 세 발로 걷는 것은 무엇이냐?"

사나이는 거침없이 대답했다.

"그것은 인간이다. 인간은 태어나 네 발로 기고, 자라 두 발로 다니지만 늙어 지팡이를 짚으니 세 발로 걷는다."

사나이가 문제를 풀자 스핑크스는 수치심에 절벽 아래로 몸을 던져 죽었다. 사나이는 테베로 들어갔다. 마침 테베에는 왕이 없었다. 테베의 왕 라이오스가 스핑크스를 처치할 방법을 찾기 위해 신탁을 들으러 떠났다가 살해되었기 때문이다. 왕비 이오카스테는 스핑크스를 물리치는 이에게 왕위를 물려주고 남편으로 삼겠다고 약속했다. 스핑크스를 물리친 사나이는 테베의 왕이 되었고 왕비인 이오카스테까지 얻었다. 그 사나이의 이름은 오이디푸스였다.

오이디푸스는 그리스 신화에 등장하는 테베의 왕이다. 오이디푸스는 프로이트의 '오이디푸스 콤플렉스'로도 잘 알려져 있다. 프로이트는 남자아이의 2~6세에 해당하는 시기를 남근기라고 했다. 이 나이의 남자아이는 어머니를 독차지하고 싶어 한다. 하지만 아버지라는 경쟁자가 존재한다. 때문에 아이는 아버지에게 경쟁심을 느낌과 동시에 거세될지도 모른다는 불안감을 느낀다. 이러한 경향을 프로이트는 '오이디푸스 콤플렉스'라고 표현했다.

프로이트의 오이디푸스 콤플렉스는 오이디푸스 신화에서 기인한다. 오이디푸스는 원래 테베의 왕인 라이오스와 왕비인 이오카스테의 아들이었다. 그러나 오이디푸스에게 아버지를 죽이고 어머니를 차지한다는 신탁이 내려진다. 그 신탁을 들은 라이오스는 오이디푸스의 발등에 쇠못을 박아 산속에 버렸다. 하지만 오이디푸스는 목동에게 발견되었고 아들이 없어 고민하던 코린토스의 왕 폴리버스의 아들이 된다. 오이디푸스는 '퉁퉁 부은 발'이라는 뜻이었다.

그런데 오이디푸스는 델포이에서도 아버지를 죽이고 어머니를 차지할 것이라는 신탁을 받는다. 오이디푸스는 자신의 친부가 코린토스의 폴리버스라고 알고 있었다. 오이디푸스는 패륜을 범하지 않기 위해 코린토스를 떠난다. 코린토스의 반대편에는 테베가 있었다. 테베로 가던 오이디푸스는 좁은 길에서 마차와 마주친다. 마차도 오이디푸스도 비키려 하지 않았다. 그것이 화근이 되어 오이디푸스는 마차에 타고 있던 노인을 죽이고 만다. 그 노인이 바로 신탁을 묻기 위해 가던 테베의 왕 라이오스였다. 오이디푸스는 신탁대로 자신의 아버지를 죽였다. 그리고 스핑크스를 물리치고 어머니인 이오카스테와 결혼을 하고 자식을 낳았다.

비극적 결말을 예비하는 조건이 모두 갖추어졌다. 패륜에는 대가가 따르는 법이다. 신들은 테베에 전염병을 내렸다. 그 전염병을 없애기 위해서는 선왕 라이오스를 죽인 범인을 찾아야 했다. 결국 모든 것이 밝혀졌다. 이오카스테는 자살하고 오이디푸스는 자신의 눈을 찔렀다.

소포클레스는 이 신화를 《오이디푸스 왕》이라는 비극으로 남겼다. 프로이트는 오이디푸스 콤플렉스를 만들어냈다. 그러나 사실 아버지 살해는 오이디푸스보다 제우스가 먼저이고, 그보다 크로노스가 앞선다. 크로노스는 아버지 우라노스를, 제우스는 아버지 크로노스를 제거했다.

남자아이가 어머니를 독차지하고 싶어 하는 심리가 오이디푸스 콤플렉스라면 그 반대되는 개념은 엘렉트라 콤플렉스다. 엘렉트라는 트로이 전쟁에서 그리스군 총사령관인 아가멤논의 딸이다. 아가멤논은 전쟁에서 이기고 돌아왔지만 자신의 아내인 왕비 클리템네스트라와 그녀의 정부인 아이기스토스에게 살해된다. 엘렉트라는 동생 오레스테스와 힘을 합쳐 아버지를 죽인 어머니와 정부에게 복수를 한다.

여기에서 엘렉트라 콤플렉스가 나온다. 이 개념 역시 프로이트의 이론에 의한다. 하지만 이 정신 현상에 엘렉트라라는 이름을 붙인 인물은 카를 구스타프 융이다. 프로이트의 정신분석 이론에 따르면 남근기의 여자아이는 자신의 성기가 남자아이의 것과 다르다는 사실에 열등감을 느끼고 그것을 선망하게 된다. 그러나 남자아이와 같아지려는 희망을 포기하고 거세된 사실을 받아들이면서 아버지를 사랑하고 어머니를 경쟁자로 인식하고 질투하거나 적대시하게 된다. 이것이 엘렉트라 콤플렉스다.

오랫동안 꿈은 신이 계시를 전하는 형태로 여겨졌다. 기독교에서 자주 사용하는 말 중에 '벧엘'이 있다. 많은 교회나 단체들이 '벧엘'이라는 이름을 쓰기도 한다. '벧엘'은 하나님의 집이라는 뜻으로 알려져 있는데, 이는 꿈과 깊은 관련이 있다. 그러나 프로이트에게 꿈은 정신현상의 발현이었다.

꿈

야곱은 아브라함의 손자이며 이스라엘인의 조상으로 알려져 있다. 야곱에게는 쌍둥이 형인 에서가 있었다. 야곱은 사냥에서 돌아와 배가 고팠던 쌍둥이 형 에서에게 죽한 그릇으로 장자권을 빼앗고 아버지 이삭을 속여 축복과 재산을 가로챈다. 그 때문에 야곱은 에서에게 쫓겨나 황야에서 밤을 보낸다. 야곱이 돌을 베고 잠을 청하는데, 꿈에서 천사가 하늘에서 내려와 야곱에게 축복을 내린다. 야곱은 자신이 잠들었던 자리를 신의 집, 즉 벧엘이라고 이름 짓는다.

야곱은 꿈에서 축복을 받는다. 오랫동안 꿈은 이처럼 신의 계시나 미래의 예언이라고 여겨져왔다. 그러나 프로이트는 꿈을 무의식의 표현이라고 정의했다. 무의식이 표현된다는 것은 꿈이 단순히 무언가를 재연하는 것이 아니라 억압되거나 억눌렸던 것들이 투사된다는 의미다. 프로이트에 의하면 꿈은 심리적 현상의 발현이다.

프로이트는 사랑과 죽음을 정신의 양면으로 생각했다. 사랑의 에로스는 생명, 죽음의 타나토스는 파멸의 본능이다. 그리고 다시 생의 본능, 즉 에로스에서 리비도·이드·에고·슈퍼에고가 등장한다.

생의 본능인 에로스의 원천은 성적 욕구인 리비도다. 리비도의 뒤에는 무의식인 이드가 있다. 그런데 무의식인 이드는 리비도뿐만 아니라 자아인 에고와 초자아인 슈퍼에고의 바탕이 된다. 그것은 이드가 쾌락을 추구하기 때문이다. 그런데 이드가 추구하는 쾌락은 이기적이다.

여기에서 문제가 발생한다. 우리는 자신만의 쾌락을 추구하며 살 수 없다. 세상에는 규범이 있다. 그 규범을 어기면 모두를 파멸에 이르게 할 것이다. 그래서 쾌락을 조절해야 할 도덕적인 자아가 필요하다. 슈퍼에고다. 이드와 슈퍼에고는 밀고 당기며 현실 속의 자아를 만들어낸다. 그것이 바로 에고다.

프로이트는 인간의 심리, 꿈을 이런 개념들의 발현과 투사라고 보았다. 신비적이고 초월적인 것이 아니라 꿈을 톱니처럼 맞물리는 정신의 현상으로 본 것이다. 그런데 여기에서도 두 가지 축이 발견된다. 안과 밖, 즉 내적과 외적, 쾌락과 도덕과 같은 두 가지 면이다. 인간은 이 두 축 사이에서 균형을 잡으며 살아가고 있다.

사랑도 쾌락의 일종이다. 헤도니즘이 감각적 육체적 쾌락을 추구한다면, 에피큐리어니즘은 윤리적이고 정신적인 쾌락을 추구한다. 대상은 다르지만 그것을 사랑하고 그것에서 쾌락을 느끼는 것은 같다. 리비도는 양 방향으로 투사될 수 있다. 하나는 자기 스스로에게 향하고 다른 하나는 자신의 바깥으로 향한다. 자신을 사랑하면 자기애가 되고 바깥을 사랑하면 대상애가 된다.

세상에는 수많은 사랑이 있다. 사람들은 사랑을 변하지 않는 가치라 여긴다. 하지만 누구를 사랑하느냐와 무엇을 사랑하느냐에 따라 인생이 결정되기도 한다. 그리고 그것이 넓어지면 세상을 바꾸는 사상이 된다.

양주와 묵적

양주楊朱와 묵적墨翟은 자기애와 대상애를 보여주는 대표적인 인물이다.

묵적은 묵가의 효시인 묵자를 말한다. 양주는 전국시대의 학자로《열자》에 조금 나와 있을 뿐 잘 알려져 있지 않다. 양주와 묵적을 이야기할 때 빼놓지 말아야 할 사람이 있다. 바로 맹자다. 맹자는 양주와 묵적을 미워하고 경멸했으며 천하의 악적으로 보았다. 그들이 세상을 어지럽힌다고 생각했기 때문이다. 맹자에게 있어 양주의 주장은 자신만을 위하는 위아주의爲我主義였다. 묵적은 차별 없는 사랑인 겸애를 주장했는데, 맹자는 이 주장이 부모를 무시하는 것이라고 생각했다. 더욱 큰 문제는 양주와 묵자 때문에 공자의 도가 드러나지 못해 인과 의가 막혀버리는 것이었다.

맹자에 따르면 양주와 묵적의 사상은 사람을 짐승으로 만드는 것이었다. 그럴지도 모른다. 먼저 양주는 자신의 털 한 올을 뽑아 세상을 이롭게 할 수 있다고 해도 하지 않겠다고 했다. 자신의 털 한 올을 뽑는 사소한 행위가 세상을 구한다고 해도 하지 않겠다는 것이다. 극단적인 이기주의다. 그것을 맹자는 위아주의, 즉 자신만을 위하는 것이라고 보았다. 이러한 극단적인 자기애는 세상에 터럭만큼의 도움도 되지 않을 것이다. 하지만 달리 생각할 수도 있다.

털 하나가 소중하지 않은가? 그럴 수도 있다. 하지만 그것은 부분만을 강조했을 때의 이야기다. 그럼 반대로 이렇게 물을 수도 있다. 피 한 방울이 소중하지 않은가? 몸에서 피 한 방울이 빠져나간다고 해도 생명에는 지장이 없다. 칼에 베인 작은 상처에서 나는 몇 방울의 피로 사람이 죽지는 않는다. 하지만 몇 리터의 피를 흘린다면 어떻게 될까? 죽게 될 것이다. 작은 것이 모여 큰 것을 이룬다. 작은 것이 없다면 큰 것도 있을 수 없다. 비록 피 한 방울이 작아 보일지 모르지만 그 피 한 방울, 한 방울이 모여 사람의 몸을 이룬다. 그렇다면 피 한 방울이 어찌 소중하지 않겠는가?

양자는 정강이에 난 털 한 올을 자신의 몸 전체, 그리고 생명으로 확대했을지도 모른다. 조금 더 깊이 들어가면 이야기는 훨씬 복잡해진다. 왜 희생을 통해 세상을 이롭게 해야 할까? 털 한 올의 희생도 필요 없는 세상이라면 어떨까? 작은 것을 희생하지 않더라도 모두가 이로울 수 있는 세상이 털 한 올이라도 희생해야 하는 세상보다 낫지 않겠는가. 양자는 정강이의 털 한 올을 통해 그런 세상을 말하고 싶었을지도 모른다. 이와 비슷한 내용이 《여씨춘추》에 나온다.

옛날에 손재주가 좋은 수㕛라는 사람이 있었다. 하지만 사람들은 수의 손가락이 아니라 자신의 손가락을 아꼈다. 그것은 수가 아무리 손재주가 좋다고 해도 자신에게 있어 중요한 것은 자신의 손가락이었기 때문이다. 또 다른 예도 있다. 옛날 중국 곤산의 옥과 장강과 한수의 야광주는 무엇보다 귀중했다. 그러나 사람들은 비록 자신이 가진 옥과 구슬의 품질이 떨어진다고 해도 자신의 것을 더 아꼈다. 곤산의 옥과 장강의 야광주는 그것이 비록 진귀하다 해도 내가 쓸 수 없었기 때문이다. 이처럼 나의 생은 나의 것이며 나를 이롭게 하는 일은 무엇보다 중요하다. 비록 내가 천자처럼 존귀한 지위를 갖지 못했다 하더라도 내 삶이 천자의 삶보다 중요하다. 중요한 것은 바로 나 자신이기 때문이다.

자신을 아낀다는 것은 자신을 존귀하고 소중하게 여긴다는 뜻이다. 모든 사람이 자신을 존귀하고 소중하게 여긴다면 세상은 보다 나아질 수 있을 것이다. 무언가를 인위로 하지 않고 자신을 통해 완성해나가는 사상인 것이다. 이것이 물을 가벼이 여기고 생을 무겁게 여기는 경물중생輕物重生의 사상이다. 그렇다면 양자의 사상은 극단적인 자기애가 아니라 자신을 사랑함으로써 세상을 온전하게 하는 의미였을 것이다.

묵자는 양자의 반대편에 서 있다. 묵자는 천하의 모든 사람들이 차별없이 서로 사랑해야 한다고 주장한다. 그러면 전쟁을 벌일 일도 없을 것이다. 도적도 없을 것이고 임금과 신하와 아버지와 자식들도 모두 효도하고 자애로울 것이다. 묵자는 모두가 사랑한다면 다툴 일이 없을 것이라고 말한다. 또한 차별을 배격한다. '누구보다 더'라는 차별이 생겨나면 결국 더 소중한 것, 더 가치 있는 것, 더 가지고 싶은 것이 생겨날 것이고 세상은 그것으로 다투게 될 것이다.

양주와 묵적의 사상은 우리가 일반적으로 느끼는 자기애나 대상애와 다르다. 더 깊고 넓은 뜻을 품고 있다. 그러나 정신분석학의 자기애는 대상이 점점 좁아지는 양상을 보인다.

나르시시즘

나르시시즘은 자기애를 말한다. 우리는 나르시시즘이 프로이트가 만든 말이라고 생각하지만 사실 이 말은 1899년 독일의 정신과 의사인 네케의 명명이다. 이를 프로이트가 차용하면서 유명해졌다.

나르시시즘은 리비도가 자기 자신을 향할 때 나타난다. 자기애란 말 그대로 자신을 사랑하는 것으로 자신만을 바라보며 자신의 모습에 도취되어 자신에게 애정을 쏟는 것이다. 이를 나르시시즘이라고 한다. 프로이트는 나르시시즘을 1차와 2차로 나눈다. 프로이트에 따르면 자기 자신에게 리비도가 향한 유아기는 1차적 나르시시즘이다. 2차적 나르시시즘은 그 이후 삶의 위기에서 발생한다. 실연을 하거나 배반을 당해서 누군가를 사랑하지 못하게 되었을 때, 그 사랑이 자신에게 향하는 경우가 있다. 프로이트는 이를 2차적 나르시시즘이라 했다. 사실 나르시시즘이라는 말도 그냥 나온 것이 아니다. 신화의 인물 나르키소스에게서 유래했다.

올림포스의 주신 제우스는 바람둥이였다. 크레테의 왕 미노스의 부인은 페니키아의 공주였던 에우로페였다. 들판에서 놀던 에우로페는 눈부신 흰 소를 만나 사랑을 나눈다. 그리고 에우로페는 미노스, 라다만티스, 사르페돈을 낳는다. 사실 흰 소는 제우스의 변신이었다. 하지만 문제는 제우스의 부인이 여신 중의 여신인 헤라라는 데 있었다.

최고의 신이었던 제우스도 헤라의 질투를 벗어날 수 없었다. 그래서 제우스는 에코를 이용한다. 바람을 피우는 동안 끊임없이 헤라에게 말을 걸어 제우스가 바람을 피우는 사실을 알지 못하도록 했다. 하지만 헤라는 그 사실을 알아챘고 에코는 다른 사람의 말만을 반복해야 하는 벌을 받게 된다. 자신의 말이 아닌 다른 사람의 말만을 따라해야 하는 에코는 메아리가 되었다. 그런 에코에게 사랑하는 사람이 생긴다. 당시 최고의 꽃미남이었던 나르키소스였다.

하지만 나르키소스는 누구의 사랑도 받아주지 않았다. 심지어 나르키소스에게 사랑을 거절당한 요정 아메이니아스는 스스로 목숨을 끊었다. 에코도 나르키소스를 사랑하게 되었는데, 에코에게는 치명적인 약점이 있었다. 사랑을 고백할 수 없었다. 사랑을 고백하기는커녕 나르키소스의 말만 따라해야 했다. 사랑의 열병에 에코는 점점 야위었고 결국은 목소리만 남게 되었다. 그것이 산에 메아리가 생긴 이유다.

나르키소스의 삶 역시 불행하기는 마찬가지였다. 나르키소스에게 거절당한 여인들의 분노가 복수의 여신 네메시스를 움직였다. 네메시스는 나르키소스가 누구도 사랑할 수 없도록 만들었다. 결국 나르키소스는 샘에 비친 자신을 사랑하게 되고 샘에 빠져 죽는다. 그 샘에서 수선화 한 송이가 피었고 그로부터 수선화는 나르키소스라 불리게 되었다.

나르키소스는 극단적인 자기애의 화신이다. 하지만 이 이야기가 나르시시즘에만 국한되는 것은 아니다. 나르키소스로부터 수선화가 시작된다. 세상의 모든 것에는 이야기가 있다. 포플러 나무는 파에돈의 누이가 변한 것이다. 뽕나무의 열매인 오디가 검은색을 띠는 것은 자결한 티스베의 피를 뒤집어썼기 때문이다.

기원을 이야기하는 것은 신화의 특징이다. 에코가 메아리가 된 이유, 수선화가 핀 이유, 뽕나무의 열매가 검은색을 띠는 이유를 신화는 설명한다. 그것은 또한 변신이기도 하다. 변신은 하나의 이유다. 신화가 세상을 설명하는 이유는 다양하다. 그중엔 희망이 어떻게 생겨났는지에 대한 것도 있다. 왜 인간은 희망을 바라보고 살게 되었을까?

판도라의 상자

제우스의 분노는 세상을 바꾸어놓는다. 제우스가 왜 분노했는지는 잠시 접어두기로 하자. 분노한 제우스는 대장장이의 신인 헤파이스토스에게 흙으로 여자를 만들게 한다. 그리고 신들에게 자신이 가진 것 중 가장 좋은 것을 여자에게 선물하게 한다.

미의 여신 아프로디테는 여자에게 아름다움을 준다. 그런데 그 아름다움에는 치명적인 교태와 욕망이 포함되어 있었다. 전쟁의 여신 아테나가 그녀에게 준 것은 방직기술이었다. 아테나는 전쟁의 여신으로 알려져 있지만 지혜의 여신이자 방직의 신이었다.

헤르메스는 제우스의 사자로 잘 알려져 있지만 뛰어난 지혜를 자랑하는 목축, 상업, 도둑, 여행자 등의 수호신이기도 했다. 헤르메스는 거북의 등에 소의 내장을 묶어 하프를 발명하기도 했다. 그는 하늘을 나는 신발을 신고 다니는 샌들의 원조이기도 했으며 아폴론의 소를 훔치며 발자국을 남기지 않기 위해 소의 발에 나뭇가지로 만든 신발을 신기기도 했던 재치 있는 신이었다. 헤르메스가 그녀에게 준 것은 재치와 말솜씨, 그리고 마음을 숨기는 법이었다.

최고의 장인인 헤파이스토스의 솜씨로 만들어졌고 신들의 장점을 한 몸에 받은 그녀의 이름은 판도라였다. 판도라라는 이름에는 '모든 선물을 받은 여인'이라는 뜻이 담겨 있다. 제우스는 판도라를 프로메테우스의 동생인 에피메테우스에게 보낸다. 그때 제우스는 판도라에게 항아리를 주며 절대 열어보지 말라고 말한다. 프로메테우스는 떠나기 전 에피메테우스에게 제우스의 선물을 받지 말라고 당부한다. 하지만 에피메테우스의 뜻은 '뒤에 생각하는 자'다. 이름이 가진 의미처럼 에피메테우스는 형의 당부를 잊고 판도라를 받아들이고 만다.

판도라와 에피메테우스는 행복한 나날을 보낸다. 하지만 태풍이 오기 전의 바다가 더 고요한 법이다. 판도라는 문득 제우스가 준 항아리를 떠올렸다. 그와 함께 절대 열어보지 말라던 제우스의 당부도 생각났다. 그러나 인간의 호기심은 그 무엇보다 강렬하고 치명적인 욕망이다. 판도라의 호기심은 두려움보다 컸고 결국 항아리를 열고 말았다. 그러자 항아리에서 온갖 악이 쏟아져 나왔다. 슬픔, 아픔, 가난, 질병, 증오, 시기, 전쟁 등이 항아리에서 나와 세상에 가득 찼다. 놀란 판도라가 항아리를 닫았을 때, 항아리에 남은 것은 희망뿐이었다. 그렇게 인간의 고통은 시작되었다.

다른 이야기에 따르면 제우스의 항아리에는 온갖 축복이 들어 있었는데, 판도라가 항아리를 열자 모든 것이 떠나고 희망만이 남았다고도 한다. 어찌되었든 판도라는 항아리를 열었고 불행의 씨앗은 열매를 맺고 말았다.

도대체 제우스는 왜 분노했고, 판도라와 상자를 만든 것일까? 제우스의 분노는 프로메테우스, 그리고 인간과 관련이 있다.

프로메테우스

불을 인류에게 준 가장 유명한 신은 프로메테우스다. 그리고 이 불이 헤파이스토스에게 판도라를 만들게 한 제우스의 분노와 연결된다. 프로메테우스는 티탄족인 이아페투스와 요정인 클리메네의 아들이다. 프로메테우스는 '먼저 생각하는 사람', 즉 '선견지명先見之明'이라는 뜻을 갖고 있다. 그의 형제로는 아틀라스, 메노에티우스, 에피메테우스가 있다.

현명한 조언자였던 프로메테우스는 인간의 친구였다. 제우스가 인간에게 불을 금하도록 한 것은 프로메테우스 때문이었다. 희생된 제물을 분배하는 과정에서 제우스와 인간 사이에 논쟁이 벌어졌다. 그때 프로메테우스는 소를 두 가지로 분류했다. 하나는 뼈를 기름으로 싼 것이었고 또 다른 하나는 고기와 내장을 껍질로 싼 것이었다. 프로메테우스는 선택권을 먼저 제우스에게 넘겼다. 제우스는 뼈를 기름으로 싼 것을 선택했다. 그것이 더 묵직

해 보였을 것이다. 덕분에 인간은 소의 맛있는 부위를 먹을 수 있게 되었다. 그 사실을 안 제우스는 분노했고 인간에게서 불을 감추었다.

하지만 프로메테우스는 인간을 저버릴 수 없었다. 그는 헤파이스토스의 대장간에서 불을 훔쳐 인간에게 주었다. 결국 판도라와 판도라의 상자를 만들게 된다. 그러나 제우스의 분노는 그것으로 끝나지 않았다.

제우스는 프로메테우스를 코카서스 산의 바위에 사슬로 묶고 독수리로 하여금 간을 쪼아 먹게 했다. 그것은 끝나지 않을 고통이었다. 프로메테우스의 간은 밤이 되면 본래의 모습으로 돌아왔고 낮이 되면 어김없이 독수리가 다시 나타나 간을 쪼아 먹었기 때문이다. 프로메테우스의 고통은 헤라클레스가 독수리를 죽일 때까지 계속되있다.

소포클레스, 에우리피데스와 함께 고대 그리스의 3대 비극작가로 꼽히는 아이스킬로스는 《결박당한 프로메테우스》에서 프로메테우스를 인간을 창조하고 인간에게 문화를 가르친 영웅으로 묘사한다. 프로메테우스는 흙을 반죽해 인간을 만들었다. 그러나 인간은 아무것도 할 줄 모르는 존재였다. 집을 지을 줄도 셈을 할 줄도 모르고 토굴 속에서 살았다. 프로메테우스는 이런 인간을 위해 셈을 하고 별을 보고 집을 짓고 동물을 기르고 바다를 항해하는 법을 가르쳤다.

하지만 프로메테우스는 신의 불을 훔쳐 인간에게 준 이유로 코카서스 산에서 독수리에게 간을 쪼아 먹히는 형벌을 받는다. 위대한 영웅 프로메테우스는 왜 벌을 받아야 했을까? 제우스의 뜻을 거역했기 때문이다. 인간 대신 대가를 치른 것이다. 신의 물건을 훔치는 것은 불경이다. 인간이 신의 힘을 얻는다는 것은 순리에 어긋나는 일이다. 하지만 인간에게는 그것이 꼭 필요하다. 불경함을 알지만 불경함을 범해야만 하는 인간은 이야기를 만들고 희생물을 지목했다. 그가 프로메테우스였다.

인간을 위해 일하고 벌을 받은 존재는 중국 신화에도 등장한다. 여기엔 인간의 양면성이 들어 있다. 인간은 신과 같은 능력을 가지고 싶어 했다. 하지만 인간은 신에 불경하고 오만했을 때, 그들에게 닥칠 신의 분노도 두려워했다. 때문에 어떤 방식으로 인간의 힘을 발휘하느냐에 관심을 가지게 된다. 하늘을 따르고 순리에 어긋나지 않으면 괜찮지만 그렇지 않다면 벌을 받게 된다.

곤

인간에게 도움을 주려 했다가 신의 노여움을 산 동양의 비극적 영웅이 있다. 바로 곤鯀이다. 《산해경》에 따르면 곤은 황제의 손자였다고 한다. 곤이 등장하게 된 이유는 홍수 때문이었다. 중국 요임금 때 큰 홍수가 나서 모든 것을 쓸어가 버렸다. 홍수를 막기 위해 발탁된 인물이 바로 곤이었다. 하지만 요임금은 곤을 쓰는 데 주저했다. 《상서》에 따르면 요임금이 곤을 쓰기를 주저한 까닭은 곤이 고집이 세서 다른 사람의 의견을 들으려 하지 않았기 때문이었다. 하지만 달리 방법이 없었다.

곤은 둑을 막는 방법으로 홍수를 해결하려고 했다. 하지만 엄청난 물을 막기에는 역부족이었다. 둑을 쌓는 것도 힘들었지만 둑을 쌓았다고 해서 문제가 해결되는 것도 아니었다. 물길은 잠시 둑에 막혔을 뿐, 곧 둑을 무너뜨리고 너욱 서세게 사람늘을 공격했다. 곤의 치수는 실패했다. 결국 곤은 요임금에 의해 우산羽山에서 죽임을 당했다.

여기까지가 역사의 기록이고 신화는 또 다른 이야기를 하고 있다. 홍수로 사람들의 삶이 도탄에 빠지자 곤은 그것을 가엾게 여기고 황제에게 도움을 요청했다. 그러나 황제는 들어주지 않았다. 안타까워하던 곤은 물고기와 자라가 하는 말을 듣게 되었다. 하늘에는 식양息壤이라는 불어나는 흙이 있는데, 작은 양을 떼어 던져도 산처럼 불어난다고 했다. 그러나 식양은 황제가 감추어둔 물건이었다.

식양의 존재를 알게 된 곤은 인간을 위해 그것을 훔치기로 결심했다. 마치 제우스가 감추어둔 불을 프로메테우스가 훔쳐 인간에게 주었던 것처럼 곤은 식양을 훔쳐 인간을 구원하고자 했다. 곤은 식양을 훔치는 데 성공했다. 식양을 떼어내 던지자 순식간에 흙이 불어나 둑이 되었다. 물은 흙에 갇혔고 사람들은 비로소 안도의 한숨을 쉬었다. 하지만 황제가 그 사실을 알고 말았다. 황제는 불의 신인 축융을 보내 우산에서 곤을 죽이고 식양을 찾아왔다. 굴원은《초사》〈이소〉에서 이렇게 읊는다.

곤의 곧고 타협하지 않음이 몸을 망쳤네
결국 우산의 들에서 요절하고 말았네

곤은 실패했다. 그런데 곤의 시체가 3년이 되어도 썩지 않았다. 이를 이상하게 여긴 황제는 신하를 시켜 오도^{吳刀}라는 보검으로 곤의 몸을 가르게 했다. 그러자 몸속에서 뿔이 달린 새끼용인 규룡 한 마리가 튀어나왔다. 그가 바로 하나라의 시조가 되는 우^禹였다. 그리고 우가 치수사업을 맡게 된다. 우는 곤과는 다른 방법을 택했다. 물을 막는 것이 아니라 물길을 틔워 흘러가도록 했다. 우는 성공했고 왕이 되었다.

곤과 우의 치수 방법은 극과 극이다. 곤은 막는 방법을 택했고 우는 틔우는 방법을 택했다. 이는 동양 사상과 맞닿아 있다. 막는다는 것은 거스른다는 것이다. 하지만 틔우는 것은 순리에 따름을 의미한다. 순리를 거스르는 자는 성공할 수 없다. 순리에 따른다는 것은 천명에 따른다는 것이고 그래야 성공할 수 있다. 곤은 실패할 수밖에 없는 논리적 이유를 가지고 있었던 것이다.

곤은 홍수를 막으려다 죽임을 당했다. 대홍수는 고대 인류가 경험할 수 있었던 재앙 중 가장 강한 것이었을 것이다. 또한 홍수를 겪으며 인류 전체가 절멸할 수 있다는 두려움도 가졌을 것이다. 하지만 그 경험은 생존자들을 통해서 이어졌다. 그들은 또한 신화 속의 생존자일 것이다. 그리고 그들이 내릴 수 있는 가장 논리적인 대홍수의 원인은 신의 분노였을지도 모른다.

대홍수

세계 각지에 대홍수와 관련된 신화가 있다. 메소포타미아의 길가메시 신화, 그리스의 데우칼리온, 힌두교의 마누, 잉카족의 신화도 대홍수의 이야기를 전한다. 대홍수는 보편적인 현상이었다.

이들 신화에는 공통적인 이야기 구조가 있다. 홍수는 인간에게 내리는 신의 징벌이었고 그 속에서 소수만이 살아남아 인류의 역사를 잇는다는 것이다.

그리스의 홍수 신화에 등장하는 데우칼리온은 프로메테우스의 아들로 테살리아프티아의 왕이다. 데우칼리온이 살았던 당시 제우스의 인류에 대한 분노는 극에 달했다. 교만하고 악에 빠진 인류를 절멸시키기로 마음먹은 제우스가 택한 방법은 대홍수를 일으키는 것이었다. 하지만 이 소식을 들은 프로메테우스는 아들인 데우칼리온과 며느리인 피라에게 방주를 만들도록 한다. 이윽고 대홍수가 일어나 인류를 휩쓸었고 데우칼리온과 피라는 살아남는다. 데우칼리온은 제우스에게 새로운 인류를 허락해달라고 간청한다. 제우스는 데우칼리온과 피라에게 희생을 요구한다.

"어머니의 뼈를 등 뒤로 던져라."

방주에 어머니의 뼈가 어디 있겠는가? 데우칼리온은 제우스의 뜻을 눈치채고는 돌을 하나 집어 들어 등 뒤로 던진다. 제우스가 말한 어머니는 바로 대지였고 그 뼈는 돌멩이였던 것이다. 데우칼리온이 던진 돌멩이는 남자로, 피라가 던진 돌멩이는 여자로 변하여 인류는 다시 이어질 수 있게 되었다.

물론 가장 잘 알려진 대홍수 신화의 버전은 《구약》〈창세기〉에 나오는 노아의 방주다. 야훼는 인류를 심판하기에 앞서 노아에게 방주를 만들게 한다. 방주에서 탄 노아의 가족과 동물들은 살아남아 세상을 잇는다. 하지만 노아의 방주 신화보다 오래된 버전은 길가메시 신화에 등장하는 대홍수라고 할 수 있다.

수메르와 메소포타미아 최고의 신으로 여겨지는 엔릴은 대기와 폭풍의 신이다. 그리고 물의 주거라는 뜻의 이름을 가진 에아가 있었다. 그런데 에아는 메소포타미아의 아카드어이고 수메르에서는 엔키라 불렀다. 엔릴이 홍수를 일으켜 인류를 멸망시키려 하자 에아는 우트나피슈팀에게 배를 만들어 친척을 비롯한 일군의 사람들과 동물들을 태우게 한다. 그렇게 하여 우트나피슈팀은 살아남을 수 있었다. 길가메시 신화에서는 길가메시가 영생의 비결을 묻기 위해 우트나피슈팀을 찾았을 때, 대홍수의 이야기가 등장한다.

《황금가지》의 지자인 제임스 프레이저는 《구약성서의 민속》에서 지역에 따라 홍수 신화의 유형이 다름을 이야기한다. 그에 따르면 남태평양 지역에서는 홍수보다 해일과 같은 바다에 의한 재앙이 잘 드러난다. 그것은 홍수 신화가 일종의 체험적 기억의 소산일 수 있음을 시사한다.

여기에서 우리는 대홍수에 관한 몇 가지 관점을 생각할 수 있다. 그중 하나가 대홍수를 인류가 체험했고 극복해야 했던 실체적인 현상으로 바라보는 것이다. 약 5만 3000년 전부터 1만 년 전까지 지구는 뷔름 빙기에 놓여 있었다. 이 시기는 인류 역사에서 구석기 후기에 해당한다. 그리고 간빙기가 찾아오고 빙하가 녹는다. 빙하기 한반도의 황해는 거의 육지에 가까웠다. 그러다 빙하가 녹으면서 해수면이 상승한다. 그로 인해 빙하기 인류의 거처였던 곳에도 물이 흘러넘치기 시작한다. 대표적인 곳 중 하나가 바이칼 호수였다. 대홍수와 같은 일이 벌어진 것이다. 이제 사람들은 새로운 땅을 찾아 떠난다.

물론 간빙기의 수면 상승이 대홍수 신화의 직접적인 반영이라고 단언할 수는 없다. 하지만 인류는 그 이후에도 홍수라는 대재앙을 겪었고 그것이 전승되면서 신의 징벌이라는 새로운 상징체계로 이어졌으리라는 짐작을 할 수 있다.

대홍수에 대한 또 다른 관점은 그것을 인류의 오래된 상상력으로 바라보는 것이다. 뤼시앵 보이아는 《상상력의 세계사》에서 종말 시나리오가 오래된 상상력이라고 말한다. 그는 핵전쟁을 우리 시대의 대홍수라고 말하지만 지금 우리는 핵전쟁보다 더 많은 종말의 시나리오를 가지고 있다. 화학전, 약품 실험에 의한 좀비, 외계인 등이 그것이다. 그렇다면 우리는 대홍수와는 다른 파멸의 신화를 쓰고 있는 셈이다. 우리의 구원자는 누가 되어야 할까? 일본의 애니메이션에서 그 단서를 찾을 수 있다.

바람계곡의 나우시카

미야자키 하야오는 일본 최고의 애니메이션 감독으로 꼽힌다. 미야자키 하야오는 수많은 걸작 애니메이션을 만들었다. 1978년에 발표한 「미래소년 코난」을 비롯하여 「바람계곡의 나우시카」 「천공의 성 라퓨타」 「이웃집 토토로」 「원령공주」 「붉은 돼지」 「센과 치히로의 행방불명」 등 많은 애니메이션이 큰 인기를 끌었다.

미야자키 하야오의 애니메이션에 자주 등장하는 모티프가 있다. 인류의 대재앙과 그 재앙에서 살아남은 소수의 사람들이 실현시키는 희망이다. 「미래소년 코난」도 그렇지만 「바람계곡의 나우시카」 역시 전형적인 종말 시나리오를 보여준다.

「바람계곡의 나우시카」의 배경이 되는 지구는 황폐하다. 거대 산업문명이 붕괴한 지 천 년이 지났다. 그러나 내시는 여전히 황폐하고 바다는 썩은 상태다. 게다가 유독 가스를 뿜는 균류의 숲인 부해腐海는 점점 커져가고 있다. 곤충들마저 괴물로 변한 세상, 마치 인류의 종말이 다가오는 듯하다. 하지만 아직 생존자들이 있다. 바람계곡의 사람들과 나우시카가 그들 중 하나다.

악명 높은 군사국인 토르메키아의 대형 비행선이 거대 곤충들의 습격을 받아 바람계곡에 추락한다. 추락한 비행선에는 거대한 붉은 알이 있다. 사람들은 그것이 옛날 지구의 모든 것을 태워버렸던 거신병의 알임을 알아챈다. 알을 찾으려는 토르메키아 군대에게 바람계곡은 점령당한다. 그리고 나우시카를 데리고 돌아가려던 토르메키아의 왕 크샤나는 이웃 폐지테국의 습격을 받아 부해의 중심에 떨어진다. 그리고 나우시카는 더럽고 오염되었다고 여겼던 부해 속에 맑은 물이 흐르고 있는 것을 목격한다. 지구를 오염시키고 파괴하는 것은 부해가 아니었다. 부해는 지구를 정화하기 위해 유독 가스를 내뿜고 있었던 것이다.

이 애니메이션에서 구원자는 작은 비행선을 타고 다니며 곤충과 대화를 나누는 나우시카라는 소녀다. 처음 인간에게 직접적인 위험은 부해와 곤충들이다. 인간들은 부해와 곤충을 적으로 여기고 없애려 한다. 하지만 나우시카만은 그들과 교류하려 한다. 여기에서 나우시카가 가진 두 가지 성격이 드러난다. 나우시카는 인간과 자연이라는 양의적인 성격을 가지고 있다. 때문에 나우시카만이 구원이 가능한 것이다.

「바람계곡의 나우시카」에서 드러나는 대표적인 구조는 화합과 해결이다. 신화는 해결할 수 없는 사건을 해결해야 했다. 인간에게는 풀어야 할 과제가 있었다. 세상은, 인간은, 신은, 민족과 국가는 어떻게 만들어졌는가? 또 사람은 죽어 어디로 가는가? 존재에 관한 문제는 의미와 연결된다. 고대인은 그에 대한 해답을 신화에서 찾았다. 「바람계곡의 나우시카」에서도 갈등은 나우시카와 오무의 초자연적인 감응에 의해서 해결된다. 인간이 해결할 수 없는 문제에 부딪쳤을 때 신화는 그 해답을 주었다. 신화 속에 고대인의 지혜가 녹아 있기 때문이다.

인류의 종말이 세상의 종말을 의미하지는 않는다. 9부작으로 구성된 「애니매트릭스」는 「매트릭스」 3부작에서 다루지 못했던 이야기들을 다루고 있다. 로봇의 침공을 알린 오시리스호의 이야기, 네오가 구한 소년의 이야기 등이 옴니버스 형식으로 구성되어 있다. 그중 두 번째 편이 「두 번째 르네상스」로서, 로봇이 어떻게 인간을 지배하게 되었는지를 이야기한다. 여기에서 두 번째 르네상스는 로봇이 인간을 지배하기 이전의 시대를 가리킨다. 인간에게는 종말이었을지 모를 사건이 로봇에게는 두 번째 르네상스를 의미했던 것이다. 이처럼 하나의 사건은 여러 가지 의미를 담는다. 그런데 때로는 눈 앞에 놓인 것에 급급하여 정작 보아야 할 것을 놓치는 경우가 있다.

절언지법

왕필은 《주역약례周易略例》에서 다음과 같이 말한다.

무릇 상^{象}은 의^{意}에서 나온다. 언^{言}은 상을 밝히는 것이다. 의를 표현하는 데 상만한 것이 없고, 상을 표현하는 데 언만한 것이 없다. 언은 상에서 나오는 까닭에 언을 찾아 상을 본다. 상은 의로부터 나오는 까닭에 상을 찾아 의를 본다. 의는 상으로써 다하고 상은 언으로써 드러난다. 까닭에 언은 상을 밝히는 것이니 상을 얻으면 언을 잊는다. 상은 의를 있게 하는 것이니 의를 얻으면 상을 잊는다. 이는 올가미가 토끼를 잡는 도구이니 토끼를 잡으면 올가미를 잊고, 통발이 물고기를 잡는 도구이니 물고기를 얻으면 통발을 잊는 것과 같다.

왕필은 세 단계를 말한다. 첫 번째가 의, 두 번째가 상, 세 번째가 언이다. 의는 궁극적으로 표현하고자 하는 뜻이다. 그 의를 구체적으로 표현하는 것이 상이다. 음양을 나타내는 '--, —'이나 노양, 소양, 소음, 노음의 사상^{四象}을 나타내는 '⚌, ⚍, ⚎, ⚏'나 64괘가 상의 모습이다. 하지만 그 모습만으로는 전체를 알지 못한다. 때문에 말, 즉 언이 필요하다. 그렇게 해서 우리는 그 뜻을 알게 된다.

말은 상을 설명하기 위해서, 상은 뜻을 표현하기 위해서 존재한다. 그렇다면 상을 얻으면 말은 필요하지 않게 된다. 마찬가지로 뜻을 얻으면 상이 필요하지 않다. 그런데 많은 경우 상을 얻기 위해 존재하는 말에 머무른다. 이는 마치 달을 가리키면서 달은 보지 않고 손가락만 쳐다보는 것과 같다. 원효는 《십문화쟁론^{十門}

和評論》에서 이렇게 이야기한다.

"내가 취한 것은 오직 명언뿐이므로 나는 언설에 기대어 절언지법을 제시한다. 이것은 마치 손가락에 의해 손가락을 떠난 달을 가리키는 것과 같다."

근본에 접근해야 한다는 것은 플라톤이 추구했던 이데아와 비슷하다. 그림자나 허상이 아닌 실체에 다가가자는 것이다. 그러나 사회는 안정을 위해 허상을 만들기도 한다. 그 허상에 사람의 인식을 가두고 규정하며 낙인을 찍는다. 중세 유럽에는 그것 때문에 쫓겨난 사람들이 있었다. 그들은 나렌쉬프라는 배를 탔다.

나렌쉬프

1987년 '미스터 닥터'라는 베일에 싸인 인물이 이끄는 록밴드 '데빌 돌'이 등장한다. 그들의 노래 중에 로마의 폭군이자 광인이었던 엘리어가발루스 황제를 그린 〈엘리어가발루스Eliogabalus〉라는 노래가 있는데, 여기에 광인들의 배로 알려진 '나렌쉬프Narrenshiff'가 언급된다.

중세 유럽 사회는 광인을 분류해냈다. 거리를 배회하는 부랑자, 사회 부적응자, 미친 사람 등을 따로 분류하여 광인의 배에 태웠다. 그들은 그렇게 사회에서 분리되었다. 그런데 아이러니하게도 그 광인들은 항해자인 동시에 순례자로 불렸다. 그것은 그들이 잃어버린 이성을 찾아 떠도는 사람들이었기 때문이다.

미셸 푸코는 《광기의 역사》에서 나렌쉬프를 통해 광기의 역사를 밝혀나간다. 그런데 광인을 분리하는 방법은 나렌쉬프에 태워 추방하는 것만이 아니었다. 또 다른 방법은 감금이었다. 여기에서 중요한 것은 어떤 방법으로든 광인을 사회와 분리하는 것이었다. 어쩌면 그들이 낙인찍었던 광인은 바이러스 보균자와 같았을 것이다. 때문에 바이러스 보균자를 격리시킴으로써 사회를 보호할 수 있다고 생각했을지도 모른다. 실제로 17세기 파리 인구의 1퍼센트 이상이 감금되었다.

푸코는 이성과 권력 결탁, 그리고 그것이 초래하는 결과를 이야기한다. 푸코는 서문에서 "인간은 본질적으로 광기에 걸려 있다. 따라서 미치지 않았다는 것은 아마도 미쳤다는 것의 또 다른 형태일 것이다"라는 파스칼의 말을 인용한다. 이어 인간은 자신의 이웃을 감금함으로써 자신의 건전성을 확인하는 것이 아니라는 도스토예프스키의 말을 덧붙인다.

사회가 미쳤다면 그 사회를 온전히 살아가는 사람이 미친 게

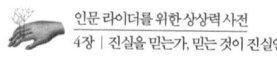

아닐까? 그들은 자신과 다른 사람을 분리함으로써 자신의 삶을 정당화했는지도 모른다. 이성이라는 이름으로 자행된 수많은 사건들은 나와 세계, 나와 타자를 어떻게 바라보느냐에 따라 이성과 비이성의 경계가 사라짐을 보여준다. 바라봄의 주체와 강조점에 따라 모든 것은 변한다.

획일은 맹목을 만든다. 하나의 생각만으로 세상은 움직이지 않는다. 인간에게 이성과 감성이 있듯, 나의 생각이 있으면 다른 사람의 생각이 있다. 다른 것을 틀렸다고 말했을 때, 사회는 경직된다. 인간의 이성은 완벽한가? 그렇지 않다. 합리적 과학주의와 이성 중심의 세상에서 합리적이지 않고 비이성적인 일은 계속되었다. 전쟁과 학살과 침략의 광기를 불태우면서도 그것을 이성과 합리도 보상했을 뿐이다. 나만이 옳다고 고집하지 않으면 상대를 인정할 수 있다. 하지만 프로쿠르테스는 자신의 기준으로 상대를 재단했다.

프로쿠르테스의 침대

그리스 신화에 프로쿠르테스라는

도둑이 등장한다. 프로쿠르테스가 유명해진 것은 그가 신기에 가까운 도둑질 솜씨를 가졌기 때문이 아니라 바로 쇠 침대 때문이었다.

프로쿠르테스는 여행자를 유인하여 자신의 쇠 침대에 눕혔다. 침대의 크기는 일정하다. 하지만 여행자의 몸은 일정하지 않다. 키가 큰 여행자도 있고 키가 작은 여행자도 있다. 어떤 여행자는 프로쿠르테스의 침대보다 작고, 또 어떤 여행자는 컸을 것이다. 프로쿠르테스는 침대에 맞게 여행자를 재단했다. 침대보다 키가 큰 여행자는 잘라냈고 키가 작은 여행자는 늘렸다. 프로쿠르테스는 '늘리는 자'라는 뜻이다. 하지만 프로쿠르테스는 영웅 테세우스에게 자신이 여행자를 죽인 방법 그대로 죽음을 맞았다.

프로쿠르테스의 침대는 독단과 아집을 상징한다. 자신의 기준이 옳다고 생각하고 진리로 받아들이고 상대의 의견이나 생각은 무시한다. 자신과 다르면 옳지 않은 것이다. 때문에 상대를 잘라낼 수도, 늘릴 수도 있다. 프로쿠르테스의 침대는 폭력적 잣대다.

세상에는 프로쿠르테스의 잣대만 있는 것이 아니다. 상대를 재단하고 늘려 상대에게 상처를 주고 죽이는 것이 아니라 자신에게 엄격히 적용되는 잣대도 있다.

혈구지도

《대학》은 유가의 사서四書 중 하나다. 사서란 《논어》《대학》《중용》《맹자》를 이른다. 그중 《대학》과 《중용》은 본래 《예기》의 한 편이었으나 그 중요성으로 인해 따로 떼어졌다. 《대학》 하면 떠오르는 말이 '수신제가치국평천하'다. 그러나 《대학》에는 공자가 중요시했던 또 다른 관념이 있다. 바로 '혈구지도絜矩之道'다.

혈구지도를 글자 그대로 풀이하면 '혈구의 도'가 된다. 혈구란 무엇일까? 혈구는 곱자다. 곱자는 'ㄱ'자 모양의 직각자다. 목수는 혈구를 통해 직각을 알고 치수를 재고 마름질을 한다. 목수에게 혈구는 기준이다. 어떤 나무를 대할 때도 어떤 가구를 만들 때도 혈구는 변하지 않는다. 그런 혈구의 도가 혈구지도다. 그럼 혈구지도는 자신만의 아집일까? 그렇지 않다. 그 반대다.

《대학》 10장에서는 군자가 혈구지도를 지녀야 한다고 말한다. 그리고 혈구지도가 무엇인지를 설명한다. 혈구지도는 '위에서 싫어하는 것을 아래에 베풀지 말고 아래에서 싫어하는 것으로 위를 섬기지 말며, 앞에서 싫어하는 것을 뒤에 먼저 하지 말고 뒤에서 싫어하는 것을 앞에서 따르게 하지 말며, 오른편에서 싫어하는 것을 왼편에 건네지 말고 왼편에서 싫어하는 것을 오른편에 건네지 않는 것'이다.

혈구지도는 공자의 '기소불욕물시어인己所不欲勿施於人'이나 맹자의 '추기급인推己及人'과 맞닿아 있다. 공자는 내가 하고자 하지 않는 바를 다른 사람에게 베풀지 말라 했고 맹자는 나를 밀어 다른 사람에게 미치게 하라고 했다. 내가 원하지 않는 것을 다른 사람에게 시키지 말라는 공자의 말은 쉽게 이해된다. 그런데 나를 밀어 다른 사람에게 미치게 하라는 것은 무엇일까? 더욱이 맹자는 추기급인을 충서를 실천하는 방법이라고 말하기까지 했다.

나를 밀어 다른 사람에게 미치게 한다는 것은 나를 미루어 다른 사람을 헤아린다는 뜻이다. 내가 싫어하는 것을 다른 사람이 싫어한다는 것을, 내가 좋아하는 것이면 다른 사람도 좋아하는 것임을 알아야 한다. 그때 중심은 내게 있는 것이 아니라 타인에게 있다. 그것이 인의 실천이다.

《논어》〈옹야〉에서는 "대저 인이라는 것은 자신이 서고자 함으로 남을 세우고 자신이 달하고자 함으로 남을 달하게 한다. 가까운 곳에서 깨달음을 취하는 것을 가히 인의 방법이라 할 것이다"라고 이야기한다.

어디에서 바라보느냐, 무엇을 보느냐에 따라 세상은 달라진다. 그런데 중심이 있어야 한다. 세상을 바라보고 관계를 이해하는 바른 곱자가 있어야 현실을 직시하고 환상을 넘어설 수 있다. 곱자는 환상의 미몽을 깨는 송곳일 수도 있다.

잘못된 관념의 환상은 깨어져야 한다. 그러나 환상은 하나가 아니다. 이룰 수 없는 것이 환상이며 꿈꾸는 것이 환상이다. 그런데 이제 환상은 실재하는 세계가 되고 있다. 비록 현실이 아니라 할지라도 우리는 환상을 맛본다. 기술의 발달이 그것을 가능하게 했다. 거기엔 인공 이미지가 한몫한다. 더욱이 온라인 세계에서는 무한한 자기복제가 가능하다. 네티즌은 동시에 동일한 이미지를 체험할 수 있다. 영화 〈매트릭스〉가 이런 세계를 구현해낸다.

매트릭스

프랑스의 철학자 장 보드리야르는 현대를 '시뮬라크르simulacre'의 시대라 말한다. 시뮬라크르란 실재하지 않으면서도 더 실재하는 것처럼 다가오는 인공 이미지다. 인터넷 공간에서 '나'는 안락의자에 앉아 1999년의 아카데미 시상식이나 국립민속박물관의 유물을 볼 수 있고 지금 벌어지는 야구 경기를 관전할 수도 있다. 그러나 국립민속박물관을 둘러보는 것은 현실 체험이 아니다. 소장품들은 실제가 아니라 모사품이며 그것은 시뮬라크르의 이미지에 불과하다. 이미지에 불과하지만 현실과 같은 존재라는 개념은 새로운 세계에 대한 믿음을 가능하게 했다. 그것은 바로 환상이 눈앞에서 펼쳐질 수도 있다는 기대와 확신이다.

1999년에 개봉한 워쇼스키 형제의 영화 「매트릭스」는 우리가 누리는 모든 것이 실재하는 현실이 아닐 수도 있음을 보여준다. 이 영화는 기본적으로 인류의 종말을 그리고 있다. 로봇이 인간의 일을 대신하고, 심지어 사람을 죽이는 사건까지 일어난다. 인간의 로봇에 대한 불안은 폭력으로 나타나고 로봇은 자신들의 생존을 위해 티그리스 강으로 모여든다.

로봇은 자신들의 생존을 위해 국가를 건설한다. 이미 인간의 한계를 넘어선 로봇에 불안을 느낀 인간은 로봇과의 전쟁을 시작한다. 로봇의 에너지원인 태양광을 차단하기 위해 하늘을 덮지만 인간은 패배한다. 그리고 로봇은 인간을 전지로 사용하기 시작한다. 하지만 꿈꾸지 못하는 인간은 전지의 기능을 수행하지 못한다. 로봇은 매트릭스라는 가상공간을 만들어 인간이 두뇌 활동을 계속할 수 있도록 한다. 그때 네오라는 인물이 나타나 자신이 살고 있는 세계에 의문을 던진다. 그리고 네오는 매트릭스의 세계에서 현실의 세계로 옮겨오게 된다.

이 영화를 끌어가는 주요 인물은 네오다. 그리고 네오를 각성시키는 모피어스와 네오의 연인 트리니티가 있다. 로봇에는 네오와 모피어스를 쫓는 스미스 요원이 있다. 그런데 가만히 들여다

보면 이 영화의 인물들은 성경을 비롯한 그리스 신화에 연원을 두고 있다. 네오는 예수의 변형이다. 모피어스는 세례 요한의 역할을 하지만 그 이름은 그리스 신화의 모르페우스에서 따왔다. 트리니티는 삼위일체를 의미한다. 그리고 요원 스미스는 사탄이다. 이처럼 「매트릭스」는 인류가 오랫동안 간직했던 이야기를 새롭게 해석해서 보여주고 있다.

하지만 「매트릭스」가 보여준 것은 단순히 그런 가상세계가 존재할지도 모른다는 가능성이 아니다. 실재와 허구, 진실과 위선, 안과 밖 등 우리가 생각하는 모든 것들에 대한 의문이다. 때로는 무엇이 옳은가가 중요한 것이 아니다. 무엇이 옳다고 여기는가를 더욱 중요하게 여길 때도 있다.

영화에서 동료를 팔아먹는 사이퍼는 유다와 닮았다. 그런데 사이퍼가 동료를 넘겨주는 대가로 요구하는 것은 다시 매트릭스로 돌아가게 해달라는 것이었다. 사이퍼는 고단한 현실이 아닌 매트릭스의 세계에서 풍요와 안락을 구하고자 했다.

우리는 알지 못한다. 다만 우리가 가진 것으로 판단할 뿐이다. 네오는 각성한 후 매트릭스 공간에서 무한한 능력을 발휘한다. 그것은 눈앞에 펼쳐진 광경을 실제로 받아들이지 않고 조합으로 받아들이기 때문이다. 무엇을 어떻게 인식하느냐는 그래서 중요하다. 어떻게 받아들이느냐에 따라 사이퍼처럼 가상의 공간에 가고 싶어 할 수도 있고 네오처럼 공간을 변주할 수도 있기 때문이다.

모르페우스

영화 「매트릭스」에 등장하는 모피어스라는 이름의 모태는 그리스 신화의 모르페우스다. 모르페우스는 '모양을 빚는 자'라는 뜻을 가지고 있다. 형태학을 뜻하는 모폴로지morphology나 마취에 쓰이는 모르핀morphine도 모르페우스에서 유래했다.

모르페우스는 꿈의 신이다. 오비디우스의 《변신 이야기》에 따르면 모르페우스는 다른 사람의 얼굴과 체형은 물론 목소리와 표정, 습관까지 똑같이 따라할 수 있었다. 그래서 사람들의 꿈에 나타나 그들의 희망을 충족해주는가 하면 소식을 전해주기도 했다. 항해에 나선 남편이 죽은 줄도 모르고 무사귀환을 기다리던 알키오네의 꿈에 남편의 모습으로 나타나 자신이 이미 죽은 몸이라는 사실을 알린 것이 대표적이다.

꿈의 신이기에 모르페우스는 꿈에서 깨지 못하는 경우가 있었다. 그러면 신들은 무지개의 신인 아이리스를 보내 모르페우스를 깨웠다. 꿈의 신이지만 자신의 꿈에서 깨어나지 못하는 모르페우스는 그래서 또 이중적이다. 모르페우스는 꿈을 꾸기에 살지만 꿈에서 헤어나오지 못하면 다시 깨어날 수 없는 인간의 모습을 보여준다.

매트릭스는 두 개의 공간으로 나뉜다. 현실의 공간과 매트릭스라는 환상이 만들어낸 공간이다. 두 공간은 이동이 가능하다. 현실에서 매트릭스로, 매트릭스에서 현실로 전화선을 타고 영화 속의 인물들은 이동을 한다. 그러나 그것과 다른 세계, 나비가 꾸는 꿈의 세계가 있다.

나비

호접몽胡蝶夢은 《장자》에서 유래한다. 호접몽에는 물화物化의 경지, 물화의 세계가 등장한다. 장자는 꿈에서 나비가 되었다. 나비는 마음먹은 대로 어디든 훨훨 날아다닐 수 있었다. 나비는 자신이 장자인지 알지 못했다. 그러다 장자는 꿈에서 깨었다. 장자는 자신이 꿈에 나비가 된 것인지, 나비가 지금 장자가 되는 꿈을 꾸고 있는 것인지 몰랐다. 장자와 나비는 분명 구분이 있어야 하는데 그렇지 않았다. 이런 경지를 장자는 '물화'라고 한다.

호접몽은 현실과 꿈을 구분하지 못하는 상황을 이른다. 그렇다면 이는 매트릭스와 닮았다. 하지만 장자가 말하고 싶었던 것이 그저 현실과 꿈의 모호함이었을까? 장자는 매트릭스보다 훨씬 철학적인 질문을 던진다.

물화를 글자 그대로 해석하면 사물로 화했음이다. 장자는 나비로 화했다. 이것이 장자와 우리의 차이점이다. 우리는 구분을 해야 한다. 나비냐 장자냐의 논쟁을 이어가야 한다. 하지만 장자가 이야기하는 경지는 사물과 나의 구별이 없는 세계다. 나는 네가 되고 너는 내가 된다. 장자가 나비가 되고 나비가 장자가 되는 세계에는 어떠한 구분도 존재하지 않는다. 구분이 없기는 삶과 죽음도 마찬가지다.

국경을 지키는 관리의 딸이었던 여희를 예로 들어보자. 진나라에서 처음으로 그녀를 데려갔을 때, 여희는 눈물로 옷깃을 적시며 가기 싫어했다. 하지만 진나라 왕의 처소에서 호화로운 침상을 쓰고 산해진미를 맛보자 생각이 달라졌다. 울면서 가기 싫어했던 것을 여희는 후회했다. 장자는 죽음도 여희의 경우와 같다고 말한다. 죽음 후를 모르면서 죽기 싫다고 할 이유가 없다는 것이다. 죽기 전에 그토록 살려고 했던 사람이 죽은 후에 살려고 했던 것을 후회할지도 모른다는 것이다.

문제는 그런 구분이 감각기관에 의해 생겨난다는 데 있다. 우리는 우리가 포착하는 감각기관으로만 세계를 판단한다. 그리고 감각기관으로 포착된 세계에는 기준이 존재한다. 결국 기준에 의해서 판단이 생겨난다. 그런데 그 기준이 없다면 어떻게 될까? 내가 나비가 되는 것이 자연스럽지 않은가? 장자는 우리가 단순한 만물의 변화를 만물의 본질로 착각하고 있다고 말한다.

참된 도에 이르면 모든 구별과 기준이 사라지게 된다. 하나의 절대적인 가치가 존재하지 않기 때문이다. 때문에 대립이나 갈등도 존재하지 않는다. 장자는 다시 '본래 참됨도 거짓됨도 없는 실재가 어째서 진위의 구별이 생기며 본래 옳음도 그름도 없는 말(인식)이 어째서 시비가 생겨나는가? 원래 도처에 존재하는 도는 인간의 편견에 의하여 진위의 대립이 생기고 원래 모든 것이 옳은 말이 인간의 허식적인 문화에 의하여 시비가 생긴다'라고 말한다.

원래 세상에는 아름다움과 추함, 옳음과 그름, 길고 짧음이 존재하지 않는다. 그것은 상대적인 관념일 뿐이다. 그러던 것이 상대적인 관점이 절대적인 관점으로 변하면서 아름다움과 추함, 옳음과 그름, 길고 짧음이 생겨난다. 도가에서는 이를 인위라고 한다. 자연스러움에 인위가 더해지자 세상에는 가치가 생겼고 그것이 세상을 점점 나쁘게 만들었다는 것이다.

노자의 《도덕경》은 '도^道라고 하는 도는 항상된 도가 아니며 이름 지워진 이름은 항상된 이름이 아니다. 이름 없음(無名)은 하늘과 땅의 시작이요, 이름 있음(有名)은 만물의 어머니다'라는 구절로 시작된다. 이름 지울 수 있는 도는 도가 아니다. 그것은 일시적인 것에 불과하다. 이미 무엇이라 명명되면 그 이름에 갇혀버리고 만다. 그 이름은 그 내용을 규정하는 구속이 된다. 때문에 그러해야 하는 당위가 생기게 되는 것이다.

하지만 우리는 질서 속에서 살고 있다. 그 질서는 무엇으로 표현되는가? 언어다. 언어의 힘을 믿었기에 예전에는 쓸 수 없는 글자가 있었다.

피휘

질서의 세상에서 말은 권력이 된다. 그것을 그것이라 이름 짓는 힘, 바로 규정이다. 규정된다는 것은 한정된다는 것이다. 한계가 생긴다는 말이다. 그런데 말의 힘은 말이 지칭하는 대상과 상징에 의해 결정되기도 한다.

'피휘避諱'라는 말이 있다. 휘를 피한다는 뜻이다. 여기에서 휘는 왕이나 성인, 또는 조상의 이름을 뜻한다. 왕의 이름을 피하는 것은 국휘國諱, 성인의 이름을 피하는 것은 성인휘聖人諱, 조상의 이름을 피하는 것은 가휘家諱다. 황제는 7대 위의 이름까지 쓰지 못하고 왕은 5대 위까지 쓰지 못한다. 그래서 왕들은 어려운 글자를 택해서 이름을 지었고 이름도 외자로 지었다. 고려의 경우 태조 왕건의 건建을 피하기 위해 '건' 대신 '입立'을 썼다. 그래서 후한의 연호인 '건안建安'을 '입안立安'으로 표기했다.

피휘를 한 것은 이름이 지칭하는 대상이 왕이나 황제였기 때문이다. 왕이나 황제의 신성함이 그의 이름과 연관되고 그 이름을 함부로 부르지 못하게 했기 때문이다. 그렇다면 말의 힘은 그것을 지칭하는 대상과 대상의 상징에 의한다고 할 수 있다.

과거에 천연두는 무서운 전염병이었다. 사람들은 천연두를 역신의 일이라고 믿었고 역신의 노여움을 타지 않기 위해서 '마마'라고 불렀다. 또한 호랑이를 산신령으로 칭하는가 하면, 귀한 아이일수록 이름을 천하게 지어 불렀다. 이런 행위들은 말에 힘이 있다고 믿었기 때문이다.

어떻게 부르느냐에 따라 상대와 나의 관계가 설정된다. 말이 바뀌면 관계가 바뀐다. 이는 말의 변신이다. 변하는 것은 그뿐만이 아니다. 이제 오비디우스의 변신과 복숭아숲으로 변한 지팡이와 거미가 된 여인의 이야기를 들어보자.

변신

고대 로마의 시인 오비디우스의 《변신 이야기》는 그리스 로마 신화의 종합판이라고 할 수 있다. 천지창조는 물론 신과 인간들의 이야기가 나온다. 트로이 전쟁도 있고 로마의 건국 이야기도 있다. 또한 수많은 사랑 이야기도 나온다. 그런데 《변신 이야기》는 사물의 기원 이야기이기도 하다.

이 책은 15권으로 구성되어 있는데, 15권에서 오비디우스는 피타고라스의 입을 빌려 이렇게 이야기한다.

"모든 것은 변할 뿐입니다. 없어지는 것은 하나도 없습니다. 영혼은 이리저리 방황하다가 알맞은 형상이 있으면 거기에 깃들입니다. 짐승의 육체에 있다가 인간의 육체에 깃들이기도 하고 인간의 육체에 깃들이기도 합니다. 이렇게 돌고 돌 뿐 사라지는 것은 절대로 아닙니다."

오비디우스는 모든 것은 변신일 뿐이라고 이야기한다. 이것은 반고라는 거인의 몸에서 천지만물이 나오고 벌레가 인간이 되는 것과 같다. 오비디우스는 짐승과 인간의 경계를 허문다. 내가 짐승이 될 수 있고 짐승이 내가 될 수도 있다. 그렇다면 나와 짐승의 경계는 무엇이란 말인가? 여기에는 차별이 존재하지 않는다. 그저 변할 뿐이다.

자연과 인간이 넘나들고 인간과 동물이 넘나들 수 있다면 이 세상에 소중하지 않은 것이 없다. 나는 모든 것이 될 수 있고, 세상의 모든 것은 나일 수 있기 때문이다. 변신이란 그저 둔갑이 아니라 세상과 하나가 되는 경지를 말하고 있는지도 모른다.

과보추일영

《산해경》〈해외북경〉에는 '박보국博父國'이 등장하는데, 과보의 후손이 사는 나라로 알려져 있다. 《산해경》과 굴원의 《초사》에도 과보족의 이야기가 실려 있다. 과보족은 거인족으로 성도재천成都載天이라는 산에서 살았다. 거인인 만큼 힘에서 당할 자가 없었다. 그들은 뱀을 두르고 다녔는데, 귀에 노란 뱀 두 마리를 걸고 손에 노란 뱀 두 마리를 쥐었다. 과보족 중에 과보추일영夸父追日影을 행한 자가 있었다.

과보추일영은 과보가 해의 그림자를 따라간다는 뜻이다. 여기에서 '부父'는 아비의 뜻이 아니라 사내를 뜻하고 '보'라고 읽는다. 과보는 태양을 따라가기로 마음먹었다. 자신의 힘과 능력이면 태양을 따라 잡을 수 있다고 생각한 것이다. 서쪽으로 기우는 태양을 향해 과보는 달리기 시작했다. 천리를 달렸을 때, 태양이 진다는 우곡에 다다를 수 있었다. 과보는 갈증을 느껴 물을 찾았다. 황하의 물을 다 마시고도 모자라 위수의 물까지 마셔버렸다. 하지만 갈증은 해결되지 않았다. 과보는 북쪽 대택을 향해 뛰었다. 하지만 더 이상 갈 수가 없었다. 과보는 쓰러져 죽음을 맞이했다. 그리고 그가 든 지팡이가 복숭아 숲이 되었다.

과보의 이야기에는 두 가지 함의가 녹아 있다. 첫째, 인간의 욕구다. 과보추일영이라는 말은 어떤 경우 자신의 한계를 모르는 무모한 도전이라는 의미로 사용되기도 한다. 그러나 인간의 역사는 무모한 도전에서 비롯되었다. 날고자 하는 꿈을 꾸지 않았으면 인간은 날 수 없었을 것이다. 그런 의미에서 과보는 이카로스와 비견되기도 한다. 깃털을 이어 붙인 밀랍이 녹아 날개가 사라지는 줄도 모르고 하늘 높이 비상했던 이카로스는 결국 추락하고 말았다. 하지만 인간은 끊임없이 도전했고 그것으로 무언가를 이루었다. 오늘의 무모한 도전이 내일의 유효한 도전이 되지 말라는 법은 없다. 끊임없는 도전과 굴하지 않는 의지가 바로 오늘의 인간을 만든 것이다.

둘째 함의는 과보의 지팡이가 복숭아 숲으로 변한 것에 있다. 지팡이가 복숭아 숲으로 변했다는 내용은 일종의 변신, 변형을 의미한다. 신화에서는 수많은 변신이 등장한다. 그중 어떤 변신은 신의 분노에서 비롯된다.

아라크네

겸손을 배우지 못한 두 여자가 있었다. 한 명은 아라크네다. 아라크네는 방직과 자수의 명인이었다. 그녀가 짠 천에는 흠이라곤 없었으며 그 천에 놓인 수는 아름다웠다. 완전무결을 뜻하는 천의무봉天衣無縫이라는 이름이 붙을 만했다. 그 솜씨가 어찌나 뛰어났던지 그녀가 천을 짜고 수를 놓을 때면 요정들까지 나와 구경을 할 정도였다. 그러나 그녀의 입이 화근이었다.

요정들은 아라크네의 솜씨를 보며 아테네 여신에게서 배웠을 거라고 말했다. 그러나 아라크네의 생각은 달랐다. 그녀는 자신의 솜씨가 누군가에게 배운 것이라는 말을 용납할 수 없었다. 아라크네는 말한다.

"아테네와의 경쟁에도 기꺼이 응할 것이다. 내가 지면 벌을 받겠어."

지혜의 여신이자 전쟁의 신이며 방직이나 재봉과 같은 기술의 신이었던 아테네가 그 말을 반가워할 리 없었다. 아테네는 노파로 변장하여 아라크네를 찾아갔다. 처음엔 조용히 충고만 하고 나오려 했을 것이다. 하지만 아라크네는 아테네를 도발했다. 자신의 솜씨는 아테네에 뒤지지 않는다고, 아테네 여신이 직접 온다고 해도 자신이 있다고 말했을 것이다.

아테네는 노파의 모습을 벗고 아라크네와 천 짜기 시합을 했다. 그런 다음 그 천에 수를 놓았다. 아테네는 포세이돈과 경쟁하던 모습을 수놓았다. 아테네는 도시의 이름이기도 하다. 아테네가 그렇게 불리게 된 것은 그 도시가 여신 아테네의 것이었기 때문이다. 하지만 도시를 차지할 때, 아테네는 바다의 신인 포세이돈과 경쟁을 벌였다. 두 신의 경쟁이 격렬해지자 신들이 중재에 나서 인간에게 더 유용한 것을 준 신에게 도시를 맡기자고 했다.

포세이돈은 인간에게 말을 주었고 아테네는 올리브 나무를 주었다. 신들은 올리브 나무가 인간에게 더 유용하다고 판정했다.

포세이돈과 경쟁을 벌이던 그 모습에서 아테네는 머리에 빛나는 투구를 쓰고 가슴에 황금빛 방패를 둘렀다. 신의 위엄을 보이고자 했던 것이다. 하지만 아라크네는 신의 빗나간 욕망을 수놓았다. 여인을 탐하는 제우스가 황소로, 백조로 변해 유혹하는 모습이었다. 아테네는 신을 조롱하는 아라크네에게 분노하여 그녀의 직물을 찢고 그녀의 머리에 손을 가져갔다. 그러자 아라크네의 몸이 점점 작아지더니 다리가 솟아나왔다. 그리고 몸에서 실이 흘러나왔다. 아라크네는 거미로 변했다.

신화는 적어도 두 가지를 이야기한다. 인간의 오만과 거미의 탄생이다. 오만한 인간을 벌하는 신, 겸손을 잃어버린 인간은 벌을 받게 된다. 그런데 그런 인간을 벌한 신은 자신의 분노를 제어하지 못하는 옹졸한 신이다.

태양을 좇던 과보는 쓰러졌고 자신의 솜씨를 뽐내던 아라크네는 거미가 되었다. 신의 분노를 샀기 때문이다. 탄탈로스 역시 신을 분노하게 만들었다. 그런데 옛사람들은 왜 이런 이야기를 후대에 전했을까? 신을 분노하게 하지 말고 분수를 지키며 살라고 말하고 싶었을까? 물론 그렇게 받아들일 수도 있다. 하지만 이 이야기들은 사람의 본성 그 자체를 말한다. 이들의 이야기에는 인간의 두 가지 모습이 담겨 있다. 욕망과 도전, 그리고 제어다.

신들에게 도전한 것은 인간만이 아니었다. 화과산의 돌에서 태어난 원숭이도 당당하게 신들에게 도전장을 냈다. 하늘의 신을 벌벌 떨게 만들었던 원숭이의 이름은 손오공이었다. 《서유기》는 손오공을 주인공으로 한 소설이다.

화과산의 원숭이

손오공은 처음 자신을 원숭이들의 왕인 미후왕美猴王이라 칭했다. 하지만 선인에게 72가지의 술법을 배우고 손오공이라는 이름을 받았다. 여기서 그치지 않고 제천대성이라 칭했다. 손오공은 한 번에 10만 8천 리를 날 수 있다는 구름 근두운을 타고 다녔다. 사실 근두운은 구름이 아니라 손오공의 술법 중 하나를 일컫는다. 손오공이 구름을 타기 전에 재주넘기를 했기 때문에 붙여진 이름이다.

손오공은 용궁으로 가서 자신이 마음먹은 대로 크기가 조절되는 여의봉을 빼앗는다. 그러고는 하늘에 올라가 온갖 행패를 부리다 석가여래와의 내기에서 져 오행산의 바위에 갇히게 된다. 그러다

삼장법사, 저팔계, 사오정과 함께 경을 가져오는 길에 오른다.

《서유기》는 명대 오승은이 지은 것으로 알려져 있다. 그러나 오승은의 순수 창작이라고는 말할 수 없다. 먼저 《서유기》는 '서천취경西天取經'이라는 역사적 사실을 근거로 한다. 서천취경은 천축국에 가 불경을 가져왔다는 뜻이다. 당나라 태종 때 28세의 승려 현장은 장안을 출발한다. 그가 다시 돌아온 것은 17년 만이다. 그동안 현장은 100여 개의 나라를 돌며 온갖 고난을 겪었다. 송대에는 전문적으로 그 이야기를 하는 이야기꾼이 있었고 그러한 이야기는 《대당삼장취경시화大唐三藏取經詩話》로 남겨졌다. 그 외에도 현장의 이야기는 수많은 다른 이야기로 전해졌다.

손오공의 무기인 여의봉도 새로운 것이 아니다. '여의如意'란 뜻대로 된다는 말이다. 지금도 중국에서는 '만사여의萬事如意'란 말을 덕담으로 건넨다. 모든 일이 뜻대로 잘 풀리기를 바라는 마음을 전하는 것이다. 《서유기》에서 1만 3,500근이나 되는 여의봉은 말 그대로 뜻대로 커졌다 작아졌다 한다. 심지어 손오공이 귀에 넣고 다닐 정도다.

본래 여의봉은 신진철神珍鐵이었다. 이는 중국 최초의 왕조라 전해지는 하나라 우왕이 치수를 담당할 때 바다의 깊이를 쟀던 도구다. 그것이 동해 용왕에게 있었는데 손오공이 빼앗은 것이다.

신만이 변하는 것이 아니다. 또 인간만이 변하는 것도 아니다. 이야기도 시대에 따라 변한다. 변신은 세상의 모든 것에서 일어난다.

사람은 누구나 늙는다. 그런데 일정시간이 흐른 후에도 늙지 않는 사람이 있다. 신체적인 노화가 진행되지 않는 이 희귀 질병을 하이랜더 증후군이라고 한다. 영화 「하이랜더」는 늙지 않고 사는 사람들의 이야기다. 영화 도중에 변신 장면이 나온다. 주인공 맥클레인은 해변을 달리며 자신이 원하는 동물로 변신한다. 그는 사슴이 되었다가 다시 사람이 되어 해변을 질주한다. 이것 역시 일종의 변신이다. 그런데 자신의 몸이 바뀌는 것이 아니라 영혼이 빠져나가 다른 사물에 깃드는 경우가 있다.

애니미즘

라틴어 아니마^{anima}는 영혼을 뜻한다. 영국의 인류학자 에드워드 타일러는 《원시문화》에서 애니미즘을 말한다. 애니미즘은 바로 아니마에서 파생된 말이다. 애니미즘, 즉 영혼의 숭배를 말하는 이 신앙은 사람뿐 아니라 동물, 식물, 자연 등 세상의 모든 것에 영혼이 깃들어 있다고 믿는다.

타일러는 애니미즘이 꿈과 죽음에서 시작되었을 것이라고 말한다. 사람이 잠을 잔다. 하지만 잠을 자는 것은 육체뿐이다. 영혼은 사람의 몸을 떠나 다른 곳에 있다. 그래서 꿈이란 영혼의 여행이다. 하지만 꿈에서 깰 때 영혼은 다시 육체로 돌아온다. 죽음이란 어떤가? 사람의 영혼이 영원히 육체를 떠나는 것이다. 그러나 죽는 것은 육체지 영혼이 아니다. 영혼은 다시 다른 곳에서 자리를 잡는다. 그것은 동물일 수도 있고 나무일 수도 있다. 그렇다면 모든 것에는 영혼이 있게 된다. 그리고 그것은 사람의 눈에 변신으로 보일 수도 있다.

우리에게도 애니미즘의 흔적을 발견할 수 있다. 옛날 사람들은 구렁이에 조상의 영혼이 있다고 믿었고 호랑이는 산신이라고 믿었다. 그래서 그들을 해치지 않고 잘 대접하려 했다. 만물에 영혼이 있다면 눈에 보이는 것은 그저 하나의 가면에 불과할지도 모른다. 누구나 또 다른 얼굴을 가지고 있는 것이다.

야누스

두 얼굴을 가진 이중적인 사람을 가리켜 야누스라고 한다. 야누스는 두 개의 얼굴을 가지고 있다. 때로는 네 개의 얼굴을 가졌다고도 한다. 야누스는 로마 신화에 나오는 신이다. 그것도 성과 집의 문을 지키는 신이다.

신전의 신을 만나기 위해서는 먼저 야누스를 거쳐야 했다. 때문에 문의 수호신인 야누스는 가장 먼저 제물을 받았다. 야누스가 두 개의 얼굴을 가진 것은 문의 특성 때문이다. 문은 안과 밖을 구분 짓되 앞과 뒤로 나뉘지 않는다. 고대 로마인들은 문에 앞뒤가 없다고 생각했다. 그러니 두 개의 얼굴을 가질 수밖에 없다.

어느 방향으로 향하든 문은 시작이다. 안으로 들어가거나 밖으로 나가는 첫 관문이다. 그래서 문은 시작이자 시초의 신으로도 여겨졌다. 그래서일까? 영어의 1월인 재뉴어리^{January}는 '야누스의 달'인 야누아리우스^{Januarius}에서 유래했다.

비록 형체는 변하지 않아도 우리는 매일 다른 모습으로 살고 있다. 어느 곳, 어느 맥락에 위치하느냐에 따라 매번 다른 가면을 쓰는 게 사람이다. 페르소나는 '가면'을 뜻한다.

페르소나

스위스의 심리학자 카를 구스타프 융은 사람의 정신을 의식과 무의식으로 나누며 페르소나를 자아의 어두운 면이라 했다. 페르소나란 가면을 쓴 인격이다. 규범과 도덕을 따르지만 그 속에는 어두운 자아가 존재한다. 어둠을 감추기 위한 가면을 쓰고 행동하는 것이 페르소나다. 하지만 페르소나는 더 광범위한 뜻을 가지고 있다.

페르소나는 배우가 쓰는 가면을 나타내기도 한다. 배우는 극에서 자신을 드러내지 않는다. 자신이 맡은 배역을 형상화하는 사람이 배우다. 그것은 또 다른 사람으로 변하는 것을 의미한다. 그렇다면 그는 또 다른 누군가의 분신이 되는 셈이다.

누군가의 분신으로서의 페르소나는 상징이 되기도 한다. 영화 〈플래툰〉의 톰 베린저와 〈디어헌터〉의 로버트 드니로는 베트남전을 겪은 인물의 페르소나다. 〈영웅본색〉의 인물들은 무협의 페르소나가 된다. 또한 페르소나는 감독의 분신 역할을 한다. 감독이 아닌 감독의 생각을 연기하는 배우가 그들이다.

누구나 가면을 가지고 있다. 가면은 또 다른 자신이고 나 아닌 타인이다. 어쩌면 자신의 영혼을 잃지 않은 채 겉모습만 바뀌는 변신이 보다 쉬울지도 모른다.

5장

무엇을 기억하는가,
어떻게 생각하는가

진실과 믿음이 일치하는 것은 아니다. 신화는 때로 진실이 아니라 믿음에 기반한다. 그 믿음을 강화해주고 그럼으로써 현재의 구조를 공고히 하는 역할을 한다. 신화의 또 다른 역할은 현실을 조작하는 것이다. 현실을 조작하여 다른 믿음 체계를 만든다는 것은 기억과 연관된다. 같은 사람을 다르게 기억할 수 있다. 또 다른 사람과 달리 자신을 다르게 기억할 수도 있다. 어떻게 기억하느냐에 따라 자신에 대한 생각이 달라진다. 기억은 정체성을 형성한다.

집단적 기억과 구조적 망각

인류학자 에번스 프리처드는 《누에르족》에서 동아프리카 누에르족이 어떤 조상은 망각하고 어떤 조상은 기억하는데, 이것이 그들 가족의 발전과 분화의 원칙이라고 설명한다. 또한 영국의 인류학자 P.H. 걸리버는 《가족집단》에서 아프리카 지(Jie)족의 친속 구조를 연구하며 기억과 망각이 일어남을 알아냈다. 가족이 발전하거나 분열할 때 그들은 어떤 조상은 특별히 기억하고 어떤 조상은 망각한다. 걸리버는 이를 '구조적 망각'이라고 했다.

기억과 망각은 개인에게서만 일어나지 않는다. 가문에 치욕을 안긴 인물은 족보에서 파낸다. 하지만 가문에 영광을 가져다준 인물은 길이 남겨 영광으로 삼는다. 그것으로써 한 집안은 결속을 강화하고 분열을 막는다. 또한 그렇게 함으로써 그 집안은 대외적인 신망을 얻을 수 있다.

대만역사연구소 연구원인 왕밍커는 《중국화하 변경과 중화민족》에서 족보를 재편찬하는 일이 가족사진을 재정리하는 것과 같다고 말한다. 어떤 계보는 망각하려 하고 어떤 계보는 반드시 중요한 위치에 두려 하며 어떤 계보는 되찾아오거나 새로 발견하기도 하는데, 이렇게 하는 것은 각 방계의 흥망성쇠를 해석하려는 데 있다. 여기에서 사람들이 어떻게 '과거'를 이용하여 현재 집단체계를 해석하는가를 분명하게 알 수 있다는 것이다.

또한 그는 집단기억이 실질적 유물(artifact)과 도상(iconography), 문헌 또는 각종 집단 활동 같은 매개에 의지하여 보존하고 강화하고 복습한다고 말한다. 예를 들어 가정을 하나의 사회집단으로 볼 때 돌아가신 분들에게 지내는 제사의식(집단기억의 매개와 활동)은 가족 구성원들이 점점 멀어지는 친속들의 기억을 정기적으로 되돌려서 가족의 응집력과 연속시키려는 의식을 강화시킨다는 것이다.

기억이 강화되거나 망각되는 것이 가족의 응집력 때문만은 아니다. 더 큰 이유는 사회의 패러다임의 변화에 있다. 패러다임의 변화에 따라 기억은 강화되거나 망각된다. 한 인물에 대한 평가도 시대와 사람에 따라 달라진다. 나폴레옹만큼 서로 다른 평가를 받는 사람도 많지 않을 것이다.

나폴레옹

유럽을 통일하여 대제국 프랑스를 건설하려던 나폴레옹 보나파르트의 꿈은 워털루에서 사라졌다. 엘바 섬을 탈출해 다시 권력을 잡은 나폴레옹은 벨기에 남동부 워털루에서 영국, 프로이센 연합군과 맞닥뜨렸다. 이 싸움에서 나폴레옹은 승자가 되지 못했고, 세인트헬레나 섬에서 쓸쓸한 종말을 맞아야 했다.

프랑스의 외딴 섬 코르시카에서 태어나 프랑스 최초의 평민황제가 되었던 나폴레옹을 가장 잘 드러내주는 것은 한마디 말과 한 점의 그림이다. '내 사전에 불가능은 없다'는 그의 말은 그가 어떻게 살았는지를 보여준다. 또 백마를 타고 알프스의 생베르나르 협곡을 넘는 모습을 그린 다비드의 그림은 그의 영웅적 모습을 보여준다. 그러나 그것은 이미지에 지나지 않는다.

나폴레옹은 영웅인가? 그렇다. 그는 영웅이다. 어떤 면에서는 말이다. 프랑스 파리 에투알 광장에 있는 개선문은 나폴레옹의 승전을 기념하기 위해서 세워졌다. 또한 나폴레옹 법전은 자유, 평등, 박애의 정신을 펴는 데 큰 역할을 했다. 나폴레옹 법전은 법 앞의 평등이었으며 농노제의 폐지였고 종교의 자유였으며 재산권의 보장이었다. 나폴레옹 스스로도 자신의 진정한 영광은 전투에서 거둔 마흔 번의 승리가 아니라 자신의 법전이라고 했다.

나폴레옹은 영웅인 동시에 독재자였다. 나폴레옹은 종신 통령과 황제가 되었고 형과 동생을 비롯한 인척들을 기용하는 비리를 저질렀으며 러시아 원정과 워털루 전투를 비롯한 많은 전쟁을 일으켜 수많은 병사들의 목숨을 잃게 했다. 또한 튈르리 궁에서 민중을 학살했고 포로들의 학살도 서슴지 않았다.

프랑스인은 잔다르크, 드골과 함께 나폴레옹을 가장 사랑하는 인물로 꼽는다. 외세의 침략을 이겨내고 프랑스에 영광을 가져다준 인물이라고 여기기 때문이다. 하지만 자유와 민주를 외치는 사람들에게 나폴레옹은 독재자다. 게다가 전쟁주의자이기도 했다.

나폴레옹은 한 사람이다. 그러나 어떤 패러다임을 가지고 어떤 맥락에서 무엇을 보느냐에 따라 평가는 달라진다.

우리에게도 나폴레옹과 마찬가지로 시대나 사람에 따라 다른 평가를 받았던 인물이 있다. 바로 단군이다. 단군은 민족의 시조로 추앙받았지만 때로는 소중화小中華사상에 묶여 그 지위가 격하되기도 했다. 현재 단군은 또 한민족의 기원과 영역을 밝혀줄 단서로 뿌리찾기의 대상이 되고 있다. 현재 일군의 한국 학자들은 단군신화를 통해 한민족의 영역을 만주와 요하로까지 넓히려는 노력을 하고 있다. 그것은 그곳을 잃어버린 우리의 땅이라고 생각하기 때문이다.

디아스포라

디아스포라^{Diaspora}라는 말은 《성경》〈신명기〉 28장 25절의 '네가 또 땅의 모든 나라 중에 흩어지고'에 처음 등장한다. 이후 이 말은 이스라엘 땅에서 쫓겨나 외국으로 떠도는 유대인을 가리키는 의미로 사용되었다. '유대인의 이산'이라고도 한다. 또한 특정 인족(ethnic) 집단이 기존에 살던 땅을 떠나 외부로 이동하는 현상을 일컫기도 한다.

넓은 의미에서 디아스포라는 자신의 영역에서 떨어져나가는 것을 의미한다. 그리고 이 말에는 원래 살던 곳으로 돌아가고 싶은 욕망도 숨겨져 있다. 그렇다면 디아스포라는 신화시대의 영토에서 떨어져나와 현실의 영토에서 살면서 신화시대의 영토를 그리워하는 의미로도 확대할 수 있을 것이다. 이는 단순한 영토에 대한 욕구가 아니라 잃어버린 신화적 공간에 대한 심리적 지향이다.

이러한 심리적 디아스포라의 이면에는 현재적 담론이 숨어 있다. 모리스 알브바슈는 《집단 기억 위에서》에서 사회집단은 모두 각기 상응하는 집단 기억을 갖고 있으며 이것으로 인해 집단이 응집하고 연속할 수 있다고 말한다. 현재를 규정하는 것은 과거다. 때문에 과거의 위대함은 현재의 위대함을 얻는 근간이 된다. 그래서 위대한 조상을 찾는 것이다. 위대한 조상이 있었기에 지금 우리가 위대한 업적을 남길 수 있음을 믿게 되는 것이다. 잃어버린 땅을 찾듯, 잃어버린 조상의 위대함을 찾아나서는 것도 그 때문이다.

단군신화를 어떻게 해석하느냐는 지금의 한민족을 어떻게 규정하느냐와 깊은 관련이 있다. 단군신화는 한민족 최초의 조상으로 여겨진다. 그 최초의 조상이 누구인가, 어떤 삶을 살았는가, 어디에서 살았는가가 바로 지금의 우리를 규정하기 때문이다. 단군신화가 위대하고 합리적이면 현재의 한민족은 위대하고 합리적인 단군의 후예가 된다. 즉 과거에 대한 재구성으로 현재에 대한 지향점을 찾아나가려는 것이다. 그것은 몽골 침략기였던 고려시대와 일제 강점기에 민족의식의 고취를 위해 단군을 기억했던 것과 같으며, 조선시대에 단군을 망각함으로써 소중화의 정당성을 획득하려 했던 것과도 같다. 그리고 우리나라는 근대화에서 단군을 통해 단일 민족 신화를 만들었다. 그 단일 민족 신화는 동질, 협동, 단결, 자주라는 단어와 결합하여 발전의 심리적 기초를 마련했다.

신화는 시대에 따라 달리 인식된다. 하지만 어떤 경우는 인식의 범주를 넘기도 한다. 신화를 바라보는 눈이 달라지는 것이 아니라 신화 자체를 변형하거나 조작하기 때문이다. 특히 남성에 의한 가부장 체제가 굳건해지면서 여성 신들은 변형되고 조작되었다.

여자 하느님

신화에서 거의 대부분의 분란은 여자로부터 생겨난다. 성서에서 최초의 여성은 이브다. 그러나 이브 때문에 인간은 에덴동산에서 쫓겨난다. 실낙원의 원인을 제공한 여자가 이브였던 것이다. 상자를 열어 세상을 혼란하게 한 인물 역시 여성인 판도라다. 이렇듯 여성은 신화에서 엄청난 악역을 담당해 왔다. 질투하고 시기하며 분쟁의 원인을 제공하는 치명적인 존재였다. 그리고 여성의 지위는 박탈당했다.

〈고린도전서〉는 '남자가 여자에게서 난 것이 아니라 여자가 남자에게서 났다'고 말하고, 〈디모데전서〉는 '여자는 일체 순종하며 조용히 배우도록 하십시오'라고 말한다. 동양에서는 어려서는 아비를 섬기고 결혼해서는 남편을 섬기며 늙어서는 아들을 따르라는 '삼종지도三從之道'를 말한다. 여자는 태생적인 한계를 가지고 있기 때문이다. 그리고 그 근거는 신화에서 찾을 수 있다. 한편 멀린 스톤은 《하느님이 여자였던 시절》에서 태초에 사람들은 '생명의 여창조주', '하늘의 여주인'에게 기도했고 종교가 처음 생겨났을 때 하느님은 여자였다고 주장한다.

멀린 스톤에 따르면 선사시대와 역사시대 초기에는 여성을 최고의 창조주로 섬기는 종교가 있었다. 이 '위대한 여신'은 기원전 7000년 신석기 초기부터 서기 50년경 마지막 남은 여신의 신전들이 폐쇄될 때까지 예배의 대상이었다. 그러나 어느 순간부터 여성은 남성보다 하등한 존재가 되었다.

멀린 스톤에 따르면 근동과 중동의 거의 모든 여신이 '하늘의 여왕'이라는 칭호를 가지고 있었고 이집트에서 고대의 여신 누트는 하늘로, 그녀의 남동생이자 남편인 게브는 땅으로 표현되었다. 그런데 역전이 일어났다. 여성 신이 담당했던 자리와 권위가 남성 신에게 넘겨졌고 그와 함께 여성의 지위도 하락했다. 여성 신의 추락은 여성의 추락을 의미하는 것이었다. 교묘한 바꿔치기가 이루어진 것이다. 신화에서도 그 근거를 찾을 수 있다.

인도의 여신 사라스바티는 글자를 발명한 신이다. 켈트족의 여신 브리지트는 언어의 수호신이다. 수메르의 여신 니다바는 점토판과 글쓰기를 발명했다. 메소포타미아의 여신 닌릴은 농업을 전수했다. 하지만 그들은 더 이상 추앙받지 않는다. 그들의 업적은 모두 남성 신의 것이 되었다. 그러나 고대의 신화는 이제 더 이상 관심의 대상이 아니다.

마거릿 미드는 고대인들이 성교에 의한 출산을 이해하지 못했다고 말한다. 남자의 역할을 몰랐을 때, 아이를 낳는 유일한 존재는 여자였다. 모계 사회가 가능했던 것은 그 때문이었을 것이다. 임신을 이해하지 못했을 때, 아버지가 누구인지 알 수 없었다. 확실하게 알 수 있는 것은 인간이 여성의 자궁에서 나온다는 것이다. 하지만 사회는 변했다. 남성성이 세계를 지배하기 시작했다. 그렇게 여성은 풍요와 생산의 신에서 생산의 도구로 변질되었다.

복희

사마천의 《사기》는 천하의 제왕에 대한 기록인 〈본기本紀〉, 영웅호걸들의 이야기인 〈열전列傳〉, 제후의 일을 쓴 〈세가世家〉, 문물에 관한 〈서書〉, 도표인 〈표表〉로 구성된다. 《사기》는 〈본기〉로 시작되고, 〈본기〉는 다시 〈오제본기〉로 시작된다. 오제란 황제헌원黃帝軒轅, 전욱고양顓頊高陽, 제곡고신帝嚳高辛, 제요방훈帝堯放勳, 제순중화帝舜重華를 말한다. 그런데 중국 신화에서는 오제 이전에 삼황이 있었다고 전한다.

삼황은 복희씨, 신농씨, 여와씨를 말한다. 《주역》 〈계사전〉은 복희씨가 팔괘를 만들고 그물을 만들어 물고기 잡는 법을 가르쳤고 신농씨는 보습과 쟁기를 만들어 세상을 풍요롭게 했다고 기록한다. 여와는 인간을 창조하고 하늘을 보수한 여신이다. 삼황의 하나로 때로는 여와 대신 최초로 불을 발견한 수인씨를 넣곤 한다.

이 삼황 가운데 인간을 창조하고 하늘을 보수하여 인간을 구한 위대한 여신 여와는 시간이 흐를수록 위력을 잃어갔다. 다른 신화에서 여와는 복희의 누이로 등장한다. 한나라대의 화상석(장식으로 신선, 새, 짐승 등을 새긴 돌)에는 복희와 여와의 모습이 자주 등장한다. 화상석을 보면 복희와 여와는 사람의 머리에 뱀의 몸통을 하고 있는데 허리 아랫부분이 서로 꼬인 듯 단단히 얽혀 있다. 또한 복희는 곱자를 들고 있고 여와는 컴퍼스를 든 모습이다. 때로 복희는 태양을, 여와는 달을 받든 모습을 보이기도 한다. 중국의 요족에게는 복희와 여와의 신화가 전해진다. 중국의 신화학자인 위앤커는 《중국 신화 전설》에서 이를 소개하고 있다.

비가 억수같이 내리는 어느 날, 오누이의 아빠는 철로 둥우리를 만들어 문 앞에 두고 쇠스랑을 들고 기다렸다. 그러자 날개를 달고 도끼를 든 뇌공이 나타났다. 아빠는 재빨리 뇌공을 쇠 둥우리로 밀어넣고 문을 잠갔다. 그리고 오누이에게 절대 뇌공에게 물을 주지 말라고 당부했다. 아빠가 밖에 나가자 뇌공은 불쌍한 표정을 지으며 물 한 모금만 달라고 사정했다. 누이는 그 모습을 보고 불쌍한 마음이 들어 오빠에게 물을 조금만 주자고 했다. 물을 마신 뇌공은 다시 기운을 차리고 쇠 둥우리를 박차고 밖으로 나왔다.

뇌공은 떠나기 전 오누이에게 자신의 이빨을 하나 주면서 큰일이 일어나면 그것을 심어 얻은 열매 속에 들어가 있으라고 했다. 집에 돌아와 이 사실을 알게 된 아빠는 뇌공의 복수가 있으리란 걸 짐작했다. 아빠는 쇠로 배를 만들기 시작했고, 오누이는 장난

삼아 뇌공의 이빨을 땅에 심었다. 그러자 이빨은 하루 만에 쑥쑥 자라서 커다란 호리박이 달렸다.

오누이는 이 호리박을 타서 속을 빼냈는데, 둘이 들어가 있기 좋았다. 사흘이 지나고 배가 완성되었을 무렵 엄청난 폭우가 쏟아지기 시작했다. 거대한 홍수가 모든 것을 집어 삼켰다. 아빠는 배에 탔고 오누이는 호리박에 재빨리 몸을 숨겼다. 물이 하늘에까지 이르자 쇠로 된 배에 타고 있던 아빠가 하늘의 문을 두드리며 소리를 질렀다. 그러자 신들은 시끄럽기도 하고 두렵기도 하여 물의 신에게 명해 물을 빼도록 했다.

물이 순식간에 빠지자 쇠로 만든 배가 추락했고 그와 함께 아빠도 죽고 말았다. 다행히 오누이는 호리박 속에 있어서 살 수 있었다. 이제 세상에 인간이라고는 오누이뿐이었다. 오누이가 자라 성인이 되었다. 오빠는 결혼하고 싶었지만 누이는 허락하지 않았다. 오빠의 집요한 구애가 계속되자 누이는 자신을 잡으면 결혼을 하겠다고 했다.

나무를 가운데 두고 쫓고 쫓기던 중 오빠가 갑자기 반대로 방향을 틀어 동생을 잡았다. 오누이는 부부가 되었고 누이는 둥근 공 같은 살덩어리를 낳았다. 부부는 살덩어리를 다져 종이로 쌓았다. 부부가 하늘나라로 가서 놀기로 하고 올라가는데 바람이 불어 종이가 터지고 그 안에 있던 살덩어리들이 날리기 시작했다. 사방으로 흩어진 살덩어리들이 땅에 떨어져 사람이 되었다.

이렇게 복희 부부는 인류의 시조가 되었다.

여신 여와는 복희의 누이동생에서 그의 부인이 되고 결혼을 통해 인간을 낳는 것으로 변형된다. 결혼을 하고 성적인 관계를 통해서 인간이 나오는 과정이 흙으로 인간을 빚었다는 이야기보다 더 논리적일지도 모른다. 그렇지만 그 이면에는 사회의 변화와 그러한 과정을 반영하는 신화의 논리가 숨겨져 있다.

여와는 남성 신이 망쳐놓은 세상을 위해 자신의 모든 것을 바쳤다. 하늘을 수리하여 인간에게 삶을 되돌려주었다. 그런 여와가 이제는 남성 신에게 종속된 존재로 변했다. 세상에 홍수가 일어난 것도 여와가 뇌공에게 연민을 느꼈기 때문이다. 여와는 오빠를 설득해서 뇌공에게 물을 주게 했다. 그것은 이브가 아담을 설득해 선악과를 먹게 한 것과 같은 구조다.

인간을 창조하고 인간을 위해 헌신한 여신이 인간에게 재앙을 가져다준 원인으로 변했다. 하지만 고대의 신화와 유물은 또한 위대한 여신의 기록을 간직하고 있다. 인류의 기원, 여신의 기원을 찾기 위해서는 과학의 이야기도 들어야 한다.

미토콘드리아 이브

우리 몸은 세포로 구성되어 있다. 산다는 것은 어쩌면 세포의 생존을 말하는지도 모른다. 세포는 핵막이나 세포 소기관의 유무에 따라 원핵세포와 진핵세포로 나뉜다. 남조류와 세균은 원핵세포를 가지고 있어 원핵생물이라 불리고 이들을 제외한 대부분의 생물은 진핵세포를 가진 진핵생물이다.

진핵세포의 중심은 핵이다. 그리고 세포 내외의 물질 수송을 담당하는 소포체, 단백질 합성을 담당하는 리보솜, 병균으로부터 세포를 지키는 리소좀 등으로 구성되어 있다. 1894년 독일의 과학자 리하르트 알트만은 처음으로 미토콘드리아를 발견했다. 미토콘드리아는 세포의 에너지원이다.

그런데 미토콘드리아 DNA는 재조합을 거치지 않고 유전된다. 뿐만 아니라 이 DNA는 모계를 통해서만 전달된다. 즉 모계 유전인 것이다. 여기에서 미국의 유전학자인 앨런 윌슨, 레베카 칸, 마크 스톤킹은 인류의 조상을 찾아낼 수 있는 방법을 착안한다. 미토콘드리아 DNA를 추적하다보면 인류의 어머니를 찾아낼 수 있을 것이라는 생각이었다.

이들은 5개 대륙의 여성 200명의 태반에서 추출한 미토콘드리아 DNA를 분석했다. 그리고 1987년 『네이처』에 인류의 공통 조상이 20만 년 전 아프리카에 살던 여성이라는 결론을 내렸다. 그리고 그 여성에게 성경 속 최초의 여자인 이브의 이름을 따 '미토콘드리아 이브'라고 명명했다. 이는 여러 지역에서 진화가 이루어졌다는 '다지역 진화론'을 뒤집는 것이었다.

최초의 어머니, 최초의 여신은 어떤 모습이었을까? 에게 해의 밀로스 섬에서 출토된 팔이 없는 대리석의 아름다운 모습이었을까? 아니면 산드로 보티첼리의 그림 「비너스의 탄생」에서 표현된 그 모습일까? 우리는 지금 밀로의 비너스를 아름다움의 표상으로 여긴다. 하지만 구석기 시대의 비너스는 그런 모습이 아니었다.

빌렌도르프의 비너스

헤시오도스는 《신통기》에서 크로노스가 아버지 우라노스의 남근을 잘랐고 그 잘린 남근이 바다에 떨어져 거품이 일었는데 그 속에서 아프로디테가 탄생했다고 말한다. 또 호메로스는 아프로디테가 제우스와 디오네 사이에서 태어난 딸이라고 했다. 그리스 신화의 아프로디테는 로마에서 비너스로 불렸다. 비너스는 사랑과 아름다움, 그리고 풍요의 신이었다.

우리는 비너스가 아름답다고 생각한다. 하지만 아름다움의 기준은 주관적이다. 그것은 장자가 모장과 여희를 예로 든 것과 같다. 사람들은 모장과 여희를 아름답다고 여기지만 물고기와 새와 사슴은 그렇지 않을 것이다. 아름다움에 대한 기준이 다르기 때문이다.

수많은 조각가들은 비너스의 아름다움을 찬미하며 그녀의 모습을 돌에 새겼다. 그런데 이미 구석기 시대에도 비너스를 새긴 조각가들이 있었다. 후기 구석기 시대인 25000년에서 20000년 전 여성의 모습을 새긴 조각상인 비너스상은 프랑스로부터 바이칼 호를 거쳐 유라시아에 이르는 광활한 지역에서 발견되었다. 1908년 고고학자 조지프 좀바시는 오스트리아의 도나우 강변 근처의 빌렌도르프에서 돌 조각상 하나를 찾아냈다. 나체의 여인상인 그 조각상은 기원전 24000년에서 22000년 전의 것으로 판명되었고 '빌렌도르프의 비너스'라 이름 붙여졌다. 이런 나체의 여인상은 프랑스 도르도뉴 지방 구석기 유적에서도 발견되었다. 그 부조상에는 로셀의 비너스란 이름이 붙여졌다. 그런 비너스상은 유럽의 산악 지역뿐만 아니라 세계 곳곳에서도 발견되었다.

높이 11센티미터 정도의 빌렌도르프의 비너스의 특징은 몹시도 과장된 여성성이다. 커다란 엉덩이와 풍만한 가슴, 그리고 불룩한 배를 하고 있다. 1996년 미국의 미술사학자 르 로이 맥더모트는 《최신 인류학》에서 빌렌도르프의 비너스가 임신한 자신의 몸을 바라보는 모습을 묘사한 것이라고 주장했다. 임신한 여성, 과장된 여성성이 상징하는 것은 풍요이며, 그것은 자식을 많이 낳는 다산과도 연결된다.

1979년 5월 홍산 문화 지역의 중심부에 위치한 요녕 서부 객좌현 동산취에서 대형 석조 제단 유지遺址가 발견되었는데, 출토된 유물 중에는 중국에서 처음 발견되는 여인의 나체상 2점이 있었다. 나체상은 머리 부분이 떨어져나가서 완전한 형태는 알 수 없다. 잔해의 높이는 각각 5센티미터와 5.8센티미터이고 복부와 둔부가 돌출한 임신부형의 환조 조형물로서 제작 연대는 지금으로부터 약 5,000년 전으로 추정된다.

이 발굴에 이어 1983년 동산취 서쪽으로 50킬로미터 떨어진 건평현과 능원현의 경계 지점인 우하량에서 역시 홍산 문화에 속하는 여신묘 유지 한 기와 적석총군, 그리고 제각기 다른 여인 나체 흙조각들과 함께 여신묘 주실 서쪽에서 거의 사람 키 크기의 흙으로 만든 채색된 여신상이 발굴되었다. 머리 부분이 거의 완전하게 보존되어 있는 이 여신상은 정교한 원주 기법으로 제작되었다. 특히 안구는 맑고 짙은 푸른 빛 원옥주圓玉珠를 박아 넣어 생기마저 돌았다.

이런 비너스상은 우리나라에서도 출토되었다. 울산 신암리에서는 4,500년 전 흙으로 빚은 높이 3.6센티미터의 여인상이 출토되었다. 이 여인상은 빌렌도르프의 비너스보다 우리의 미적 기준에 더 부합한다. 잘록한 허리에 풍만한 엉덩이, 봉긋한 가슴을 지녔다. 그런데 왜 고대인들은 여인의 모습을 조각했을까? 먼저 풍요와 다산을 기원하는 주술적인 의미였을 것이다. 그런데 또 그 기원이 쉽지 않다.

고고학에는 작인作因이라는 말이 있다. 그것을 만든 이유가 작인이다. 그 기원이 쉽지 않다는 것은 그 시절 돌 조각상을 만드는 일이 지금처럼 쉬운 일이 아니었을 거라는 말이다. 돌로 돌을 조각하기 위해서는 많은 시간과 노력이 들어간다. 물론 흙으로 여인상을 빚는 일도 쉽지 않았을 것이다. 수렵과 채집으로 삶을 영위하던 사회에서 조각은 특별하고 종교적인 의미였다. 만일 그것이 신과 같은 존재라 여기지 않았다면 그런 일은 하지 않았을 것이다.

홍산문화 유적지에서는 또 다른 의미심장한 유물이 출토된다. 그 유물은 곰과 관련이 있었다. 또한 곰은 우리에게 익숙한 존재다. 단군은 천제 환인의 아들인 환웅과 곰이 환생한 웅녀 사이에서 태어났다. 이렇듯 곰은 우리의 조상이었으며, 고기와 가죽을 주는 유용한 동물이었다.

곰

　　　　　최종 빙하기가 끝나고 마지막 빙하가 녹으면서 이동의 길이 뚫리기 시작했다. 이동은 만남을 촉발하고 만남은 곧 문화의 다양성을 예고한다. 이러한 인류의 이동은 신석기 시대를 열게 된다.

　중국의 동북 요하 지역에서 신석기 문명이 발견되었다. 요하 문명은 소하서小河西 문화, 흥륭와興隆洼 문화, 사해查海 문화, 부하富河 문화, 조보구趙寶溝 문화, 홍산紅山 문화, 소하연小河沿 문화, 하가점하층夏家店下層으로 크게 구분된다. 시기는 기원전 7000년에서 1500년까지다.

　특히 홍산 문화의 여신묘에서는 곰의 하악골과 흙으로 빚은 곰의 발이 발견되었다. 중국의 신화학자 예슈셴은 우하량의 여신묘에서 출토된 곰 머리가 세 가지 해석 가능성을 포함한다고 말한다. 첫 번째는 홍산인들이 곰을 숭배했다는 것이다. 두 번째는 곰이 씨족을 대표하는 토템이었다는 것이다. 세 번째는 곰 머리뼈가 사람과 곰의 신을 연결하는 사자의 역할을 했을 거라는 것이다.

　이 같은 해석은 하나로 묶인다. 숭배의 대상은 토템이며, 토템의 대상물은 그 신과의 교통을 의미한다. 곰을 숭배한 집단은 홍산 문화뿐만이 아니다. 그리고 그 시기는 홍산 문화보다 훨씬 앞선다.

　곰은 언제부터 인간과 관계를 맺었을까? 스위스 알프스 산맥 드라헨로흐(Drachenloch, 용의 이빨) 정상 부근에 있는 동굴 속에서 네안데르탈인이 사용했던 초기의 무스테리안 석기가 발견되었다. 시기는 약 12~7만 년 전으로 추정된다. 그리고 이 유적에서 돌을 짜서 만든 상자 모양이 발견되었다. 그 안에 곰의 두개골과 발뼈 같은 것이 들어 있었다. 게다가 곰의 입에는 대퇴골 하나가 물려진 채 뒤에 있는 뼈의 움푹 파인 곳에 꽂혀 있었으며 그 밑에는 발뼈 두 개가 나란히 놓여 있었다. 이 유적을 발굴한 에밀 바클라는 네안데르탈인의 마음속에 종교적 사고가 있었다고 주장한다. 물론 그의 주장은 논란을 불러일으켰다.

그렇다면 현생 인류는 어떠했을까? 크로마뇽인은 프랑스의 구릉지대에서 스페인의 산악지대에 생긴 많은 동굴에 찬란한 동물 벽화를 남겼다. 1923년 그중 하나인 몬테스판 동굴에서 작은 산 같은 것이 발견되었다. 그것은 놀랍게도 점토로 만들어진 곰의 상이었다. 점토로 만든 곰의 몸에는 구멍이 몇 개 나 있었는데, 털가죽을 뒤집어씌운 다음 그 위에 화살을 쏜 흔적으로 추정되었다. 이는 아이누족의 곰 제의인 이오만테와 비슷하다.

곰과 관련된 신화와 의례는 유라시아에서 북아메리카에 이르기까지 광범위하게 발견된다. 우리나라도 단군신화에서 그 흔적을 찾아볼 수 있다. 이정재의 《동북아의 곰문화와 곰신화》에 따르면 시베리아 대부분의 지역에서 동물의 최고신은 바로 곰이다. 그들은 곰이 동물을 주재하고 인간과의 관계도 결정짓는다고 믿었다. 그래서 인간이 죽으면 곰의 세계로 가서 곰신이 되며 동물의 최고신은 자기들의 조상에 해당한다고 여겼다.

그렇다면 왜 곰일까? 곰은 숲에서 가장 힘센 동물이다. 그런데 곰은 단순히 힘센 동물이 아니다. 곰은 겨울잠을 잔다. 겨울에 잠든 곰은 봄이 되면 일어난다. 겨울잠에서 깨어난다는 것은 재생을 의미한다. 곰은 새로 태어나는 것이다. 그것은 일종의 의례와 같다.

여기에서 우리는 추론을 할 수 있다. 곰을 숭배하는 신앙은 유라시아 대륙에서 북아메리카에까지 이르는 중요한 신앙 중 하나라는 사실이다. 또한 곰 숭배가 선사시대 종교사에서 여신과 함께 중요한 역할을 했다는 것이다. 그것은 곰이 겨울잠을 잔 후 봄에 깨어나는 것과 깊은 연관을 맺는다. 정확히 그것은 대지모 여신의 자연법칙을 그대로 재현한 것이라고 할 수 있다. 죽었다가 다시 살아나는 것은 대지의 법칙이다. 겨울이 되면 모든 것은 땅속으로 사라지지만 봄이 되면 그곳에서 다시 만물이 자라난다. 바로 재생이다.

곰은 재생한다. 또 곰은 변신한다. 곰에서 용이 생겨났다는 주장이 있다. 그 계기를 마련해준 것은 홍산 문화 유적에서 발견된 옥기들이었다.

옥웅룡

동북아에서 경이롭게 모셔지는 대표적인 동물은 용과 봉황이다. 중국의 황제는 곤룡포를 입었다. 한국의 대통령이 사는 청와대의 상징은 봉황이다. 용과 봉황에 대한 숭배는 지금까지 이어지고 있다. 그렇다면 용과 봉황은 어떻게 시작되었는가?

우실하는 《동북공정 너머 요하문명론》에서 용이 발견된 시기를 다음과 같이 정리한다.

❶ 요녕성 부신^{阜新} 사해 유적의 석소룡^{石塑龍} - 기원전 5600년
❷ 하남성 복양시 서수파의 방소룡^{蚌塑龍} - 기원전 4400년
❸ 호북성 황매현의 석소룡^{石塑龍} - 기원전 4000년
❹ 내몽골 적봉시 오한기 소산 유적의 도존용문도^{陶尊龍紋圖} - 기원전 4000년 이상
❺ 요녕성 우하량 유적의 다양한 옥룡 - 기원전 3500년
❻ 내몽골 옹우특기 삼성타라촌 옥조룡^{玉雕龙} - 기원전 3000년

사해 유적의 석소룡이나 서수파의 방소룡은 현재 우리가 알고 있는 용의 모습을 갖추고 있다. 하지만 용은 상상의 동물이다. 상상력이란 어디에서 뚝 떨어지는 것이 아니다. 모든 상상은 현실을 기반으로 한다. 현실적 인식이 분화하고 추상화하여 상상력이

되고 철학이 되는 것이다. 음양을 나타내는 음과 양이라는 글자의 시작은 햇빛이 비치지 않는 곳과 햇빛이 비치는 곳이라는 뜻을 가지고 있었다. 그것이 분화하여 해와 달, 남과 여, 하늘과 땅으로 확장되었다.

용 역시 여러 단계를 거쳐 지금의 모습으로 자리 잡았을 것이다. 용의 원시적 모습을 짐작할 수 있게 하는 것이 바로 홍산 문화에서 발견된 옥룡태다. 이름에서 짐작할 수 있듯 옥룡태는 태아의 모습을 한 용의 원형일 것이라 짐작된다. 이 옥룡태는 'C자형 옥기'의 모습을 갖추어간다.

'C자형 옥기'는 다른 동물과 용이 합쳐진 모습을 하고 있다. 이는 용이 다른 동물에 대한 연상으로써 생겨났음을 의미한다. 또한 용이 발굴된 지점을 살펴보면 용이 당시 홍산 문화인들에게 어떤 의미였는지를 알 수 있다.

1984년 우하량 적석총을 발굴하던 도중에 한 쌍의 옥룡이 출토되었다. 특이한 점은 이들이 서로 대응하는 모습이었다는 것이다. 옥조룡은 매장되어 있었고 진흙으로 만든 곰신상은 살아 있는 사람이 제사의식을 치를 때 쓰였던 것으로 보였다. 이것은 바로 곰 신앙과 관련된 일군의 신앙 의식을 보여주는 것이라고 할 수 있다. 손수도 등 발굴자는 최초 적석총에서 발굴된 옥룡을 저룡猪龍, 즉 돼지와 용의 결합으로 보았다. 면밀한 검토 후 그것은 웅룡으로 명명했다. 물론 여기에는 많은 이론이 있다.

이는 홍산 문화인의 곰 숭배가 또다시 분화하여 새로운 숭배 대상인 용으로 옮겨가고 있음을 보여주는 것이다. 그런데 왜 용은 다른 동물과 합쳐진 모습을 보여주고 있을까? 이는 고대인의 상상력이며 신화의 세계이기 때문에 가능한 것이다. 용은 상상의 동물이다. 하지만 상상의 동물 역시 태어나야 한다. 그럼 어떻게 태어날 것인가? 어류에서 사람에 이르기까지 태아의 모습은 비슷하다. 바로 C자형이다.

물론 C자형을 벌레나 달, 물고기의 모습으로 상정할 수도 있다. 하지만 홍산 문화 옥기에서 벌레나 물고기는 따로 제작된다. 원형과 C자형 옥기가 동시에 나온 것을 보았을 때 C자형이 달에서 유래했을 것이라는 추론도 가능하다. 하지만 달의 상징 역시 생명이다. 결국 C자형은 생명을 상징한다. 모든 생명은 수정란에서 태아로 변하기 이전, 알과 양막 속에서 웅크리는 모습을 하고 있다.

다른 동물과 곰은 어떻게 합쳐졌을까? 사실 신화에서는 곰과 결혼한 사람의 이야기가 많이 등장한다. 동북의 소수민족들은 자신을 곰의 후예로 여기기도 한다. 우리는 이러한 상상력을 세계의 신화나 상상력에서 쉽게 찾아볼 수 있다.

탈바꿈

그리스 신화에 등장하는 미노타우로스는 사람의 몸에 소의 머리를 한 괴물이다. 미노타우로스의 등장은 크레타 섬의 황소 숭배와 연관된다. 켄타우로스는 반인반마의 괴물이다. 복희와 여와는 몸은 뱀이고 얼굴은 사람이다. 홍산 문화에서도 사람과 동물이 합쳐진 옥기가 다수 출토되고 있다. 또한 《산해경》에서는 동물과 동물의 합체, 사람과 동물이 합체된 수많은 괴물들을 보여준다.

결국 괴물은 상상과 상상이 만나 생겨나는 것이 아니다. 실제와 실제가 만나 변형을 일으키고 그것이 새로운 상상을 만들게 되는 것이다. 그리고 그 초기 모습이 C자형을 이루고 있다는 것은 새로운 태어남을 의미한다. 곰이 겨울잠을 자고 일어나 부활하고 뱀은 허물을 벗으며 벌레는 탈피를 한다. 새로 태어난 존재는 전과 전혀 다른 존재다. 새로 태어난 존재에게는 그 시련을 이겨낸 만큼의 초월적 힘과 변신 능력이 주어진다.

수정란이 태아로, 태아가 곰으로, 곰이 용으로 변한다. 이상할 것은 없다. 오히려 신화의 세계에서 변신하지 않는 것이 이상하다. 이처럼 신화에서의 변신은 특별하지 않다. 에른스트 카시러는 《인간이란 무엇인가》에서 "만일 신화 세계에서 그 어떤 독특하고 두드러진 특징, 신화 세계를 다스리는 그 어떤 법칙이 있다면 그것은 바로 탈바꿈의 법칙이다"라고 말한다.

용은 곰의 변신이고, 곰은 사람의 변신이며, 사람은 또한 곰의 변신이다. 신화의 세계에서 벽은 존재하지 않는다. 하지만 지금 우리 시대에는 수많은 벽이 존재한다. 벼를 심는 논, 채소를 재배하는 밭, 집을 지을 수 있는 땅과 보호해야 할 땅이 구분된다. 그곳에 어떤 신성은 존재하지 않는다. 정해진 공간에는 벽이 만들어지고 그 벽 안에서는 그 벽의 담론이 우선이다. 그러나 신화에서 벽은 존재하지 않는다. 넘나듦, 교차, 회귀, 분열 등 모든 것이 동시에 이루어지는 곳이 신화의 세계다.

금관은 물질과 정신의 합치를 보여준다. 물질과 정신은 분리될 수 있는가? 이는 날줄과 씨줄 가운데 하나로만 천을 짠다는 이야기와 다르지 않다. 조선의 성리학자 율곡 이이는 "발지자發之者 기야氣也, 소이발자所以發者 리야理也, 비기즉非氣則 부능발不能發, 비리즉非理則 부능발无能發"이라고 했다. 이 말은 "발하는 것은 기氣요, 발하게 하는 것은 리理다. 기氣가 아니면 발할 수 없고 리理가 아니면 발할 바가 없다"는 뜻이다. 표현의 구체적 대상, 구체적 기물이 물질이라면 그것을 표현하게 하는 것은 정신이다. 물질과 정신이라는 측면에서 기는 물질이고 이는 정신이 되는 것이다. 물질과 정신이 따로 존재할 수 없듯, 물질은 신화의 또 다른 표현 수단이다. 과거의 기록이 남아 있지 않을 때 물질은 그 당시를 알려주는 단서가 된다. 금관이라는 물질을 매개로 그 당시의 모습을 살펴보자.

주목할 점은 금관이 김씨가 왕이 된 이후부터 크게 유행했다는 사실이다. 신라 초대 왕은 박혁거세였다. 이후 석씨와 박씨가 번갈아 왕위에 오르다 17대부터는 김씨가 계속 왕위에 오르게 된다. 신라 김씨 왕의 시조는 김알지다. 《삼국유사》에는 김알지의 신화가 기록되어 있다.

김알지

영평 3년(60) 경신 8월 4일에 호공이 밤에 월성 서리를 지나는데, 크고 밝은 빛이 시림(계림)에서 새어나왔다. 자줏빛 구름이 하늘에서 땅으로 뻗쳤는데 그 구름 속에서 황금 궤가 나뭇가지에 걸려 있었고 그 궤에서 빛이 새어나오고 있었다. 그리고 나무 밑에서 흰 닭이 울었다.

호공이 궁궐로 달려가 탈해왕에게 이 사실을 알렸다. 왕이 숲에 가서 궤를 열어보니 어린 사내아이가 나왔다. 왕은 기뻐하며 알지閼智라는 이름을 지어주었는데, 알지는 어린아이를 일컫는 우리말이다. 왕이 아이를 데리고 궁으로 돌아올 때 새와 동물들이 춤을 추었다.

왕은 길일을 택해 알지를 태자로 책봉했다. 그러나 알지는 나

중에 파사왕에게 태자 자리를 물려주고 자신은 왕위에 오르지 않았다. 알지가 금궤에서 나왔다고 하여 성을 김씨라고 했다.

알지는 열한을 낳고 열한은 아도를 낳고 아도는 수류를 낳고 수류는 욱부를 낳고 욱부는 구도를 낳고 구도는 미추를 낳으니 미추가 왕위에 올랐다. 이리하여 신라의 김씨는 알지에서 시작된 것이다.

김알지 신화의 주요 모티프는 숲, 금궤, 닭이다. 신라 금관의 주요 구성물은 나무, 새, 곡옥이다. 우선 김알지가 들어 있던 금궤는 숲의 나무에 걸려 있다. 이는 하늘의 뜻이 땅에 내려왔다는 뜻이다. 씨족의 도래를 하늘의 뜻과 연관시킨 것이다. 그런데 금관은 나무 모양의 세움 장식에 곡옥이 달려 있다. 김알지는 하늘에서 숲으로 내려온 금궤에서 나왔다. 숲에는 나무가 있다. 그 나무 아래로 금궤가 내려왔다. 금궤에서 김알지가 탄생했다.

금관과 금궤, 숲의 나무와 나무 모양의 세움 장식, 김알지의 탄생과 생명을 상징하는 곡옥, 울고 있는 흰 닭과 금관의 정수리에 얹힌 새, 금관의 구성물과 김알지 신화의 모티프는 묘하게 대응한다. 금관과 김알지 신화는 동일한 사건을 표현하고 있는 것이다. 어쩌면 양자는 신화의 물질적 표현과 기록적 표현인지도 모른다.

김알지는 나뭇가지에 걸려 있는 황금 궤에서 나온다. 때문에 알지의 성은 김이 된다. 황금 궤에서 나왔다는 것은 알지가 금과 관련이 있는 인물이라는 뜻이다. 그렇다면 알지는 어디에서 왔을까? 이에 대해 문무왕비와 대당고김씨부인묘명大唐故金氏夫人墓銘은 의미심장한 단서를 제공한다. 문무왕비문과 대당고씨비문은 신라의 김씨가 소호금천씨에서 시작하여 한나라 무제에게 투항한 흉노의 왕자 김일제에서 비롯되었다고 말한다.

《한서》〈김일제전〉을 보면 김일제는 휴도왕의 아들로 한나라에 포로로 있다가 한나라 7대 황제 무제(기원전 141~87년)를 섬긴 공으로 김씨를 사성 받고, 소제 때 투후 벼슬을 했다. 비문은 김알지가 김일제의 자손임을 암시한다. 그리고 김일제는 흉노 휴도왕의 아들이었다.

흉노

프랑스의 역사학자 르네 그루세의 《유라시아 유목제국사》에 따르면 이란계 유목민(스키타이와 사르마트)이 초원의 서부인 러시아 남부는 물론 투르가이와 서부 시베리아를 지배할 때, 동부는 투르크-몽골계 종족의 지배하에 있었다. 이들

중에서도 지배적인 종족은 중국에 흉노로 알려진 사람들로 이 이름은 로마나 이란에서 이후 이들과 동일한 야만인을 가리키는 훈Hun, 그리고 후나Huna와 동일한 어원을 갖고 있다.

흉노가 강성해진 것은 한나라 초기 모돈冒頓 때부터다. 순유淳維에서 두만頭曼에 이르기까지 흉노는 천여 년 동안 때로는 강대하고 때로는 약소했으며 모이고 흩어지기를 반복했다. 그러나 모돈 때에 이르러 흉노는 북이北夷를 모두 복종시키고 남쪽으로는 중국과 맞서는 강대국이 되었다. 흉노의 왕 선우의 기록에서 특이할 만한 사실을 발견할 수 있다.

> 선우의 성은 연제(攣鞮氏)이고 그 나라에서 칭하기를 탱리고도선우(撑黎孤塗單于)라 한다. 흉노에서 하늘을 일러 탱리(撑黎)라 하고 아들을 고도孤塗라 하며 선우(單于)라는 것은 그 모습이 광대하고 하늘을 닮았음을 말한다. 까닭에 탱리고도선우라 했다.
>
> — 《사기》 〈흉노열전〉

기록에 따르면 '하늘의 아들 선우'가 흉노왕의 명칭이 된다. 탱리는 하늘을 뜻하는 몽골어 텡그리, 텡게리와 맞닿아 있다. 여기에서 선우는 일반 명사다. 《사기》의 기록을 보면 흉노에서는 왕을 선우라 칭했다는 것을 알 수 있다. 여기에서 단군신화와의 접점을 찾을 수 있다.

우리나라에서는 단군의 어원을 텡그리에서 찾는다. 단군의 아버지인 환웅이 하늘에서 왔으니 단군은 하늘의 아들일 수밖에 없다. 그리고 단군의 정식 명칭은 단군왕검檀君王儉이다. 단군과 왕검이 합쳐진 것이다. 왕검에서 검은 군장 신의 뜻을 가지고 있다. 이를 통해 유추하면 단군왕검이란 하늘의 아들 군장이 된다. 최남선은 '단군'은 제주(祭主, 巫君)의 뜻이 있고 '왕검'은 정치적 권위와 권력을 표시하는 존칭으로 결국 단군왕검은 제사장과 정치장의 기능을 겸한 제정일치적인 사회의 우두머리로 해석한다. 이와 동일한 구조를 '탱리고도선우'에서 발견할 수 있는 것이다.

선우는 해가 처음 뜨는 곳을 향해 절을 했다. 이는 흉노에게 태양 숭배, 즉 천신 숭배 사상이 있었음을 말해준다. 또한 단군신화에서 환웅은 신단수 아래에 내려온다. 이러한 상상력은 시베리아를 기원으로 삼지 않아도 동북지역 신화에서 발견된다. 또한 신석기 시대부터 청동기 시대에 이르기까지 동북지역이 끊임없이 교류했음을 감안한다면 오히려 자연스러운 생각이라고 할 수 있다. 김알지 신화에 등장하는 닭으로 표현된 새 역시 마찬가지다. 새는 하늘과 땅을 연결해주는 사자다.

김알지 신화에서 닭이 우는 것은 하늘에서 신성한 인물이 도래했음을 알려주는 표지다. 닭은 신라가 동경사회였음을 상징하는 새다. 또한 동북지역에는 장대 끝에 나무로 만든 새를 얹는 풍습이 있었다. 바로 솟대다.

솟대

솟대란 마을 수호신 및 경계의 상징으로 마을 입구에 세운 장대로, 장대 끝에는 나무로 만든 새를 얹었다. 이런 새 조형물은 우리나라에만 있는 것이 아니다. 아시아의 북방에서는 이러한 조형물이 공통으로 나타난다. 높은 나무 위의 새를 다시 한 번 살펴보자. 높다는 것은 무엇인가? 그만큼 하늘과 가깝다는 의미다. 하늘에 가까울수록 그만큼 인간의 뜻을 전하기 쉽다고 여겼을 것이다. 그런데 나무는 땅에 뿌리를 박고 있다. 천상과 가깝고 지하와도 통하는 나무를 북방아시아에서는 세계수라 했다. 세계수는 바로 우주여행을 하는 통로를 말한다.

시베리아 야쿠트족에게는 '동쪽에 가보니 넓고 밝은 벌판에 높은 산이 있고, 그 산꼭대기에는 큰 나무가 있었다. 나무의 꼭대기는 일곱 층의 하늘 위까지 솟았고, 뿌리는 땅 밑에 있는 깊은 나라까지 내려갔다'는 신화가 있다. 또한 바시유간 오스티야크족은 이 나무의 가지는 하늘에 닿아 있고 뿌리는 저승에 닿아 있다고 믿었다. 새를 얹는 솟대는 아마도 세계수에서 유래했을 것이다. 그렇다면 왜 새인가? 새는 신의 의지를 인간에게 알려주는 매개 동물이다.

오늘날 장대 위의 새는 대부분 오리라고 한다. 오리는 '물새, 철새, 다산'이라는 특징을 가지고 있다. 오리는 하늘을 나는 것은 물론 물 위에 떠 있고 때로는 잠수를 하기도 한다. 하늘과 땅, 물을 모두 아우르는 셈이다.

박시인은 《알타이 신화》에서 이와 관련한 신화를 소개한다. 알타이 지방의 달단족(타타르족) 신화에 따르면 태초에 이 세상은 물바다였다. 그 위를 하느님 울건과 첫 사람 얼릭이 두 마리의 검은 기러기 형상으로 날아다녔다. 얼릭은 바다 밑으로 들어가서 흙을 입에 물고 나왔다. 울건이 그 흙을 받아서 바다 위에 놓고 땅을 만들었다. 브리아트의 신화에서도 신이 물에서 헤엄치는 새를 시켜 바다 밑에서 흙을 건져올려 토양을 만들고 여기에 풀과 나무가 자라게 했으며 후에 인간을 창조했다고 전한다.

이 두 신화에서 새는 신의 뜻을 수행하고 전하는 사자 역할을 한다. 그런데 이 새들에게는 공통점이 있다. 새는 하늘과 물, 그리고 땅과 관련이 있다. 마치 솟대 위 오리처럼 말이다. 또한 오리는 물의 속성을 가지고 있어 화재를 예방하는 상징을 가지고 있다고 믿어지기도 했다.

오리가 철새라는 사실 역시 중요하다. 철새는 계절에 따라 서

식지를 옮긴다. 사라졌다 다시 나타나는 오리는 순환의 모습을 보여준다. 오리가 이승과 저승, 인간과 신의 영역을 넘나든다고 여겨졌던 것이다. 또한 오리는 농경에 절대적인 비를 가져다주는 주기성과도 연관이 있다고 믿어졌다. 삼국시대 동물형 토기 중에 오리형 토기가 많은 것도 오리의 의미를 되새기게 해준다.

마지막으로는 오리의 알이다. 닭도 달걀을 낳지만 날지 못한다. 우리에게는 난생 신화가 많다. 신화에서 알은 생명이자 우주를 상징했다. 또 우리는 우주가 알처럼 생겼다는 믿음을 가지고 있기도 했다.

장대 위의 새는 그 방향과 세우는 목적에 따라 달랐다. 장승과 함께 세워지는 경우가 있고 새도 한 마리가 아니라 여러 마리를 얹기도 했다. 마을 입구 한 곳에만 세우기도 했고 여러 곳에 세우기도 했다. 보통 솟대는 마을의 제액초복除厄招福을 위해서 세워지지만 배가 움직이는 듯한 모습을 하고 있는 행주형지세行舟形地勢의 마을에서는 중앙에 세웠다. 그것은 돛대가 있어야 마을이 평안하다고 여겼기 때문이다. 솟대는 또 과거급제의 기념으로 마을 입구나 급제자의 집 앞, 선산에 세우기도 했다.

솟대와 함께 마을 어귀에 세워졌던 상징물로 장승이 있다. 처음 장승을 보면 금방이라도 튀어나올 것 같은 부리부리한 눈에 놀라서 멈칫

하게 된다. 그러나 가만 살펴보면 뭉툭한 코와 익살스러운 표정에 절로 웃음이 난다. 어릴 적 동네에 한 분씩 계셨던 무서운 할아버지나 할머니와 같은 친근감도 느껴진다.

장승

우리나라에서 장승의 기원은 오래되었다. 이미 신라와 고려시대에 '장생長生, 장생표주長生標柱, 목방장생표木榜長生標, 석적장생표石蹟長生標, 국장생석표國長生石標, 황장생皇長生'이라는 기록이 보인다.

보통 장승은 마을의 안녕과 전염병을 막기 위해 세운다. 하지만 장승에게는 더 많은 임무가 부여되었다. 첫째는 흉년, 재앙, 전염병 등을 가져오는 귀신이나 역신을 쫓기 위한 기능이다. 국경의 성문에서는 장승이 중국에서 들어오는 역병이나 재앙의 침입을 막는 역할을 하기도 했다. 둘째는 땅의 경계를 표시하는 기능이다. 농경지와 수렵지, 땔감을 해도 되는 곳과 하지 말아야 할 곳을 표시하는 경계를 장승이 맡았던 것이다. 또한 장승은 이정표 역할을 하기도 했다.

그 외에도 풍수지리설에 따라 방위가 약한 곳에 세우기도 했고 득남과 풍요를 비는 기원의 대상이 되기도 했다. 장승의 코를 긁어 먹으면 아들을 낳는다든가, 장승의 사모관대가 남자의 성기와 같아서 그것을 삶아 먹으면 아들을 낳는다는 속설은 널리 알려진 이야기다.

장승을 세울 때는 제를 지낸다. 장승제는 단순히 장승을 세우는 제사가 아니라 마을이라는 공동체를 엮어주는 축제이기도 했다. 이렇듯 신성한 제의를 발생케 한 장승은 구전되는 신화와 전설을 품고 있는 하나의 상징이라고도 할 수 있다.

새는 날아간다. 날아 하늘로 오른다. 하늘에는 신이 있다. 인간이 장대 위에 새를 얹는다. 인간은 동물에게 경이를 느꼈고 때로 그것은 숭배로 이어졌다. 하지만 때로 동물은 인간의 상상력을 자극하고 인간의 능력을 확장시키는 데 더없이 좋은 소재이기도 했다. 인간 능력의 확장은 곧 인간의 욕망이기도 했다. 인간은 라비린토스라는 미궁을 벗어나 날고자 했다.

라비린토스

　　　　　　인간의 창공에 대한 욕망은 다양한 형태로 나타났다. 서양에는 날개 달린 말 페가수스가 있고 우리에게는 천마총의 천마가 있다. 어디 그뿐이랴. 날 수 있다는 것은 신성한 존재의 증명이기도 했다.

　고구려 동명왕 신화에서 부여에 남겨진 주몽의 아들 유리는 아버지의 신물을 찾아야 했다. 아버지 주몽은 일곱 영마루와 일곱 골짝의 바위 위에 소나무에 신물을 감추었다고 했다. 유리는 온 산을 헤매도 신물을 찾을 수가 없었다. 빈손으로 집으로 돌아온 유리가 낙심하고 있을 때 어떤 소리가 들려왔다. 소리는 일곱 모가 난 주춧돌 아래에서 났다. 주춧돌 위에는 소나무 기둥이 세워져 있었다. 유리는 그곳에서 반 토막이 난 검을 찾아냈다.

　유리는 검을 들고 고구려의 아버지를 찾아간다. 아들과 아버지는 토막 난 검을 맞추어 서로를 확인한다. 하지만 그게 끝이 아니다. 주몽은 유리에게 신성함을 보이라고 요구한다. 그때 유리의 몸이 하늘로 솟구친다. 유리가 창공을 향해 날아오르자 그 모습이 마치 태양 속에 들어 있는 듯했다. 유리는 하늘을 나는 신성함을 보임으로써 태자가 될 수 있었다. 날 수 있다는 것은 신성한 능력이었다. 하늘의 자손들은 하늘로부터 하강했고 그것은 날 수 있는 능력을 가지고 있음을 뜻하는 것이었다. 하지만 신화 속의 비상이 항상 신성함을 드러내지는 않는다.

크레테의 왕자 미노스는 왕위를 물려받기 위해 신성함을 보여야 했다. 미노스는 바다의 신 포세이돈에게 제물을 바치며 간청했다. 위풍당당한 황소를 보내 자신이 후계자임을 증명하게 해달라고 빌었다. 그러면 그 황소를 다시 포세이돈에게 제물로 바치겠노라고 약속했다.

포세이돈은 신성한 황소를 미노스에게 보내주었다. 사람들은 신이 미노스를 선택했음을 의심하지 않았다. 그렇게 해서 미노스는 왕이 될 수 있었다. 하지만 그것이 불행의 시작이었다.

미노스는 황소를 다시 보낼 수 없었다. 이 대단한 황소에 욕심이 생기고 만 것이다. 미노스는 신이 보내준 황소 대신 다른 흰 소 한 마리를 바쳤다. 그리고 황소를 자신의 우리에 가두었다. 포세이돈은 분노하여 미노스가 전쟁으로 바다에 가 있을 때, 왕비 파시파에가 황소를 사랑하도록 만들었다. 하지만 황소와 인간은 사랑을 나눌 수 없었다.

파시파에는 최고의 장인인 다이달로스를 찾아갔다. 다이달로스는 대장장이의 신 헤파이스토스의 자손이었고 젊어서 여신 아테네에게서 건축과 발명에 대한 수련을 받았다. 대장장이의 신과 지혜의 여신에게 배운 다이달로스의 능력은 뛰어날 수밖에 없었다. 파시파에는 그에게 나무로 아름다운 암소 한 마리를 만들어달라고 부탁했다. 다이달로스는 나무 암소의 속을 파내 사람이 들어갈 수 있게 했다. 파시파에는 그 속에 들어가 황소와 사랑을 나누었다. 왕비가 황소의 아이를 배고, 사람 몸에 소의 머리를 한 미노타우로스가 태어났다. 미노스는 왕비를 비난할 수 없었다. 그것은 모두 신과의 약속을 어긴 자신의 잘못에서 비롯되었다는 사실을 알았기 때문이다. 미노타우로스는 점점 커가면서 괴물이 되었다. 미노타우로스는 누구에게도 밝힐 수 없는 부끄러움이었다. 이번엔 왕이 다이달로스를 찾아갔다.

미노스 왕은 다이달로스에게 누구도 한번 들어가면 빠져나올 수 없는 미궁을 만들라고 했다. 다이달로스는 거대한 미궁 라비린토스Labyrinthos를 완성했다. 미노스는 그 미궁에 미노타우로스를 가두었다. 하지만 먹이가 문제였다. 왕은 미노스와의 전쟁에서 패배한 아테네에 치욕적인 조건을 내걸었다. 크레테에 9년에 한 번씩 일곱 명의 청년과 일곱 명의 처녀를 공물로 바치라고 한 것이다. 미노스는 아테네에서 바친 청년과 처녀를 미노타우로스의 먹이로 던져주었다.

그리고 18년이 지난 후 아테네의 영웅 테세우스가 등장한다. 공물로 가장해 크레테에 온 테세우스의 목적은 미노타우로스를 죽이는 것이었다. 테세우스는 크레테의 공주 아리아드네와 사랑에 빠졌다. 테세우스 일행이 미궁 라비린토스에 던져지기 직전 아리아드네가 몰래 테세우스를 불러 보검 한 자루와 실 한 타래를 건넸다.

테세우스는 보검으로 미노타우로스를 죽였다. 이제 미궁에서 빠져나가는 일만 남았다. 테세우스는 미궁에 들어오면서 풀어둔 실을 붙잡고 밖으로 나올 수 있었다. 그 사실을 안 미노스는 분노하여 다이달로스와 그의 아들 이카로스를 미궁에 가두었다. 다이달로스는 미궁에서 빠져나가기가 힘들다는 사실을 알고 있었다. 미궁은 바다의 절벽에 있었다. 운 좋게 미궁을 벗어난다고 해도 바다를 건너지 않고는 크레테를 벗어날 수 없었다. 하지만 해상은 미노스에 의해 통제되고 있었다. 천재적인 장인은 궁리 끝에 하늘을 바라보았다. 땅으로 빠져나갈 수 없다면 하늘로 날아가는 수밖에 없었다.

다이달로스는 새가 떨어뜨린 깃털을 모으기 시작했다. 그러고는 그 깃털로 커다란 날개를 만들었다. 다이달로스는 자신과 아들의 몸에 밀랍과 실을 이용해 그 날개를 고정했다. 그러나 완성된 날개에는 치명적인 약점이 하나 있었다. 고도를 제대로 맞추지 않으면 추락할지도 모른다는 것이었다. 고도가 너무 낮으면 바다로 떨어질 것이고, 고도가 너무 높으면 태양 열 때문에 날개를 붙인 밀랍이 녹아 추락하게 될 것이다. 다이달로스는 이카로스에게 이 사실을 알리고는 조심하도록 했다.

아버지와 아들은 비행을 시작했다. 푸른 바다와 작은 섬들 위를 나는 기분은 이루 말로 표현할 수 없을 정도였다. 이카로스는 그 기분에 도취되어 점점 더 높이 날아올랐다. 다이달로스의 다급한 부름도 이카로스의 비상을 막지는 못했다. 태양에 가까워질

수록 밀랍이 녹기 시작했다. 깃털도 하나 둘씩 떨어져나갔다. 결국 이카로스는 바다로 추락하고 말았다. 욕심을 부리다 추락하는 인간, 그 후 이카로스의 날개는 인간의 욕심과 추락을 상징하게 되었다. 그가 떨어진 바다는 지금도 이카로스의 바다라는 뜻의 '이카리아 해'라고 불린다.

인간은 욕망을 가진다. 그 욕망을 이루기 위해 때로는 신에게 기도한다. 신이 그것을 이루어줄 것이라고 믿기 때문이다. 아니면 자신의 의지로 그것을 해결하려고 한다. 밖에서 구하고자 하는 것이나 안에서 구하고자 하는 것이나 구하고자 하는 것은 같다. 그것이 어떤 방향으로 발산되는지의 차이다. 발산이 구체적으로 드러나면 그것은 창조적 사고에 따른 발명이 된다. 그것이 안으로 향하면 무엇을 하는 원동력이 되기도 한다. 밖의 신에게 구할 것인가 안의 나에게 구할 것인가, 어쩌면 이 또한 차이가 없을지 모른다. 한자로 펴는 것은 '신伸'이요 굽히는 것은 '귀歸'다.

신귀설

수양대군이 단종을 폐하고 왕위를 찬탈했다. 죽음으로 충절을 지킨 여섯 명의 신하를 사육신이라 했고, 살아 세상을 등지고 절개를 지킨 여섯 명의 신하를 생육신이라 했다. 김시습은 생육신 중 한 명이다.

김시습은 수양대군의 왕위 찬탈 소식을 듣고 3일간 통곡을 멈추지 않았다. 그리고 자신의 책을 모두 불살랐다. 거기에 그치지 않고 머리를 깎고 중이 되어 세상을 떠돌았다. 사육신이 사지를 수레에 결박당해 찢기는 거열형을 당하고 시체가 되었을 때, 시신을 거둔 이도 김시습이었다.

김시습은 세상을 등지고자 했을지 모르지만 그의 글은 세상에 남았다. 특히 〈만복사저포기〉〈이생규장전〉〈취유부벽정기〉〈남염부주지〉〈용궁부연록〉 등이 수록된 《금오신화金鰲新話》는 우리 문학사의 명작으로 꼽힌다. 그런데 이 책은 유학을 한 선비가 썼다고 하기에는 이상하다. 귀신이 나오고 용왕과 염왕이 등장한다.

그렇다면 김시습은 귀신을 믿었던 것일까? 유학에서 귀신은 관심의 대상이 아니다. 공자는 '불어괴력난신不語怪力亂神'이라 하여 괴이한 일, 힘으로 하는 일, 어지러운 일, 귀신에 대해서는 말하지 않았다고 한다. 공자의 귀신에 대한 태도는 《논어》에서 제자와 한 대화에서 잘 드러난다.

자로가 공자에게 귀신에 대해 물었다. 공자가 대답했다.

"아직 사람을 섬기지 못하는데, 어찌 귀신을 섬기는가?"
자로가 이번에는 죽음에 대해 물었다. 공자가 간단했다.
"삶도 아직 알지 못하는데, 어찌 죽음을 알겠는가?"

공자에게 중요한 것은 현실을 어떻게 사느냐였다. 귀신은 공경하지만 멀리해야 하는 '경이원지敬而遠之'의 대상이었다. 그런데 김시습은 귀신과의 사랑, 저승, 용왕의 이야기를 한다. 그것은 김시습이 귀신을 긍정하고 그런 비현실적인 신비의 세계에 빠졌기 때문이 아니다. 그는 귀신을 이야기함으로써 귀신을 부정하고자 했다. 김시습은 〈신귀설神鬼說〉에서 신神과 귀鬼에 대해 이렇게 이야기한다.

> 천지에 하나의 기가 펴지면 차게 되고 굽혀지면 비게 되며, 차면 나가고 비면 돌아간다. 차고 나가게 하는 펴지는 것을 신神이라 하고, 굽히고 비어 돌아가는 것을 귀鬼라 하니 이치는 하나이나 나뉨에 따라 다른 것이다.

신神은 펴지는 것, 즉 신伸이며 귀鬼는 돌아가는 것, 즉 귀歸다. 그래서 〈신귀설神鬼說〉은 또한 펴지고 돌아가는 '신귀설伸歸說'이라고도 할 수 있다. 이처럼 김시습은 귀신을 초자연적이고 비현실적인 존재가 아니라 펴지고 돌아가는 현상으로 파악했다. 이는 음과 양의 운동으로 이루어지는 것과 같은 것이다. 귀신의 정체가

기의 움직임이 되면 중요한 것은 귀신의 일이 아니라 현실의 일이 된다.

귀신을 섬긴다는 것은 인간의 겸허한 마음일 수 있다. 또한 먼저 죽은 이를 기리고 그를 기억하여 산 자의 모범으로 삼는 일일 수도 있다. 하지만 그것이 현실의 주가 되어서는 안 된다. 그래서 공자는 경이원지라 했을 것이다. 하지만 파스칼은 신이 있건 없건 신을 믿는 편이 낫다고 말한다. 그러자 리처드 도킨스가 가만있지 않는다. 파스칼의 내기와 리처드 도킨스의 반박에 대해 살펴보자.

파스칼의 내기

우주는 항상 같은 상태를 유지하며 변화하지 않는다. 이것이 영국의 천문학자 프레드 호일이 주장한 '정상우주론'이다. 정상우주론이 우주의 팽창을 부정하는 것은 아니다. 우주가 팽창하는 것은 맞다. 하지만 새로운 물질이 만들어져 우주는 항상 일정한 밀도를 유지한다. 일정한 밀도를 유지하기 때문에 비록 팽창한다 할지라도 우주는 진화하지 않고 똑같은 모습을 하게 된다.

정상우주론의 대척점에 빅뱅이론이 있다. 그런데 빅뱅이론이라는 이름을 붙여준 사람이 바로 프레드 호일이었다. 1950년 '우주의 본질'이라는 강의에서 프레드 호일은 '빅뱅'이라는 말을 처음 사용했다. 그가 빅뱅이라는 말을 사용한 것은 가모프 등이 주장한 대폭발설을 비아냥거리기 위해서였다. "빵 하고 터지기라도 했단 말입니까?"라고 말이다. 하지만 그의 뜻과는 상관없이 대폭발 이론은 빅뱅이론으로 불리게 되었다.

프레드 호일은 진화론을 믿지 않았다. 그는 신이 생명을 설계하고 만들었다고 믿었다. 그리고 그 이유를 고물 야적장에서 만들어진 보잉 747에 빗대었다. 고물 야적장에 태풍이 불었다. 고물들이 태풍에 휩싸였다. 그런데 운 좋게도 태풍에 휩싸인 고물들이 보잉 747로 조립되었다. 지구상에 생물이 출현할 확률은 이 정도라고 프레드 호일은 말한다. 그 확률은 0에 가깝다. 때문에 생물은 신에 의해 창조되어야 했다.

신의 존재를 확률에 빗댄 사람도 있었다. 프랑스의 수학자 블레이즈 파스칼은 신을 믿어야만 하는 이유가 있다고 주장했다. 그는 신이 있기 때문에 신을 믿어야 한다고 한 것일까? 아니다. 파스칼은 신이 존재할 확률이 있기 때문에 신을 믿어야 한다고 했다. 그 확률이 아무리 낮다고 해도 신을 믿는 편이 낫다는 것이 파스칼의 결론이었다.

왜 파스칼은 그런 결론을 내렸을까? 우선 확률이 아무리 낮다고 해도 신이 존재할 가능성에 대해 생각해보자. 두 가지 가정을 할 수 있다. 하나는 신을 믿는 것이고, 다른 하나는 신을 믿지 않는 것이다. 먼저 신을 믿는다고 가정해보자. 만약 신이 있다면 신을 믿는 자는 영원한 행복을 얻을 것이다. 그러나 신이 없다고 해도 다른 일은 생기지 않는다. 하지만 신을 믿지 않았을 경우 큰 대가를 치러야 한다. 신을 믿지 않았다. 그런데 그 낮은 확률에도 불구하고 신이 있다면 어떨까? 신을 믿지 않은 사람은 영원한 천벌을 받을 것이다. 때문에 신이 존재할 확률이 아무리 낮아도 신을 믿어야 한다고 파스칼은 말한다. 이것이 파스칼의 내기다.

여기에 의문이 든다. 이 의문은 리처드 도킨스가 풀어줄 것이다. 도킨스에 따르면 생물이 출현할 확률이 낮다면 그 생물을 창조한 창조자가 출현할 확률은 더 낮아진다. 결국 창조자라는 또 다른 존재를 상정해야 할 환원론에 빠지게 된다.

도킨스는 파스칼의 내기에도 반론을 편다. 도킨스는 신이 존재할 확률이 있다고 해도 신이 없는 쪽에 거는 것이 낫다고 말한다. 신의 존재를 믿고 신을 숭배하고 신을 위해 살고 신을 위해 싸우는 것보다 자신의 삶에 충실한 것이 더 낫다는 것이다.

도킨스는 신의 존재를 부정한다. 신은 인간에 의해 만들어진 것이다. 틈새 이론에 따르면 창조론자들은 현재의 과학이나 이론으로 설명할 수 없는 틈새를 찾아다닌다. 그 틈새를 메우는 것은 신이다. 설명할 수 없는 것이 있다는 것은 신이 이루었기 때문이라는 것이다. 하지만 과학자들에게 틈새는 탐구해야 할 과제다.

신의 이름으로 모든 것을 설명할 수는 없다. 신이 있다고 믿기에 더 도덕적이고 잘 사려는 노력을 할 수 있다. 그렇다면 신이 없다고 믿는 사람들은 도덕적이지 않고 삶을 포기한 사람들인가? 그렇지 않다. 자신의 삶을 사랑하는 사람은 자신의 삶과 가치를 위해 노력한다.

신이 있다고 믿는 것은 인간의 불완전함을 인정하는 것일지도 모른다. 그래서 더 나은 인간이 되기 위해 노력할 것이다. 그런데 문제는 신이 아니라 인간에게 있을 수도 있다. 자신을 위해 신을 이용하는 사람들이 신이 있음으로 해서 더 나아질 수도 있는 세상을 왜곡하는 것이다.

니체는 신을 만든 것도 죽인 것도 인간이라고 말한다. 인간은 자신의 추악함을 드러냄으로써 신을 절망하게 하고 죽인다. 하지만 인간은 다시 신을 만들어낸다. 《차라투스트라는 이렇게 말했다》에서 인간은 신을 죽이고 다른 신을 만들어낸다. 만들어진 신은 당나귀였다. 어떻게 당나귀가 신이 될 수 있느냐는 차라투스트라의 물음에 이 세상에 경배할 것이 남아 있음에 기뻐한다고 교황은 대답한다. 경배할 만한 신이 아니라 경배할 것을 찾는 인간에 의해 신이 만들어진 것이다.

문제는 신의 존재 유무가 아니라 신의 왜곡이며 왜곡된 신앙이다. 미국의 코미디언인 에모 필립스는 "어렸을 때 나는 매일 밤새 자전거를 달라고 기도했다. 그러다 주께서는 그렇게 일하시지 않는다는 것을 깨달아 자전거 하나를 훔치고 용서를 빌었다"고 말한다. 자신에 대한 합리화를 위해 신이 도용될 때 신은 원래 모습을 잃고 죽게 된다. 현실의 도피처로 신이 선택될 때 신은 죽고 만다. 법정 스님은 현실에서 천국을 이룰 수 있을 뿐 현실을 떠나서는 아무것도 이룰 수 없다고 말한다.

인간은 신의 이름으로 학살을 자행했다. 신의 이름으로 전쟁을 했고 신의 이름으로 차별을 했다. 그러나 신이 그렇게 하도록 했다는 증거는 어디에도 없다. 신을 해석한 인간만이 있을 뿐이다. 진화론은 신을 부정한다. 그럼 신이 없기 때문에 다른 핑계를 댈 수 없는 것일까? 다윈의 진화론이 나쁘게 변질되어 끔찍한 정복의 논리가 된 예가 있다.

사회적 다위니즘

1831년 찰스 다윈은 한 통의 편지를 받는다. 해군 조사선인 비글호에 동승해 같이 조사를 하지 않겠느냐는 것이었다. 다윈은 망설였지만 결국 비글호에 탑승했다. 아무도 그 탑승이 어떤 결과를 가져올지 알 수 없었다. 하지만 그것은 진화론이라는 혁명적인 이론이 시작되는 첫걸음이었다. 비글호는 5년에 걸쳐 안데스의 산꼭대기, 파타고니아 평원, 갈라파고스 군도 등 세계 곳곳을 탐사했다. 다윈은 그곳에서 관찰한 것들을 기록했다.

그 기록이 '자연도태 혹은 생존경쟁에 유리한 종의 보존에 의한 종의 기원'이라는 긴 제목을 가진 《종의 기원》이다. 제목이 말해주듯 다윈은 이 책에서 자연도태와 생존경쟁을 통한 진화를 이야기했다. 다윈에 따르면 현재의 종은 과거의 종에서 유래했다. 그 과정에서 수많은 종들은 변화를 거듭했고 현재의 모습을 갖추게 되었다. 그것을 진화의 과정이라고 부른다.

《종의 기원》을 통해 과학은 신학으로부터 결정적인 자유를 찾을 수 있었다. 코페르니쿠스와 갈릴레이, 뉴턴으로 이어지는 물리학과는 또 다른 생물학의 발견이었다. 진화론을 통해 우리는 생물의 기원과 변화를 알 수 있게 되었다. 창조론자의 입장에서 진화론은 태어나지 말았어야 할 이론일지도 모른다. 하지만 "우리 견해에 자연사적 기초를 부여했다"고 평한 마르크스의 말처럼 다윈의 이론은 획기적이고 탁월한 것이었다. 하지만 그 쓰임에 따라 모든 것은 변하게 된다.

다윈의 사상, 즉 다위니즘을 재빨리 차용한 사람들이 있었다.

그들은 다위니즘을 사회로 확대하여 사회적 다위니즘을 만들어 냈다. 생물에게서 벌어지는 생존경쟁과 자연도태가 사람들에게 적용된다면 어떤 결과를 낳을까? 결과는 생각보다 끔찍하다. 무한 경쟁 사회에서 약자가 도태되는 것은 당연하다. 그들은 패배자니까. 승자 독식은 아무 거리낄 것 없는 자연스러운 현상이 된다. 그것뿐이었을까? 생존경쟁과 자연도태를 개인이 아닌 민족, 국가, 인종으로 확대하면 어떤 일이 벌어질까? 민족주의, 제국주의, 인종차별 역시 당연한 것이 된다.

우수한 민족이 열등한 민족을 지배한다. 강한 국가가 약한 국가를 착취한다. 우월한 인종이 세상을 지배한다. 앵글로색슨족이나 아리안족은 우월하기 때문에 유대인을 학살해도 되고 흑인을 노예로 삼아도 될 것이다. 그들은 자신의 논리를 정당화하는 방법으로 사회적 다위니즘을 이용했다.

1845년 뉴욕의 저널리스트 존 오설리번은 '명백한 운명론'을 이야기했다. '명백한 운명론'은 서부 진출을 통해 아메리카 대륙을 백인들의 것으로 만든 것이 신이 베푼 운명이라는 것이었다. 명백한 운명론에서 인디언의 삶 따위는 문제될 것이 없다. 백인은 신에게서 지배할 운명을 부여받았다. 지배의 운명이 있다면 피지배의 운명이 있다. 콜럼버스와 침략자들이 황금을 가져오지 못한 원주민들을 죽인 것처럼 백인은 인디언을 그렇게 대했다. 그들은 그럴 운명이었기 때문이다.

물론 '명백한 운명론'이 사회적 다위니즘과 직접적인 관련이 있는 것은 아니다. 하지만 '명백한 운명론'은 사회적 다위니즘의 한 단면을 보여준다. 여기에 인권은 존재하지 않는다. 인권은 우월한 자들에게만이 적용될 뿐이다. 세상의 모든 약자는 짓밟혀야 할 대상이다. 여성도 마찬가지다. 다윈의 진화론이 끔찍한 정복의 논리가 되고 만 것이다.

부수고 나가야 한다. 논리의 허점을 파고들고 궤변의 폐부를 찔러야 한다. 무엇인가를 그저 받아들이면 아무것도 얻을 수 없다. 받아들이기만 하는 것은 암기와 다르지 않다. 생각하고 고치고 그래서 새로운 것을 얻는 것이 인간이다. 신의 이름으로 자행된 것들을 비판하고 자의적으로 해석한 다위니즘을 이겨내고 새로운 정신을 만들 수 있어야 한다. 마치 헤라클레스가 산을 부수어 해협을 만든 것처럼 말이다.

헤라클레스의 기둥

육지와 육지 사이에 낀 좁고 긴 바다를 일컬어 해협이라고 한다. 대서양과 지중해가 맞닿는 지점, 아프리카의 모로코와 유럽의 스페인을 가르는 바다가 지브롤터 해협이다. 지브롤터 해협 동쪽 끝에는 두 개의 바위기둥이 있다. 그 기둥은 신화 속 영웅의 이름이 붙여져 있다. 바로 헤라클레스다.

헤라클레스는 신 제우스와 인간 알크메네 사이에서 태어난 영웅이다. 제우스의 부인 헤라는 헤라클레스를 미워해서 저주를 걸어 정신착란을 일으키도록 한다. 그로 인해 헤라클레스는 자신의 자식들을 죽이는 죄를 범한다. 헤라클레스는 죄를 씻기 위해 티린스의 왕 에우리스테우스를 12년 동안 섬기며 12개의 과업을 수행한다.

헤라클레스가 수행해야 하는 과업 중에 머리가 세 개에 여섯 쌍의 팔과 다리를 가진 괴물 게리온의 소를 사로잡는 일이 있었다. 게리온의 소를 잡기 위해 항해를 하던 헤라클레스는 산으로 막힌 바다와 마주하게 되었다. 헤라클레스는 피해가지 않았다. 산을 부수어 길을 만들었다. 그렇게 지브롤터 해협이 생겨났고, 해협 양쪽의 바위기둥은 헤라클레스의 기둥이라는 이름을 얻게 되었다.

표지에 지브롤터 해협을 지나는 한 척의 범선이 그려진 책이 있다. 표지에는 성경 구절도 쓰여 있다. '많은 이가 이리저리 돌아다니며 더 많은 깨달음을 얻을 것이다'라는 〈다니엘 서〉의 구절이다. 이 책이 바로 프랜시스 베이컨의 《신논리학》이다.

베이컨 하면 귀납법이 떠오른다. 귀납법이란 개별적인 사실에서 일반적인 명제를 이끌어내는 방법이다. 사람이 죽는다는 일반적인 명제를 끌어내기 위해 개별적인 사람들의 죽음을 먼저 이야기하는 식이다. 귀납법과 함께 베이컨이 주장한 핵심 사상은 우상의 타파였다. 베이컨은 인간의 주관에 의한 종족의 우상, 개개인의 오류인 동굴의 우상, 상호관계에서 생기는 시장의 우상, 철학자에 의해 촉발된 오류인 극장의 우상을 타파해야 한다고 주장했다. 그런 우상을 타파해야 하는 이유는 진리를 찾기 위해서다.

진리를 찾기 위해서는 무언가를 그대로 받아들여서는 안 된다. 선입견이나 주관에서 벗어나 비판적으로 살펴야 한다. 그것은 기존의 것에 안주하는 것이 아니다. 기존의 것에 안주하면 기존의 것에서 벗어날 수 없다. 그래서 더욱 깊이 생각하고 비판해야 한다. 그 정신을 베이컨은 산을 부숴 만들어진 지브롤터 해협으로 표현하고 싶었던 것이다.

부수었다면 눈을 들어 더 큰 것을 보자. 나의 작은 시각으로 사물을 가두지 말고 훨훨 날 수 있도록 하자. 쓸모없다고 생각하지 말자. 쓸모없는 것이 더 큰 쓰임이 있을 수 있다. 무용無用이 대용大用이다.

무용과 대용

부르카는 무슬림 여성들의 옷으로, 머리에서 발목까지 온몸을 덮는다. 외부와 통하는 문은 시야를 확보하기 위한 작은 틈새뿐이다. 그 틈새로 보는 세상은 제한적이다. 카메라의 렌즈로 따지면 화각이 작다는 것이다. 화각이 작은 렌즈로 담을 수 있는 풍경은 제한적이다. 그런데 사람들은 종종 자신의 화각이 작다는 사실을 모르고 렌즈에 보이는 것을 전부라고 생각한다.

리처드 도킨스는 《만들어진 신》의 말미에 부르카에 대해 이야기한다. 무슬림 여성들이 부르카를 입는 이유는 여성의 살갗과 얼굴을 드러낼 수 없다는 교리 때문이다. 때문에 부르카를 입은 여성들은 그 작은 화각으로 세상을 볼 수밖에 없다. 그런데 그 작은 화각이 우리가 세상을 보는 시야라면 어떨까? 종교라는 굴레에 갇히면 부르카로 세상을 보게 된다. 이념과 통념, 선입견과 제도, 권위에 갇혀도 세상을 다르게 볼 수 없다. 정해진 그대로 세상을 바라볼 뿐이다. 하지만 시야를 넓히면 더 많은 것을 볼 수 있다. 세상을 보는 각도를 달리하면 다르게 볼 수 있다.

'쓸모없음'과 '쓸모 있음'의 차이는 무엇일까? 반지를 예로 들어보자. 작은 반지 하나의 가치는 크지 않다. 단지 반지 하나의 가격을 따지면 그렇다. 하지만 그 반지가 어머니의 유품이거나 평생을 못 잊는 첫사랑의 흔적이라면 어떨까? 돈으로 따질 수 없는 가치가 될 것이다. 의미가 부여되면 누군가에게 가치 없었던 그것은 다른 누군가에게는 생명과 같은 가치를 부여받는다. 문제는 그것을 어떻게 인식하느냐다. 세상의 사물도 마찬가지다. 그것의 쓰임을 기존 틀에 가두면 그것은 쓸모없는 것일 수 있다. 하지만 그 틀을 벗어나면 그것에 한없는 의미가 부여될 수도 있다. 혜자는 장자에게 쓸모없는 나무 이야기를 한다.

"나에게 커다란 나무가 있는데, 사람들은 이를 가죽나무라고 합니다. 그 큰 줄기에 옹종이 있어 먹줄을 댈 수 없고 작은 가지는 꼬불꼬불 구부러져 자로 잴 수 없으니 땅 위에 서 있기는 하나 장인이 거들떠보지 않습니다. 선생의 말도 크기는 하지만 아무 쓸데가 없으니 사람들이 함께 가버립니다."

장자가 답한다.

"당신은 홀로 살쾡이를 보지 못했군요. 몸을 낮추어 먹이를 기다리다 동서로 뛰어오르며 높고 낮은 곳을 가리지 않다 덫이나 그물에 걸려 죽습니다. 이제 이우라는 소는 그 크기가 하늘에 드리운 구름만 한데, 이 소가 그렇게 커도 쥐를 잡지 못합니다. 당신은 큰 나무가 있지만 그것을 쓸데가 없어 고민한다 합니다. 어째서 그 나무를 아무것도 없는 무하유지향無何有之鄕, 광막한 들에 심으려 하지 않습니까? 그럼 나무 주위를 아무 할 일 없이 방황하고 소요하면서 나무 아래 누워 잘 것을 생각하지 못합니까? 그렇게 하면 도끼에 의해 잘리지도 않을 것이며 어떤 것에도 해로

움이 없을 것인데, 어찌 쓸데가 없음을 괴로워한단 말입니까?"

혜자는 가죽나무를 쓸모없음, 즉 무용無用이라 했다. 재목으로 쓸 수 없었기 때문이다. 자르고 베고 대패질을 해 번듯한 목재로 만들어야 집을 짓고 가구를 만들 수 있는데 가죽나무는 그렇게 할 수 없었다. 옹종이 있는데다가 가지는 구불구불 구부러져 있었다. 그러나 혜자의 쓸모없음은 나무를 재목으로 볼 때에만 유효하다. 구부러진 가죽나무를 다른 각도에서 바라보면 나무는 전혀 다른 쓰임새로 변한다.

장자는 똑같은 가죽나무를 크게 쓸모 있음, 즉 대용大用이라 했다. 가죽나무를 다르게 인식했기 때문이다. 그 가죽나무를 광막한 들에 심고 그 주위를 거닐 수 있기 때문이다. 장자가 가죽나무를 심고자 한 곳은 무하유지향이다. 아무것도 없는 곳이다. 없음은 물질의 유무만을 가리키지 않는다. 인위人爲가 없는 무위자연이 바로 무하유지향이다. 구부러진 가죽나무를 보고 장자는 도가가 추구하는 무위자연을 발견해낸 것이다.

하나의 사물을 어떻게 쓸지, 그것에서 무엇을 얻을지는 우리 자신에게 달려 있다. 신화를 통해 무엇을 얻을지도 신화를 마주한 사람에게 달려 있다. 하지만 대립하지 말자. 금으로 된 사자, 금사자를 보자.

금사자

　　　　　데카르트는 《방법서설, 성찰, 철학의 원리, 정념론》에서 철학을 나무에 비유한다. 철학은 나무와 같아서 그 뿌리는 형이상학이고, 줄기는 자연학이며, 가지는 다른 모든 학문이고 이들은 세 가지 주요 학문, 즉 의학과 기계학과 도덕에 귀착한다. 데카르트에게 있어 도덕은 다른 여러 학문들의 완전한 지식을 전제로 하는 지혜의 마지막 단계다.

　데카르트는 철학을 그저 하나의 학문으로 여기지 않는다. 그에게 철학은 다른 학문의 토대가 되고 연결되고 새로운 것으로 뻗어나가는 확장성을 가진 나무였다. 우리의 세상도, 생각도 하나로 이루어지지 않는다. 때로는 모순되고, 또 때로는 어울린다.

　과학적 합리주의가 지배하던 시대에 상상계와 합리성은 대립된다고 여겼다. 그러나 과연 그럴까? 그 둘은 이전부터 지금에 이르기까지 시대를 관통하여 우리와 함께하고 있다. 양립할 수 없는 존재가 아니라 항상 함께하고 있었던 것이다. 법장 현수의 이야기를 들으면 그 사실은 더욱 분명해진다.

　법장 현수는 화엄종의 3대 조사다. 화엄종은 화엄경을 경전으로 삼는다. 하지만 법장이 화엄종의 교의를 대성했기에 현수종이라 부르기도 한다. 현수와 신라의 의상은 화엄종 2대 조사 지엄 밑에서 같이 배운 동문이기도 하다.

　법장은 불명이고 이름은 현수다. 법장은 당나라 정관貞觀 17년

장안에서 태어났다. 정관이란 당 태종의 연호다. 당 태종의 뒤를 이어 고종이 즉위했다. 이 고종의 황후가 바로 무측천이다. 704년 법장은 무측천의 초청으로 당 태종이 여산에 세운 궁전인 장생전에서 《화엄경》을 강설하게 된다. 그런데 강설이 '인드라망의 10현', 해인삼매 육상의 화합이론 등에 이르자 무측천은 그것을 제대로 이해할 수 없었다.

법장의 눈에 궁전 앞에 놓인 금으로 만든 사자, 즉 금사자가 들어왔다. 법장은 금사자를 비유해 강설을 시작했다. 그러자 무측천은 쉽게 법장의 이야기를 이해할 수 있었다. 금사자를 비유해 한 법장의 강설이 바로 《금사자장金獅子章》이다.

금사자는 금으로 만든 사자다. 금으로 만들었으나 사자다. 금사자는 금인 동시에 사자다. 하지만 금사자의 금과 사자는 대립하지 않는다. 동시에 성립되어 있는 것이다. 풍우란은 《중국 철학사》에서 '현상 세계 속의 각각의 사물은 모두 진심의 전체(의 현현)다. 그러므로 금사자 역시 진심의 전체다'라고 말한다. 또한 금사자의 하나는 곧 일체가 되고 일체는 하나가 된다. 하나의 측면에서 보면 하나만 보이지만 그 하나는 전체로 가는 통로이자 전체다. 금사자라는 전체는 하나이지만 그 전체는 눈과 귀와 코와 다리와 몸통으로 구성된다. 온전한 하나는 온전한 여럿으로 이루어지고 온전한 여럿이 온전한 하나를 만드는 것이다. 그러나 그들은 다투지 않는다.

또한 금사자는 우리가 무엇에 주목하느냐에 따라 달라진다. 금이라는 재료에 주목하면 그것은 금일 뿐이지만 사자라는 형상에 주목하면 그것은 사자일 뿐이다. 그러나 그것은 단지 우리가 무엇에 주목하느냐일 뿐 전체를 아우르는 것이 아니다.

모든 것은 하나로 이루어지지 않고 하나는 또 모든 것으로 이루어진다. 우리는 무엇이 강조된 것을 볼 뿐이다. 그리고 그것이 전부라고 믿을 뿐이다. 그 믿음 뒤에는 그것이 강조된 원인이 있고 약화된 요소가 존재한다. 신화와 역사, 상상계와 합리성 역시 마찬가지다. 인간은 이성과 감성의 두 축을 가지고 있다. 그것이 어떻게 발현되느냐는 무엇이 강조되느냐에 달려 있다.

데카르트는 철학을 나무에 비유했다. 이제 우리 앞에 놓인 것들은 금사자가 된다. 코로 시작해서 금사자의 전체를 찾아갈 수 있듯 문학으로 시작해서 신화를 만날 수 있다. 인류학으로 시작해서 종교를 만날 수 있다. 뜨거운 감성으로 과학을 만날 수도 있고 차디찬 이성으로 문학을 만날 수도 있으며 훨훨 날갯짓하는 상상의 나래로 상상력의 세계에 들어갈 수도 있다. 그것은 한 올의 털도 금사자의 것인 것처럼 모든 것들이 함께 있기 때문이다.

이야기는 끝나지 않았다. 잠시 멈추었을 뿐이다.

{ 참고문헌 }

국내

강우방, 《한국미술의 탄생》, 솔, 2007.

김경용, 《기호학이란 무엇인가》, 민음사, 1995.

김선자, 《중국 변형신화의 세계》, 범우사, 2001.

김열규, 《동북아시아 샤머니즘과 신화론》, 아카넷, 2003.

김태곤, 《한국의 무속신화》, 집문당, 1989.

김화경, 《한국 신화의 원류》, 지식산업사, 2005.

김희영, 《중국고대신화》, 육문사, 2001.

나카자와 신이치, 《곰에서 왕으로》, 김옥희 옮김, 동아시아, 2003.

노자, 《도덕경》, 오강남 옮김, 현암사, 1995.

니체, 《차라투스트라는 이렇게 말했다》, 장희창 옮김, 민음사, 2004.

니콜라스 네그로폰테, 《디지털이다》, 백욱인 옮김, 커뮤니케이션북스, 1999.

다윈, 《종의 기원》, 이민규 옮김, 삼성출판사, 1982.

《대중예술의 이론들》, 박성봉 엮고 옮김, 동연, 1995.

《대학·중용 집주》, 성백효 옮김, 전통문화연구회, 2010.

데카르트, 《방법서설/성찰 외》, 김형효 옮김, 삼성출판사, 1982.

로크·밀, 《통치론/자유론》, 이극찬 옮김, 삼성출판사, 1982.

롤랑 바르트, 《신화론》, 정현 옮김, 현대미학사, 1995.

루소 · 몽테스키외, 《사회계약론/페르시아인의 편지》, 이환 · 소두영 옮김, 삼성출판사, 1982.

루스 베네딕트, 《문화의 패턴》, 김열규 옮김, 까치, 2005.

뤼시앵 보이아, 《상상력의 세계사》, 김웅권 옮김, 동문선, 2000.

르네 그루쎄, 《유라시아 유목제국사》, 김호동 외 옮김, 사계절, 1998.

리처드 도킨스, 《눈먼 시계공》, 이용철 옮김, 사이언스북스, 2004.

리처드 도킨스, 《만들어진 신》, 이한음 옮김, 김영사, 2007.

리처드 도킨스, 《이기적 유전자》, 홍영남 · 이상임 옮김, 을유문화사, 2010.

마르셀 데티엔, 《신화학의 창조》, 남수인 옮김, 이끌리오, 2001.

마빈 해리스, 《문화의 수수께끼》, 박종렬 옮김, 한길사, 1994.

마이클 하임, 《가상현실의 철학적 의미》, 여명숙 옮김, 책세상, 1997.

마키아벨리 · 홉즈, 《군주론/리바이어던》, 박명방 · 한승조 옮김, 삼성출판사, 1982.

말리노프스키, 《원시 신화론》, 서영대 옮김, 민속원, 2001.

《맹자집주》, 성백효 옮김, 전통문화연구회, 2010.

멀린 스톤, 《하느님이 여자였던 시절》, 정영목 옮김, 뿌리와이파리, 2005.

멜리사 리틀필드 애플게이트, 《벽화로 보는 이집트 신화》, 최용훈 옮김, 해바라기, 2001.

모어 · 캄파넬라 · 루터 · 에링, 《유토피아/태양의 나라 외》, 노재봉 옮김, 삼성출판사, 1982.

묵적, 《묵자》, 권오석 옮김, 홍신문화사, 1994.

미르치아 엘리아데, 《이미지와 상징》, 이재실 옮김, 까치, 1998.

미르치아 엘리아데, 《대장장이와 연금술사》, 이재실 옮김, 문학동네, 1999.

미르치아 엘리아데, 《신화와 현실》, 이은봉 옮김, 한길사, 2001.

미르치아 엘리아데, 《우주와 역사》, 정진홍 옮김, 대한기독교서회, 2004.

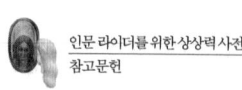

미셸 푸코, 《광기의 역사》, 이규현 옮김, 나남출판, 2003.

박상란, 《신라와 가야의 건국 신화》, 한국학술정보, 2005.

박시인, 《알타이 신화》, 청노루출판사, 1994.

반 젠넵, 《통과의례》, 전경수 옮김, 을유문화사, 1995.

블라디미르 프로프, 《민담형태론》, 유영대 옮김, 새문사, 1987.

《비판커뮤니케이션과 문화이론》, 박명진 엮음, 나남출판, 1994.

사마천, 《사기(완역본 세트)》, 정범진 외 옮김, 까치, 2010.

《산해경》, 정재서 옮김, 민음사, 2005.

《상상력이란 무엇인가》, 장경렬 외 엮고 옮김, 살림, 1997.

서대석, 《한국 신화의 연구》, 집문당, 2001.

서울대학교종교문제연구소, 《신화와 역사》, 서울대학교출판부, 2003.

서유원, 《중국창세신화》, 아세아문화사, 1998.

《서경집전(상·하)》, 성백효 옮김, 전통문화연구회, 1998.

송정화, 《중국 여신 연구》, 민음사, 2007.

송효섭, 《문화기호학》, 민음사, 1997.

순자, 《순자》, 김학주 옮김, 을유문화사, 2008.

시안 존스, 《민족주의와 고고학》, 이준정·한건수 옮김, 사회평론, 2008.

앨런 바너드, 《인류학의 역사와 이론》, 김우영 옮김, 한길사, 2003.

양회석 외, 《샤머니즘》, 신성출판사, 2005.

에드먼드 리치, 《성서의 구조인류학》, 신인철 옮김, 한길사, 1997.

에드워드 W. 사이드, 《문화와 제국주의》, 김성곤·정정호 옮김, 창, 2011.

오비디우스, 《변신 이야기(1·2)》, 이윤기 옮김, 민음사, 1997.

오세정, 《신화 제의 문학》, 제이엔씨, 2007.

왕필, 《주역 왕필주》, 임재우 옮김, 길, 2006.

우실하, 《동북공정 너머 요하문명론》, 소나무, 2007.

유안,《회남자(상·중·하)》, 안길환 옮김, 명문당, 2001.
유재원,「신화가 있는 영화 '매트릭스'」,『말』, 2000년 6월호.
은정희,《원효의 대승기신론 소·별기》, 일지사, 2004.
이안 호더·스코트 허드슨,《과거읽기》, 김권구 옮김, 학연문화사, 2007.
이인택,《중국 신화의 세계》, 풀빛, 2000.
이형구,《발해연안에서 찾은 한국 고대문화의 비밀》, 김영사, 2004.
일연,《삼국유사》, 이민수 옮김, 을유문화사, 1994.
장덕순,《구비문학개설》, 일조각, 2006.
장자,《장자》, 안동림 옮김, 현암사, 2010.
장재,《정몽》, 정해왕 옮김, 명문당, 1991.
장주근,《한국 신화의 민속학적 연구》, 집문당, 1995.
전북대인문학연구소,《동북아 샤머니즘 문화》, 소명출판, 2000.
전인초,《중국신화의 이해》, 아카넷, 2002.
제임스 조지 프레이저,《황금가지》, 이용대 옮김, 한겨레출판사, 2011.
조셉 캠벨,《천의 얼굴을 가진 영웅》, 이윤기 옮김, 민음사, 2004.
조흥윤,《한민족의 기원과 샤머니즘》, 한국학술정보, 2002.
진형준,《상상적인 것의 인간학》, 문학과지성사, 1992.
질베르 뒤랑,《신화비평과 신화분석》, 유평근 옮김, 살림, 1998.
클로드 레비 스트로스,《구조인류학》, 김진욱 옮김, 종로서적, 1987.
클로드 레비 스트로스,《신화를 찾아서》, 이동호 옮김, 동인, 1994.
클리퍼드 기어츠,《문화의 해석》, 문옥표 옮김, 까치, 1998.
토마스 새뮤얼 쿤,《과학혁명의 구조》, 김명자 옮김, 까치, 2002.
프로이트,《정신분석입문》, 김성태 옮김, 삼성출판사, 1982.
프리초프 카프라,《생명의 그물》, 김동광·김용정 옮김, 범양사, 1998.
플라톤,《국가/소크라테스의 변명》, 조우현 옮김, 삼성출판사, 1982.

한비,《한비자(1·2)》, 이운구 옮김, 한길사, 2002.

한스 요아임 파파로트,《퉁구스족의 곰 의례》, 강정원 옮김, 태학사, 2007.

현용준,《무속신화와 문헌신화》, 집문당, 1992.

《현토완역 논어집주》, 성백효 옮김, 전통문화연구회, 2011.

호메로스,《일리아스 오뒷세이아 세트》, 천병희 옮김, 숲, 2007.

황루시,《한국인의 굿과 무당》, 문음사, 1988.

황패강,《한국의 신화》, 단국대학교출판부, 1992.

해외

《中国原始宗教百科全书》, 编纂委员会:《中国原始宗教百科全书》, 成都:四川辞书出版社, 2002.

柏杨:《中国历史年表》, 海口:海南出版社, 2006.

蔡家麒:《论原始宗教》, 昆明:云南民族出版社, 1988.

曹楠:《红山文化玉巫人辨析》,《红山文化研究》, 北京:文物出版社, 2006.

冯友兰:《三松堂全集》第三卷, 郑州:河南人民出版社, 2001.

富育光:《萨满教与神话》, 沈阳:辽宁大学出版社, 1990.

关小云·王宏刚:《鄂伦春族萨满教调查》, 沈阳:辽宁人民出版社, 1998.

郭大顺·张克举:《辽宁省喀左县东山嘴红山文化建筑群址发掘简报》,《文物》第11, 1983.

郭淑云·王宏刚:《活着的萨满——中国萨满教》, 沈阳:辽宁人民出版社, 2001.

郭淑云:《中国北方民族萨满出神现象研究》, 北京:民族出版社, 2007.

胡新生:《中国古代巫术》, 济南:山东人民出版社, 2006.

黄泽·刘金明:《赫哲族——黑龙江同江市街津口村调查》, 昆明:云南大学出版社, 2004.

李学勤:《走出疑古时代》,长春:长春出版社,2007.

辽宁省文物考古研究所:《辽宁牛河梁红山文化"女神庙"与积石冢群发掘简报》,《文物》第11期,1986.

刘永胜·王长江:《红山古玉文化研究》,北京:宗教文化出版社,2004.

刘毓庆:《图腾神话与中国传统人生》,北京:人民出版社,2004.

孟慧英:《寻找神秘的萨满世界》,北京:西苑出版社,2004.

孟慧英:《中国北方民族萨满教》,北京:社会科学文献出版社,2000.

那木吉拉:《中国阿尔泰语系诸民族神话比较研究》,北京:学习出版社,2010.

裴文中:《中国石器时代》,北京:中国青年出版社,1963.

孙进己:《东北民族源流》,林东锡译,东文选,1992.

塔娜:《满族始祖女神"佛托妈妈"新探》,《内蒙古社会科学》第2期,1994.

陶阳·牟钟秀:《中国创世神话》,上海:上海人民出版社,2006.

陶阳·钟秀:《中国神话》上册,北京:商务印书馆,2008.

田继周:《先秦民族史》,成都:四川民族出版社,1996.

王宏刚·于晓飞:《北方萨满文化》,成都:四川文艺出版社,1990.

王明珂:《华夏边缘:历史记忆与族群认同》,北京:社会科学文献出版社,2006.

王小盾:《四神:起源和体系形成》,上海:上海人民出版社,2008.

乌丙安:《神秘的萨满世界》,上海:三联书店上海分店,1989.

谢选骏:《中国神话》,杭州:浙江教育出版社,1995.

萧兵:《中国文化的精英——太阳英雄神话比较研究》,上海:上海文艺出版社,1989.

徐旭生:《中国古史的传说时代》,北京:文物出版社,1985.

叶舒宪:《老子与神话》,西安:陕西人民出版社,2005.

叶舒宪:《熊图腾》,上海:锦绣文章出版社,2007.

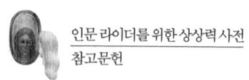

叶舒宪：《熊图腾与东北亚史前神话》，《北方论丛》，第6期，2010.

叶舒宪：《英雄与太阳》，西安：陕西人民出版社，2005.

叶舒宪：《庄子的文化解析》，西安：陕西人民出版社，2005.

叶舒宪编：《结构主义神话学》，西安：陕西人民出版社，1988.

袁珂：《中国古代神话》，北京：华夏出版社，2004.

张声作：《宗教与民俗》，北京：中国社会科学出版社，1997.

Ernst Cassirer, 《*An Essay on Man*》, Yale University Press, 1944.

Evans-Prichard, 《*The Nuer*》, Oxford University press, 1940.

Jacques Derrida, 《*Positions. Translated and annotated by Alan Bass.*》, Chicago:University of Chicago Press, 1982.

J. Michael, 《*Myth of the World*》, London : Kyle Cathie Ltd, 1995.

K. K. Ruthven, 《*Myth*》, London:Methuen, 1976.

Michael Grant · Jonh Hazel, 《*Who's Who In Classical Mythology*》, Oxford University Press, 1993.

P. H. Gulliver, 《*The family Herds:A Study of Two Pastoral Tribes in East Africa the Jie and Turkana*》, London:Routledge & Kegan Paul LTD, 1955.

S. M. Shirokogoroff, 《*Psychomental Complex of the Tungus*》, London:Kegan Paul, Trench, Trubner&Co, 1935.

The Hugo Pan—Asian SNP Consortium, Mapping Human Genetic Diversity in Asia, Science 11 December 2009, Vol326, no5959.

인문 라이더를 위한
상상력사전

지은이 | 임병희

초판 1쇄 인쇄일 2014년 1월 15일
초판 1쇄 발행일 2014년 1월 24일

발행인 | 박재호
편집 | 이둘숙
종이 | 세종페이퍼
인쇄 | 우진제책
출력 | ㈜상지피앤아이

발행처 | 생각정원 Thinking Garden
출판신고 | 제 25100-2011-320호(2011년 12월 16일)
주소 | 서울시 마포구 양화로 156(동교동) LG팰리스 1207호
전화 | 02-334-7932 팩스 | 02-334-7933
전자우편 | 3347936@gmail.com

ⓒ 임병희 2014 (저작권자와 맺은 특약에 따라 검인은 생략합니다)
ISBN 979-11-85035-07-9 03100

• 책은 저작권법에 따라 보호받는 저작물이므로 무단 전재와 복제를 금합니다.
• 이 책의 일부 또는 전부를 이용하려면 저작권자와 생각정원의 동의를 받아야 합니다.
• 이 도서의 국립중앙도서관 출판시도서목록(CIP)은 서지정보유통지원시스템 홈페이지(http://seoji.nl.go.kr)와 국가자료공동목록시스템(http://www.nl.go.kr/kolisnet)에서 이용하실 수 있습니다. (CIP 제어번호 : 2014001167)
• 책값은 뒤표지에 있습니다. 잘못된 책은 구입하신 곳에서 바꿔드립니다.

만든 사람들
기획 | 박재호
편집 | 이둘숙
교정 | 한미경
디자인 | 이석운, 최윤선